심리학, 직장 생활을 도와줘

[회사에서 무기가 되는 28가지 심리 기술]

심리학 직장생활을 도와줘

박진우 지음

"
일 잘하는 사람은
다른 사람의 마음을
꿰뚫어 본다!
"

비즈니스맵

직장에서 흔히 겪는 28가지 착각과
조직심리학이 전하는 진실

"심리학이 힘든 직장 생활에 도움을 줄 수 있을까?"

이 책에선 이 질문을 해결하기 위한 글들을 모았다. 인간의 마음과 행동을 과학적으로 연구하는 학문을 심리학이라고 하고, 일터라는 특수한 환경에서 인간의 마음과 행동을 연구하는 학문을 산업 및 조직심리학이라고 한다. 산업 및 조직심리학은 사회심리학, 성격심리학, 인지심리학 등 기초 심리학에서 연구된 결과를 실제 현장의 문제 해결에 적용하는 응용심리학이다. 나는 산업 및 조직심리학자다. 산업 및 조직심리학에서는 일하는 사람들의 안녕감을 위한 여러 연구를 제공하고 있지만 대부분 조직에서는 HR^{인적자원관리}이나 조직 문화, 혹은 전략을 다루는 부서에서만 이를 활용하고 있을 뿐이다. 한마디로 직장인을 위해 연구와 이론이 개발되었지만 정작 수혜자에게 직접적으로 그 결과를 전달하지 못하고 있는 현실이다. 나는 산업 및 조직심리학자의 책임이 가장 크다고 생각한다. 통계 수치와 이론 모형이 아닌 쉽게 이해할 수 있는 언어로 친절하게 현상을 설명하고, 업무 현장에서 효과적으로 활용할 수 있는 방안을 제시하는 노력이 부족했기 때문이다.

예술, 종교, 인문학 등도 심리학과 마찬가지로 인간에 관한 이해를 돕는 학문이지만, 심리학이 갖는 여타 인문학과의 차별점은 과학적 연구방법론에 있다. 과학적으로 연구한다는 의미는 세 가지를 포함하고 있어야 한다. 첫째, 현상에 관해 기술description할 수 있어야 한다. 기술이란 상황을 전혀 모르는 사람이라 할지라도 현상을 이해할 수 있도록 맥락을 포함해 서술하는 것을 의미한다. 둘째, 그 현상이 왜 나타났는지 인과 관계를 설명explanation할 수 있어야 한다. 이때는 직간접적 영향이 없음에도 원인으로 잘못 인식되는 경우를 방지하기 위해 통계적 기법을 활용하여 확인하는 절차가 필요하다. 명확한 인과 관계가 파악되었다면, 마지막으로 예측prediction이 가능해야 한다. 현상이 잘 기술되어 있고 원인도 명확하다면 이후 같은 상황에서 그 현상이 다시 나타날 것이기 때문이다. 나는 이 책을 통해 직장인들이 과학적 관점으로 산업 및 조직심리학의 연구 결과를 이해하고 적용해 직장과 개인의 삶에서 보다 효율적으로 원하는 결과를 얻기 바란다.

프롤로그

이를 위해서 이 책의 내용을 독자와 관계없는 사건이나 실험처럼 받아들이지는 않았으면 한다. 스스로 실험자나 피험자가 되어 현재 생활에 적용하는 시도를 하면 된다. 무엇이 사실이고 어떤 방법이 효과적인지 스스로 체험하고 그 결과를 다른 누군가에게 전달하는 좋은 영향력을 발휘할 수 있기를 기대한다. 수많은 사람이 성공과 자기 계발, 리더십을 말하지만 대부분 결과론적 이야기에 그칠 때가 많다. 성공한 사람들의 공통된 원인을 찾아 이를 과학적 사실인 양 얘기하기 때문이다. 이런 글은 같은 원인 때문에 실패한 사람이 있는지, 특정 요인의 영향력을 높이면 다른 요인의 영향력이 감소하지 않는지를 따져 보지 않고 성공한 사람들의 습관과 위대한 기업이 되는 비결과 리더십의 법칙을 알려 준다. 결국, 검증되지 못한 습관과 법칙을 단순히 모방하는 행위로 좋은 결과가 나타나기를 기대하는 어리석음의 굴레에서 저자도 독자도 벗어나지 못하게 되는 셈이다. 현상을 극복하고 문제를 해결하기를 원한다면 과학적 연구에 근거한 자신만의 실험이 필요하다. 나는 이 책이 이러한 실험을 시작하는 단초와 길잡이가 됐으면 한다.

이 책에선 직장 생활을 하면서 흔히 겪는 28가지 착각과 심리학이 전하는 진실을 담았다. 매 주제마다 조직 내에 있을 법한 간단한 대화와 사례로 시작했다. 사례를 통해 관련 주제에 관한 조직 내 현상을 독자 스스로 그려 보기를 바랐다. 주제에 관한 진단 문항은 독자 스스로 현상을 파악하는 데 활용할 수 있고, 이어지는 심리학의 지혜를 통해 각자 현실에 맞는 구체적인 개선 방안을 도출할 수 있다. 심리학이 제안하는 슬기로운 직장 생활 팁에서는 사례에 관한 심리학의 해법을 제시했고, 마지막 부분엔 요약을 실어 독서 뒤 빠른 내용 정리와 실천에 도움을 주고자 했다.

주제의 순서엔 큰 의미를 두지 않았다. 나는 독자가 먼저 목차를 보고 관심 있는 주제부터 읽길 권한다. 그리고 개선할 수 있는 행동들을 하나씩 실천해 보길 바란다. 이 책에 소개된 관계, 성과, 성장, 리더십에 관한 여러 심리학 이론과 실험은 모두 세계적인 학술지에 소개된 검증된 결과물이다. 혹 인용된 연구자들의 연구 결과가 본래 의도와 달리 왜곡되어 기술되었다면 전적으로 부족한 저자의 탓이다. 부디 여러 연구자의 지혜가 여러분의 직장 생활에 도움되길 바란다.

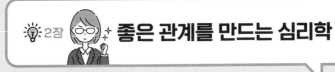

원하는 것을 이루는 심리학

리더의 심리학

[1장]

성장을 꿈꾸는
심리학

하고 싶은 일을 하면
행복해질 것이라는 착각

[착각]

하고 싶은 일을 하면 행복해질 것이다?

"한수원 님, 최근에 업무 집중도가 많이 떨어져 보여요. 오히려 인턴 때가 더 열정적이었던 것 같은데, 정규직 전환되고 안주하는 것 같아 보여서 멘토로서 한마디하는 거예요. 괜한 오해 사지 않도록 정신 똑바로 차리고 밝게 웃고 크게 대답하고. 알았죠?"

"이동리 님, 솔직히 말씀드리면 인턴 때는 진짜 일이 재미있었어요. 제가 정말 하고 싶은 일이었고 정규직 전환 여부를 떠나서 그냥 일이 좋았어요. 그런데 지금은 사실 일에 흥미가 떨어졌어요. 최근엔 진짜 제가 원했던 일이 아니었다는 생각이 자꾸 들다 보니 그렇게 보였던 것 같아요."

하고 싶은 일, 열정에 집착할수록 현실의 성장과 행복은 멀어진다!

열정에 집착하지 말고
누구도 무시하지 못할 실력을 쌓아라,
지위보다 자율성을 추구하라,
작은 생각에 집중하고, 큰 실천으로 나아가라.

– 칼 뉴포트 ^{Cal Newport} –

궁 금 해 , 심 리 학

열정을 다해야 행복해질 수 있다?

세 명의 벽돌공이 부지런히 벽돌을 쌓고 있었다. 어떤 사람이 벽돌공들에게 물었다. "무엇을 하고 있습니까?" 첫 번째 벽돌공이 대답했다. "벽돌을 쌓고 있어요." 두 번째 벽돌공이 대답했다. "시간당 9달러 30센트짜리 일을 하고 있소." 세 번째 벽돌공이 대답했다. "나요? 나는 지금 세계 최대의 성당을 짓고 있어요." 이 세 사람의 미래는 과연 어떻게 변해 있을까?

– 데이비드 슈워츠의 《크게 생각할수록 크게 이룬다》 중

"아무리 거대한 성당도, 만리장성도, 피라미드도 작은 벽돌 하나로 시작됩니

다. 크게 생각하는 것이란, 자기가 하는 작은 일에 큰 의미를 부여하는 것입니다. 지금 하는 일이 작고 미미할지라도 나중엔 창대^{해大}하리라 믿고 큰 기쁨 속에 벽돌을 쌓아가는 것입니다. 크게 생각할수록 크게 이룰 수 있습니다."

- 《고도원의 아침 편지》중

'지금 당신은 당신이 진정으로 원했던 일을 하고 있는가? 당신의 열정을 불러일으킬 수 있는 일을 찾지 못했다면 당신의 직업에 대해 다시 생각해야 한다. 직업은 단지 돈벌이만이 아니다. 누구나 천직으로 여길 수 있는 일을 찾아 열정을 다해야 행복해질 수 있다.'

자기 계발서에 흔히 보이는 이 주장은 진실일까? 정말 자신이 하고 싶은 일을 찾아 소명 의식을 갖고 열정을 다해 일하면 행복해질 수 있다는 말을 믿어야 할까?

[직장 속으로]

IT 기업인 S사 마케팅팀 신입 사원 한수원은 인턴 시절 에이스였다. 꿈에 그리던 직장이었고 인턴에서 정규직으로 전환되는 비율도 50%에 불과했기에 그는 그 누구보다 열정을 다해 일했다.

한수원은 대학교 3학년 여름 방학 때 첫 인턴 생활을 시작했다. 학과 선배의 제안으로 공공 기관에서 약 2개월가량 일했다. 말이 좋아 인턴이지 사실 단기 아르바이트에 가까웠다. 택배 수령, 우편

물 정리, 탕비실에 음료나 간식 같은 물품 채우기 등 온갖 허드렛일을 도왔다. 사무실 구석에 책상과 컴퓨터가 배정되었지만 컴퓨터를 활용해 할 수 있는 작업조차 없었다. 본인의 장기나 능력을 보여 주거나 계발할 기회도 없이 2개월이라는 시간이 흘렀다. 함께 일했던 인턴 동기들은 부당함을 호소하고 중도에 그만두는 경우도 있었다. 한수원 역시 뭔가 부당하고 억울한 감은 있었지만, 이력서에 쓸 스펙 하나 정도로 이 일을 가볍게 생각했다. 하지만 다음 인턴은 단순한 잡일을 수행하는 곳이 아니라, 자신의 직업적 야망을 어느 정도 실현할 수 있는 곳으로 지원해야겠다고 굳게 다짐했었다. 어설픈 스펙 쌓기 인턴은 3학년을 끝으로 그만두었다. 이후 졸업할 때까지 열심히 공부와 준비를 했고 지금의 인턴 자리를 차지할 수 있게 되었다. 한수원에게 이 회사에서 하는 인턴은 절실한 기회다. 그래서 누구보다 열정이 빛날 수 있었는지 모른다.

한수원은 조별 종합 과제로 제시된 시장 조사 및 고객 분석 프로젝트에서 맹활약했다. 자료 조사나 전화 인터뷰에 그치지 않고, 고객들이 자사 제품을 사용하는 현장을 관찰하며 발견한 고객 니즈의 핵심 키워드는 발표장에 있던 심사위원 모두를 감탄하게 만들었다. 평가 위원장이었던 부문장은 회사의 마케팅 전략 방향을 한수원 팀의 발표 키워드에 맞춰 수정할 필요가 있다는 피드백을 남길 정도였다. 인사성 바른 태도와 누구든 기분 좋게 만드는 밝은 미소까지 갖춰 사내 여러 팀장들이 서로 자기 팀에 데려가려 했던 그야말로 귀한 몸이었다.

하지만 최근의 모습은 인턴 시절 같지 못하다. 인턴 시절의 적극적인 모습은 부서 배치 6개월 만에 사라졌다. 이제는 회의 자료를 취합해서 복사, 배포하는 단순한 업무조차 주변에서 챙기지 않으면 깜빡하기 일쑤다. 무엇보다 특유의 밝은 태도가 사라져 아쉽다. 선배들이 실수에 대해 지적을 하려 하면 이미 근심이 가득한 표정이니, 오히려 선배들이 눈치를 보고 있는 실정이다. 몇몇 적극적인 선배들은 퇴근 뒤 식사나 공연 관람을 함께하자고 제안하고 한수원은 이들과 좋은 시간을 가졌지만, 다음 날 회사에서 보는 한수원은 크게 달라지지 않았다.

멘토 역할을 했던 이동리는 현재 업무가 본인 적성과 맞지 않는다는 사실을 확인했다. 특별히 관계에 문제가 있는 것은 아니라고 말한다. 막상 본격적으로 업무를 시작해 보니 자신이 원했던 일이 아니라는 생각이 머릿속에서 떠나지 않는다고 한다. 떨어진 업무 몰입도로 좋은 결과가 나올 리 없고 결과가 좋지 못하니, 업무에 흥미를 잃게 되는 악순환이 반복되는 것이 한수원이 현재 겪는 문제다. 일을 본인 스타일에 맞게 주도적으로 추진하고 싶어도 인턴 때와는 위치가 다르기 때문에 그렇게 하기 쉽지 않은 실정이다.

한수원은 졸업과 동시에 바로 취업해야 한다는 강박이 적성에 맞지 않은 일을 하게 된 계기였다고 후회하고 있다. 그리고 매일 고민한다. 다시 스스로를 돌아보고 자신의 열정이 이끄는 일을 하게 된다면 직업적 삶도 분명 나아지지 않을까?

나는 내 일에서 소명 의식을 느끼고 있는가?

🔍 **소명 의식(calling) 검사**

소명 의식이란 자신이 맡은 역할에 대한 목적과 의미를 행동으로 실천하고 타인을 돕고자 하는 가치와 목표를 중요한 동기로 삼는 것을 말한다. 소명 의식이 있는 직장인은 업무 몰입도가 높고 직무 스트레스는 상대적으로 낮다. 직업 경력 초반에는 소명 의식을 가지려 집착할 필요가 없지만, 직업적 숙련도가 오른 시점이라면 소명 의식에 대해 생각해 볼 필요가 있다.

아래 문항들에 1~5점으로 응답해 자신의 소명 의식을 확인해 보자.

* 전혀 그렇지 않다: 1점, 대체로 그렇지 않다: 2점, 보통이다: 3점,
  대체로 그렇다: 4점, 매우 그렇다: 5점

1. 나는 내 일이 천직이라고 느끼고 있다.

☐ 1점   ☐ 2점   ☐ 3점   ☐ 4점   ☐ 5점

2. 나는 내 직업의 소명 의식이 무엇인지 이해하고 있다.

☐ 1점   ☐ 2점   ☐ 3점   ☐ 4점   ☐ 5점

3. 나는 내 직업의 소명 의식을 알아내려고 노력하고 있다.

☐ 1점   ☐ 2점   ☐ 3점   ☐ 4점   ☐ 5점

4. 나는 내 일에 맞는 소명 의식을 찾고 있다.

☐ 1점   ☐ 2점   ☐ 3점   ☐ 4점   ☐ 5점

출처: Dik, B. J., Eldridge, B. M., Steger, M. F., & Duffy, R. D. (2012). Development and validation of the calling and vocation questionnaire (CVQ) and brief calling scale (BCS). Journal of career assessment, 20(3), 242–263.

[점수 계산]

문항 1번과 2번은 현재 소명 의식이 있는지 알려 준다. 두 문항의 총점이 8점 이상이면 현재 일에 소명 의식이 있다고 말할 수 있다. 3번과 4번은 소명 의식을 찾으려는 시도에 관한 문항이다. 두 문항의 총점이 8점 이상이면 소명 의식을 찾으려는 시도가 적정하다는 것을 의미한다. 현재 소명 의식이 있으면서 동시에 직업적 소명 의식을 찾으려는 시도를 지속한다는 것은 일을 통해 자아실현을 이루고자 하는 열망이 있기 때문이다. 직업 숙련도가 높은 사람이라면 소명 의식을 갖고 소명 의식을 탐색하는 과정에서 직업적 만족도를 높이고 스트레스를 줄일 수 있다. 하지만 직업 숙련도가 낮은 사람이 소명 의식에 집착하면 오히려 직무 만족도가 낮고 스트레스는 커진다.

열정에 집착할수록 현실의 행복은 멀어진다

우리 모두가 열정이 이끄는 분야를 찾고 몰입하면 행복해질 것 같지만 현실은 그렇지 못하다. 먼저 아직 열정으로 이끄는 일을 찾지 못한 구직자 입장에서 생각해 보자. 자신의 적성과 딱 맞는 일을 찾는 것은 의외로 쉽지 않은 일이다. 안타깝게도 사람들 대부분은 직업 자체에서 열정을 발견하지 못하기 때문이다. 2003년 캐나다 몬트리올대학교의 심리학자 로버트 밸러랜드[Robert J. Vallerand]와 연구진은 졸업을 앞둔 캐나다 퀘벡주의 명문대생 900명을 대상으로 어떤 분야에 가장 큰 열정을 느끼고 있는지를 조사했다. 좋은 직장에 들어가 업무에 열중하고 싶다는 대답이 압도적일 듯했으나 대학생들의 답은 의외였다. 이들이 가장 큰 열정을 느낀 분야는 사이클, 조깅, 수영 같은 일상 활동이었다. 그 다음으로는 농구, 하키, 풋볼 등의 팀 스포츠였으며 세 번째로는 음악이나 영화 감상이었다. 직업이나 학업에 열정을 느낀 학생은 단 3.56%에 불과했다. 직업을 갖기 전에 일에 열정을 느끼는 사람은 극히 드물다.

이미 직업을 가진 사람들 입장은 어떨까? 직업 중에는 열정이 더 필요한 분야가 있어 보인다. 열정을 갖고 소명 의식을 느끼지 못하면 제대로 수행하기 어려운 일들이 세상에 있기 때문이다. 앞서 언급한 벽돌공은 대단한 사명감을 느끼지 못해도 벽돌을 쌓을 수 있다. 단순한 반복 작업은 특별한 적성이나 열정이 없어도 충분히 수행할 수 있다. 하지만 의사라는 직업은 벽돌공과는 다르다. 직업에 귀천이 있어서가 아니라 직무 난이도 때문이다. 의사라는 직업은 자신의 일에 천직이라는 소명 의식이 없다면 엄청난 스트레스를 받을 것이다. 예일대학교의 조직행동학자인 에이미 브제스니에프스키 Amy Wrzesniewski 는 자신의 일을 단순히 '돈을 버는 수단'으로 보느냐, 자신이 '성장하는 것을 경험하는 경력'으로 생각하느냐, 자신의 '가치관과 정체성의 일부인 소명'으로 인식하느냐가 직업별로 다른지 연구한 바 있다. 미국 내 주요 대학 헬스케어센터의 직원과 행정직군에 근무하는 직원을 대상으로 조사한 결과, 자신의 일을 '돈벌이: 경력: 소명'으로 보는 비율은 직업과는 아무런 관련이 없었다. 정리하면, 어떤 일을 하고 있다는 사실만으로 그 사람이 열정이 있다고 예측하기 어렵다.

현재 당신이 수행하는 업무를 봐도 크게 다르지 않을 것이다. 당신과 비슷한 일을 하는 사람들이 모두 돈 버는 수단, 경력, 소명 중 어느 한 가지에 몰려 있는가? 아마 그렇지 않을 것이다. 돈벌이로 생각하는 사람도 있고, 일하면서 성장하는 재미를 느끼는 사람도 있고, 천직이라 생각하는 사람도 있을 것이다. 그런데 천직으로 느끼는 사람만이 행복하다면 나머지는 다 불행하다는 이야기가 된다. 단순히 3분의 1씩 분포해 있다고 가정하면 3분의 2는 불행한 직장 생활을 하고 있다는 뜻이 된다. 열정에 집착하는 순간, 어떤 직업을 갖든 3분의 2는 불행을 느끼고 다른 일을 찾아 나서야 한다. 게다가 이처럼 열정에 집착할수록 심리적 손실도 감수해야 한다. 열정이 얼마나 있는지에 지나치게 관심을 갖다 보면 내 삶에서 정상적인 영역조차도 열정이 부족해 보이기 때문이다. 안타깝게도 열정에 집착할수록 현실의 행복은 점점 멀어진다.

열정은 실력과 비례한다

사실 열정을 만드는 데 가장 중요한 요소는 실력이다. 브제스니

에프스키 교수의 연구에 따르면 어떤 직업이든 그 일을 오래 할수록 열정적이고 행복해질 가능성이 높다. 사람들은 자신의 일에 충분한 역량을 쌓을 수 있어야 열정적일 수 있다. 업무를 수행하는 데 능숙해지고 내가 유능하다는 생각이 들어야 그 일에 열정을 느낀다. 어떤 일에 열정적이고 싶다면 실력을 쌓을 수 있는 시간이 필수적이다. 잠깐 어떤 일을 경험하고 자신과 맞지 않다고 느낀다면, 적성이 맞지 않거나 소명 의식을 느끼지 못해서가 아니라 그 일을 수행할 실력이 부족하기 때문일 가능성이 크다. 실력이 없는 사람에게 처음부터 자율성을 보장하고 의미감을 느낄 만한 중요한 일을 맡기는 조직은 없다. 열정을 느낄 수 있는 일을 찾아 자주 직업을 바꿀 것이 아니라 실력을 쌓을 수 있는 시간이 필요하다는 사실을 알아야 한다. 실력이 열정을 만드는 가장 중요한 요인이기 때문이다. 열정을 느껴야 실력이 쉽게 느는 것이 아니냐고 반문할 수 있다. 그런데 연구에 따르면 수많은 직업 분야에서 두각을 드러내는 방법은 적성이 아니라 정교한 계획과 꾸준한 연습이었다.

실제 직장 생활에서 열정을 경험한 사람은 일을 하며 자신이 유능하다고 느끼는 것 외에 또 다른 공통점이 있다. 이들은 모두 동료와 끈끈한 유대감을 형성하고 있었다. 열정을 만드는 두 번째 요인은 관계다. 관계 갈등을 매일, 매 순간 경험하면서 직업에서 열정을 느낄 수 있을까? 주변 동료와 관계적 안정감을 경험하고 자신이 어려울 때 도움을 받을 수 있다는 믿음이 바탕이 될 때 우리는 더 열정적일 수 있다.

자신의 분야에서 노력 에너지를 유지할 방안을 찾아라

처음부터 열정이나 소명 의식을 느껴서 행복해지는 경우는 없다. 우리가 업무에 열정을 느낄 수 있으려면, 자신에게 맞는 분야를 찾아 이곳저곳을 기웃거리며 헤매는 것보다 한 분야라도 제대로 실력을 쌓고 좋은 관계를 형성하는 편이 훨씬 바람직하다. 그런데 매일 꾸준히 노력하면서 실력을 쌓는 일은 쉽지 않다. 노력을 쏟을 수 있는 에너지가 무한하지 않기 때문이다. 일을 처음 시작할 때는 작은 유능감을 자주 경험할 수 있어야 열정을 느끼게 되고, 열정은 다시 노력 에너지로 전환된다. 주변의 칭찬이나 인정 혹은 격려와 같은 지지나 지원 역시 좋은 에너지원이다.

2019년 상하이대학교, 홍콩 과기대, 오스트레일리아 커틴대학교 연구진은 직장인들이 퇴근 뒤에 어떻게 시간을 보내느냐에 따라 다음 날 노력 에너지가 달라진다는 사실을 발견했다. 퇴근 뒤에 다양한 활동을 직장인들이 즐기고 있었지만, 다음 날 가장 열정적으로 일할 수 있었던 집단은 운동을 하거나 공부를 하는 등 건강이나 역량 개발을 위해 시간을 할애한 사람들이었다.

열정은 적성이나 소명 의식으로 만들어지는 것이 아니다. 자신의 일에 유능감을 느낄 수 있도록 노력 에너지를 꾸준히 유지하면서 실력을 조금씩 쌓을 수 있어야 한다. 그 과정에서 주변 동료들과 끈끈한 유대감을 경험한다면 열정은 더 빨리 우리가 하는 일에 찾아올 것이다.

심리학이 제안하는 슬기로운 직장 생활 팁

💡 한수원은 열정이 있어야 성과를 낸다고 생각하지만 현실은 반대다. 성과를 냈기 때문에 열정이 생기는 것이다. 열정을 만드는 데 있어 가장 중요한 요인은 실력이다. 한수원이 열정을 느끼기 위해서는 반드시 업무 수행 능력을 길러야 한다. 한수원의 팀장과 멘토는 한수원의 업무 수행 역량의 현 수준을 점검하여 개인 개발 계획을 수립하고 실행하는 과정을 도와야 한다.

💡 수동적으로 일은 처리하기보다는 주도적으로 일을 처리하는 과정에서 열정을 느끼는 것은 맞다. 하지만 실력이 없는 상태에서 자율적 업무 수행은 불가능하고 그렇게 업무를 맡기는 조직도 드물다. 작은 업무라도 완성도를 높였을 때, 주도적으로 일을 계획하고 실행하는 기회가 늘어나는 법이다.

💡 동료와의 유대감은 열정적으로 일하는 사람들의 또 다른 공통점

이다. 관계에 갈등이 있는 상태에서 업무에 열정을 발휘할 수 없다. 만약 한수원이 실력이 있는데도 현재 업무에 열정이 시들해졌다면 관계 측면도 함께 점검해 보아야 한다. 한수원은 관계에 문제가 없다고 말하지만, 선배들이 먼저 눈치를 보는 것은 좋은 관계라 여길 수 없다.

💡 실력-성과-열정-긍정 피드백의 선순환 고리를 이어 주는 윤활유 역할을 하는 것이 바로 신뢰가 있는 관계다. 업무에 열정을 느끼기 위해서는 실력 향상과 더불어 팀원들과 긍정적 관계를 형성하기 위한 노력이 필요하다. 조직 내 관계 형성은 업무와 무관한 식사나 취미 활동을 함께하는 것보다는 협업 과정을 통해 자연스럽게 맺어가는 편이 좋다. 의도가 보이는 인위적인 자리에서 관계 개선을 기대하기 어렵기 때문이다.

☑ 요약

☑ 캐나다 명문대생을 대상으로 연구한 결과, 직업이나 학업에 열정을 느낀 학생은 전체 학생의 단 3.56%에 불과했다. 직업을 갖기 전에 일에 열정을 미리 갖는 것은 어렵다.

☑ 현재 어떤 일을 하고 있다는 점만으로 그 사람에게 열정이 있다고 예측하기 어렵다. 게다가 열정에 집착할수록 심리적 손실도 감수해야 한다. 열정이 얼마나 있는지에 지나치게 관심을 갖다 보면 내 삶에서 정상적인 영역조차도 열정이 부족해 보이기 때문이다. 안타깝게도 열정에 집착할수록 현실의 행복은 점점 멀어진다.

☑ 열정을 만드는 첫 번째 요인은 실력이다. 열정을 느껴야 실력도 쉽게 느는 것이 아니냐고 반문할 수 있다. 그런데 연구에 따르면 수많은 직업 분야에서 두각을 드러내는 방법은 적성이 아니었다. 정교한 계획과 꾸준한 연습이 훨씬 중요한 요소였다.

☑ 실제 직장 생활에서 열정을 경험한 사람은 모두 동료와 끈끈한 유대감을 형성하고 있었다. 열정을 만드는 두 번째 요인은 관계다. 관계 갈등을 매일, 매 순간 경험하면서 직업에서 열정을 느낄 수는 없다. 주변 동료와 관계의 안정감을 경험하고 자신이 어려울 때 도움을 받을 수 있다는 믿음이 바탕이 될 때 우리는 더 열정적일 수 있다.

심리학에서 배우는
영향력의 원리

[착각]

긍정적 기대와 노력으로 변화를 이끌 수 있다?

"팀장님, 코칭 스킬을 기르는 게 참 쉽지 않네요. 차라리 제가 일을 도맡아 하는 게 마음이 편한데 가르치고 피드백하고 이런 과정이 소모적으로 느껴지기도 하고요. 김기주 님은 그나마 좀 따라오는 것 같은데 이동리 님은 아시다시피 태도 면에서 문제를 일으킨 적도 있고. 이런 친구를 데리고 계속 시간과 노력을 들이는 게 맞는 건지 제가 요즘 고민이 많습니다."

"내 생각엔 장철진 님이 이동리 님에 대한 부정적 편견이 있는 것 같아. 사람은 기대대로 성장하는 법이거든. 마음을 열고 일부러 칭찬도 하고 그렇게 해 보면 어떨까 싶어. 칭찬은 고래도 춤추게 한다는 말도 있잖아. 긍정적 기대를 품고 조금 더 신경 써서 노력해 주면 좋겠어."

궁 금 해 , 심 리 학

칭찬과 긍정적 기대로 변화를 만들 수 있을까?

칭찬할 일이 생겼을 때는 잘한 점을 구체적으로 공개적으로 즉시 칭찬하라. 결과보다는 과정을, 진실한 마음으로 칭찬해야 칭찬의 효과를 얻을 수 있다. 베스트셀러 《칭찬은 고래도 춤추게 한다》에서 소개한 칭찬 10계명 중 일부다. 과연, 직장 내 수많은 리더와 구성원은 칭찬 10계명의 꾸준한 실천으로 긍정적 영향력을 발휘했을까? 사실, 사람들에게 칭찬은 칭찬 자체보다 칭찬하는 맥락이 중요한 경우가 많다. 만약 길을 걷다 당신에게 갑자기 인사를 건네는 사람을 만난다고 생각해 보자. 이 사람은 당신에게 귀인의 기운이 느껴진다고 온갖 칭찬을 아끼지 않을 것이다. 이때, 당신이 좋은 기분을 느낀다면 세상 물정을 모르는 순진한 호구일 뿐이다. 당신의 마음속에 긍정 정서가 조금이라도 발현되면 안 된다. 오히려 경계심이 발동되어야 돈과 시간을 뺏기지 않을 수 있다. 조직에서 칭찬도 유사하다. 칭찬의 맥락이 내용보다 중요하다.

[직장 속으로]

마케팅팀 4년 차 이동리는 현재 이직을 고민 중이다. 입사 4년 차, 일은 이제 꽤 능숙하게 수행할 수 있으나 조직 내 사람 간의 관계에 지쳐 있다. 특히 선임인 장철진의 모든 행동이 눈엣가시처럼 느껴진다. 출근해서 인사를 건넬 때도, 전화 통화하는 목소리도, 간혹 들리는 웃음소리도 심지어 장철진이 밥을 먹을 때 내는 소리조차도 거슬려 미칠 지경이다.

처음부터 장철진이 싫었던 것은 아니다. 이동리는 팀 내 최고참 선임인 장철진을 풍부한 업무 노하우와 인적 네트워크를 가진 좋은 선배로 여기고 있었다. 이동리가 신입 사원 시절에 사내 동명이인에게 조사 의뢰 업무 메일을 보내고 회신을 받지 못해 프로젝트 일정이 틀어질 뻔한 적이 있었다. 이때도 장철진이 나서 문제를 해결해 주었다. 메일을 받아야 할 담당에게 가서 자초지종을 설명하고 급한 일정에 맞춰 내용 회신을 받아 낸 것이다.

넉넉한 일정으로도 조사 내용을 모두 작성하기 쉽지 않은데, 일부 자료는 직접 조달하고, 관련 담당자들에게 부탁하고 사정하여 결과를 만든 것이다. 이 모든 게 장철진의 업무 노하우나 인적 네트워크가 없었다면 불가능한 일이었다. 이후, 이동리는 장철진을 형님 같은 선배로 존경하고 따르고자 했지만, 장철진은 그 어떤 후배들에게도 결코 말을 놓는 법이 없었다. 이동리는 이 모습마저도 프로답다고 생각했다.

그런 이동리가 장철진을 싫어하게 된 계기가 있다. 이동리가 며칠 밤을 새서 힘들게 작성한 시장 분석 리포트에 장철진이 몇 자 첨삭한 뒤에 공동 리포트인 양 팀장에게 보고하는 모습을 목격한 뒤부터다. 그냥 사람이 싫은 정도를 넘어서 장철진의 일거수일투족에 경멸감을 느끼고 있다. 이동리는 장철진이 팀 내 베테랑으로 인정받고 있는 사람이기 때문에 장철진이 먼저 팀을 떠날 가능성이 매우 낮다고 생각한다. 그래서 차라리 자신이 이직을 하겠다고 마음 먹은 상태다.

한편, 지난 주에 장철진은 팀장 후보자 교육을 이수했다. HR에서는 코칭 스킬을 적용한 행동 개선 리포트를 팀장 후보자 교육 과제로 요구하고 있다. 장철진이 코칭해야 할 대상이 바로 이동리다. 둘은 면담 시간을 따로 갖고 코칭 목표를 정해 실행하고 있는 중이다. 하지만 계획대로 진행되고 있는 코칭 과제는 단 한 건도 없다. 이동리가 의도적으로 회피하고 태만하기 때문이다. 장철진은 팀장에게 조언을 구했지만, 돌아오는 답은 칭찬은 고래도 춤추게 한다고 칭찬과 격려로 이끌어 보라는 말뿐이다. 이 말을 듣고 칭찬과 격려를 의도적으로 지속했지만 이제 더는 못할 것 같다. 칭찬 뒤 되받은 이동리의 싸늘한 표정을 잊지 못하기 때문이다. 장철진은 난감한 상황을 어떻게 해결해야 할지 막막하다.

나의 영향력에 대한 욕구는?
🔍 영향력 욕구(Need for influence) 검사

타인에게 미치는 영향력을 중요하게 생각하는 사람들이 있다. 이들은 주변에 영향을 미치는 과정에서 자신의 존재를 드러내고 싶어 한다. 이들에겐 타인이나 특정 집단에 영향력을 발휘하는 일이 곧 자신의 정체성과 연결된다. 조직에서 영향력 욕구는 리더의 위치에 올라가고자 하는 권력 욕구로 나타난다. 이들은 주도적으로 일 처리를 하고 적극적으로 타인을 설득해 원하는 목표를 이루고자 한다.

아래 문항들에 1~5점으로 응답해 자신의 영향력 욕구를 확인해 보자.

* 전혀 그렇지 않다: 1점, 대체로 그렇지 않다: 2점, 보통이다: 3점,
　대체로 그렇다: 4점, 매우 그렇다: 5점

1. **나는 다른 사람의 행동에 영향을 미치고 싶어 한다.**

　　☐ 1점　　☐ 2점　　☐ 3점　　☐ 4점　　☐ 5점

2. **나는 나의 말에 다른 사람들이 영향받는 것을 좋아한다.**

　　☐ 1점　　☐ 2점　　☐ 3점　　☐ 4점　　☐ 5점

3. **나는 내 관점이나 내 의견에 사람들이 동의할 때 정말 기분이 좋다.**

　　☐ 1점　　☐ 2점　　☐ 3점　　☐ 4점　　☐ 5점

4. **다른 사람이나 집단에 중요한 영향력을 미칠 수 있는 직업에 끌린다.**

　　☐ 1점　　☐ 2점　　☐ 3점　　☐ 4점　　☐ 5점

5. **나의 제안에 사람들이 따라갈 때 기쁘다.**

　　☐ 1점　　☐ 2점　　☐ 3점　　☐ 4점　　☐ 5점

6. 나는 내 아이디어나 의견이 다른 사람에게 영향을 미칠 때 정말 기쁘다.

　　☐ 1점　　☐ 2점　　☐ 3점　　☐ 4점　　☐ 5점

7. 나는 내가 의사 결정 과정에 어느 정도 영향을 미칠 수 있는 위치에서 일하는 것을 선호한다.

　　☐ 1점　　☐ 2점　　☐ 3점　　☐ 4점　　☐ 5점

출처: Bennett, J. B. (1988). Power and influence as distinct personality traits: Development and validation of a psychometric measure. Journal of Research in Personality, 22(3), 361–394.

총점 26점 이상이면 영향력 욕구가 높은 편이고 25~18 사이는 보통, 17점 이하는 영향력 욕구가 낮은 편이다. 자신의 영향력이 타인에게 미치길 바라는 욕구가 클수록 조직에서 영향력이 발휘되는 심리학적 원리에 관한 깊은 이해가 필요하다. 영향력 욕구 점수가 낮다면 조직 장면에서는 낮을 수 있지만, 가정이나 친구 관계와 같은 다른 장면에서는 영향력 욕구가 높을 수 있다. 또한, 조직 내에서 위치가 바뀌면 영향력 욕구 역시 바뀔 수 있다.

변화는 기대와 노력만으로 이뤄지지 않는다

모든 조직의 리더는 긍정적 변화를 꿈꾼다. 2020년 전 세계 CEO 1,379명을 대상으로 한 PwC^{PricewaterhouseCoopers} 조사에서 새해를 맞이하며 가장 중요한 과제가 무엇인지 물은 적이 있다. 조사 대상 CEO들에게 가장 중요한 과제는 변화였고 2번째 중요한 과제가 인재$^{human\ capital}$였다. 조직에서 변화는 항상 중요하지만, 특히 새해가 되면 신년사, 비전 선포식, 업무 보고 같은 방식을 통해 다양한 변화의 메시지를 전달하고 또 전달받기를 원한다. 성공적인 변화와 관련해서 잘 알려진 심리학 이론은 소위 긍정적 기대의 힘을 주장한 피그말리온 효과$^{Pygmalion\ effect}$다. 긍정적 기대의 힘은 실제 존재한다. 피그말리온 효과, 자기 충족적 예언$^{self-fulfilling\ prophecy}$, 로젠탈 효과

Rosenthal effect 등에서 소개된 다양한 연구와 실험 사례가 이를 증명하고 있다. 로젠탈 효과를 예시로 보자. 1968년 하버드대학교 사회심리학과 교수였던 로버트 로젠탈Robert Rosenthal은 무작위로 20%의 학생을 뽑아 교사에게 '지적 능력이나 학업 성취도가 높은 학생'이라고 전달했다. 무작위로 선정된 학생이었음에도 불구하고 그 사실을 몰랐던 교사들은 이 아이들에게 긍정적 기대를 보였고 실제 8개월 뒤 아이들의 지능과 학업 성적 등은 크게 향상되었다. 긍정적 기대의 힘을 보여 준 기념비적인 연구라 할 수 있다.

로젠탈 연구를 비롯해 긍정적 기대의 힘을 확인한 수많은 연구에는 하나의 공통점이 있다. 주로 해당 분야의 초심자나 아이들을 연구의 대상으로 삼았다는 점이다. 앞서 소개한 로젠탈 효과에서도 교사의 영향력이 커서 반응을 이끌어 내기 쉬운 초등학교 저학년의 효과는 높았으나 고학년의 효과는 크지 않았다. 만약 이 실험을 대학생에게 했다면 어땠을까? 긍정적 기대의 힘이 성과를 만든 이유가 아니라 반응 민감도가 높은 대상에게 긍정적 기대를 한 것이 성과를 내게 한 원동력이다. 반응 민감도란 어떤 자극에 대한 반응의 크기를 말한다. 같은 자극이라도 민감도가 높으면 더 큰 반응을 보일 것이다. 영향력에 있어 반응 민감도는 매우 중요한 개념이다.

반응 민감도가 떨어지는 시기에 들어선 자녀에 대한 부모의 긍정적 기대는 영향력이 그다지 크지 않다. 부모가 아이에게 좋은 롤 모델이 될 수 있는 시기는 대략 만 14살 이전이다. 부모는 중학생이 되어서도 스스로 공부하지 않는 자녀를 보며 그제서야 좋은 모범을 보이는 시도를 시작한다. 거실에 TV를 치우고 책장을 놓고 피곤해도 소파에 앉아 책 읽는 모습을 자녀에게 의도적으로 노출하려 한다. 부모가 아이들에게 좋은 롤 모델이 될 것이라고 생각하기 때문이다. 하지만 이러한 노력의 효과는 크지 않다. 중학생 정도의 자녀는 부모에게서 큰 영향을 받는 결정적 시기[critical period]를 지났기 때문이다.

구글의 데이터 과학자인 세스 스티븐슨 다비노위츠[Seth Stephens-Davidowitz]는 미국 메이저리그 팬이 되는 결정적 시기를 밝혀냈다. 평생 응원할 야구팀을 굳히는 가장 중요한 시기는 여덟 살 전후였다. 딱 그 시기의 아이가 열광했던 팀은 평생의 응원 팀으로 남았다. 19~20살 때 야구의 재미를 알게 돼서 특정 구단의 팬을 자처한 사람이 계속 그 구단의 팬으로 머물러 있을 확률은 여덟 살 때 팬이 된 경우에 비해 8분의 1에 불과했다.

데이터 분석 기업 캐털리스트[Catalist]의 수석 연구원인 야이르 깃차[Yair Ghitza]와 컬럼비아대학교의 통계학자인 앤드루 겔먼[Andrew Gelman]은 젊을 때 진보적인 정치 성향을 보이다가 나이가 들면 보수적으로 변한다는 사회 통념을 연구한 바 있다. 연구에 따르면 우리의 통념은 잘못됐다. 연구자들은 정치 성향이 형성되는 것 역시 결정적인 시기가 있다고 말한다. 나이가 들면 보수적으로 변하는 영향도 물론 있지만, 유권자가 대략 18살 전후일 당시 대통령의 인기도가 더 큰 영향을 미친다는 연구 결과다. 예를 들어 1941년 생 미국인은 성년이 됐을 때 가장 인기 있는 대통령인 드와이트 아이젠하워^{Dwight Eisenhower}를 만난다. 1960년대 초, 이 세대는 확고하게 공화당 쪽을 지지하고 나이가 들어도 변함이 없었다. 10년 뒤에 태어난 1951년 생 미국인은 성년이 됐을 때 존 F. 케네디^{John F. Kennedy}를 만난다. 그리고 평생 민주당을 지지한다. 영향력은 한쪽에서 일방적으로 행사하는 것이 결코 아니다. 강력한 영향력은 결정적 시기에 결정적 대상을 만나야 한다.

작지만 꾸준한 신호로 반응 민감도를 높여야 한다

리더의 강력한 영향력은 반응 민감도가 높은 대상을 만났을 때 비로소 효과를 발현하는 법이다. 따라서 리더 혼자 영향력을 높이려는 시도만으로는 긍정적인 변화를 만들어 낼 수 없다. 반응 민감도가 높은 대상을 찾거나 대상의 반응 민감도를 높이려는 시도가 반드시 선행되어야 한다.

리더 스스로 의욕은 높지만 구성원의 반응 민감도가 낮다면 민감도를 높이는 시도를 해야만 한다. 그런 뒤에 기대와 요구를 해야 한다. 민감도를 높이기 위해서는 평소에 작은 신호를 꾸준히 보내는 것이 효과적이다. 전 세계 수많은 군대 조직 중 가장 높은 성과를 보이는 곳이 미국 해병대다. 탁월한 신체 조건을 가진 후보자를 뽑고 강한 훈련을 하는 것만으로 이들의 탁월한 성과를 설명하기는 어렵다. 식사와 같은 일상적인 일과도 큰 역할을 하는데, 바로 조직의 가장 높은 리더가 가장 마지막에 배식을 받는 문화다. 사이먼 사이넥Simon Sinek은 《리더는 마지막에 먹는다Leaders eat last》에서 이들의 독특한 문화를 소개한 바 있다. 좋은 리더는 어떤 일이 닥쳐서 영향력을 보이는 것이 아니라 평소에 자신의 긍정적 영향력을 경험할 수 있는 작은 신호를 지속적으로 보낸다는 내용이다. 리더가 가장 마지막에 배식받는 신호를 매일 경험한 해병대원들은 실전에서 리더의 기대에 반응한다. 매일 가장 늦게 배식받는 리더를 보면서 만약 작전에 실패해 후퇴해야 할 때 가장 마지막에 남을 사람이 리더일 거라는 믿음이 생긴다. 하지만 평소 이러한 신호를 주고받은 적이 없는 조직은 위기가 기회를 만드는 것이 아니라 조직원의 급격한 이탈만 낳을 뿐이다.

내가 경력 사원으로 새로운 직장의 HR팀으로 옮겼을 때의 일이다. 이 시기에 나는 새로운 조직에서 존재감을 드러내기 위해 빠르게 성과를 내려는 의욕이 앞섰다. 당시 팀장은 성과에 조급할 필요가 없다며 HR은 사람을 알아야 하니 여러 팀과 만나 식사하면서 얘기나 들어 보자고 제안했다. 이후로 몇 주간은 팀장 주관 아래 여러 사업장을 돌아다니면서 인사하고 식사하는 게 주요 일과의 전부였다. 팀에 새 사람이 왔다고 팀장이 먼저 나서서 소개하고 자리를 만들었던 여러 번의 반복된 신호는 내가 이 조직의 일원이라는 소속감을 만들었다. 뿐만 아니라 일을 하기 전에 사람을 만나고 대화하면서 니즈를 파악하는 HR의 기본도 자연스럽게 익힐 수 있었다. 내 직장 생활을 돌이켜보면 결정적 시기에 결정적 대상을 연속으로 만난 행운이 겹쳤던 것 같다. 나름 큰 복이라 생각한다.

진정성은 값싼 신호로 만들어지지 않는다

우리는 진정성 있는 리더의 영향력에 민감하게 반응한다. 리더의 진정성은 리더십의 효과성에 매우 중요한 요인이다. 그렇다면 진정성은 어떤 신호로 사람들에게 전달될까?

2001년 노벨경제학상 수상자이자 빌 게이츠Bill Gates의 가장 영향력 있는 스승으로 알려진 마이클 스펜스Michael Spence의 신호 이론signaling theory을 통해 진정성에 관해 살펴보자. 신뢰가 없는 상태에서 인간은 상대가 자신을 어떻게 대할지 불안감을 느낀다. 그래서 상대로부터 오는 신호를 민감하게 읽으려고 애쓴다. 이때 상대는 나에게 값싼 신호cheap talk를 보낼 수도 있고 값비싼 신호costly signal를 보낼수도 있다. 만일 상대가 칭찬이나 아부 같은 신호로 나의 신뢰를 얻고자 한다면 나는 그 신호를 전적으로 믿으며 협력하는 것이 유리할까? 아마 그렇게 판단하지 않을 것이다.

진화심리학에서는 수컷 공작새가 구애를 위해 화려한 깃털을 펼쳐 보이거나, 위협적인 사자 앞에서 도망가기보다는 제자리 점프를 높게 뛰는 가젤의 행동 등을 값비싼 신호 이론^{costly signaling theory}으로 설명한다. 수컷 공작새의 화려한 깃털은 여러모로 생존에 불리하다. 일단 천적의 눈에 띄기 쉽고 무거운 깃털 때문에 달아나기도 힘들다. 하지만 그러한 불리한 조건을 갖고 있음에도 지금껏 살아남았다는 것은 수컷 유전자가 얼마나 탁월한지를 보여 주는 신호다. 암컷 입장에서는 어떤 수컷이 자신의 짝으로 적합한지 알 수 있는 단서를 찾으려 하는데 수컷의 화려한 깃털은 암컷에게 신뢰의 신호를 준다.

자신을 잡아먹으려는 사자 앞에서 도망가지 않고 오히려 제자리에서 높게 뛰며 사자를 놀리는 듯한 모습을 보이는 가젤이 있다. 사자 입장에서 사냥에 성공하려면 가젤 무리 중에서 약한 녀석을 공략하는 편이 유리하다. 살아남으려는 가젤은 무리 중에서 자신이 약하지 않다는 점을 보여 줘야 사자의 추격을 받지 않을 것이다. 그래서 자신이 얼마나 잘 뛸 수 있는지 사자에게 신호를 보내는 것이다. 자연계에서 이러한 신호는 자신의 생존을 담보로 건 값비싼 신호라고 할 수 있다.

스펜스의 신호 이론은 구직 과정에서 어떤 지원자가 회사의 선택을 받는지를 설명한다. 지원자는 자신에 관한 정보를 잘 알고 있지만, 회사는 알 수 없기 때문에 일종의 정보 불균형 상태다. 그래서 자신이 얼마나 적합한 사람인지 면접관에게 신호를 보내야 한다. 이때 만일 지원자가 자신의 경험에 대해 말로만 허풍을 떠는 값싼 신호$^{cheap\ talk}$만을 보낸다면 면접관은 지원자를 신뢰할 리 없다. 지원자는 직무를 수행하기 위해 자신이 얼마나 적합한지에 관한 경험, 학력, 외국어 실력, 자격증, 리더십 등의 값비싼 신호를 준비해야 면접관의 선택을 받을 수 있다.

리더가 구성원의 신뢰를 얻기 위해서는 자신이 구성원에게 보내는 신호의 가치를 따져 봐야 한다. 교육 때 잠깐 습득한 설득이나 커뮤니케이션 스킬 위주의 말뿐인 값싼 신호에서는 리더의 진정성을 느낄 수 없다. 리더가 구성원의 신뢰를 얻기 위해서는 자신의 시간과 자원을 아낌없이 쓰고 있다는 값비싼 신호를 보여 줘야 한다. 리더십을 발현하는 장면에서 리더의 자원과 희생이 어떤 방식으로 구성원에게 전달되고 있는지 그 신호의 가치와 효과성을 확인해 봐야 한다. 지금껏 값싼 신호에 머물러 있었다면 리더 스스로 효과성 있는 새로운 신호를 찾아 꾸준히 전달하는 과정이 필요하다. 값비싼 신호는 진정성을 낳고 꾸준한 전달은 리더십 행위의 반응 민감도를 높일 것이며 반응 민감도가 높아진 구성원에게 거는 긍정적 기대로 리더가 원하는 변화를 이룰 수 있다.

💡 팀장의 조언이 공허한 이유는 변화가 긍정적 기대와 칭찬만으로 이뤄지지 않기 때문이다. 로젠탈 연구를 비롯한 긍정적 기대의 힘을 확인한 수많은 연구의 공통점은 주로 해당 분야의 초심자나 아이들을 대상으로 했다는 점이다. 반응 민감도가 높은 대상에게는 긍정적 기대나 칭찬의 효과가 분명하나, 그렇지 않은 대상에서 동일한 효과를 기대하기는 어렵다.

💡 만일 변화의 대상이 반응 민감도가 높은 결정적 시기가 지났다면 꾸준한 신호로 반응 민감도를 높이는 과정이 반드시 선행되어야만 신호가 영향력을 발휘할 수 있다. 반응 민감도를 높이는 신호는 노력, 시간, 물질적 자원 등이 포함된 값비싼 신호여야 진정성을 느낄 수 있다. 장철진과 이동리의 경우, 긍정적 자극에 효과가 없는 민감도가 낮은 수준을 지나 오히려 긍정적 자극에 부정적 반응이 나타나는 역민감도가 높은 시기라 할 수 있다. 장철진은 반드시 자신의 진정성을 이동리에게 입증해야 한다.

💡 장철진이 코칭의 효과를 높이고 싶다면, 말뿐인 값싼 칭찬이나 격려가 아닌 이동리의 기대를 웃도는 시간과 자원을 아낌없이 쏟아

야 한다. 그것도 일회성이 아닌 꾸준한 실행이 필요하다. 이동리가

장철진의 진정성을 경험한 뒤에 장철진의 영향력이 미칠 수 있다.

☑ 요약

☑ 긍정적 기대의 힘이 긍정적 결과를 만드는 것이 아니라 반응 민감
도가 높은 대상에게 긍정적 기대를 했기 때문에 좋은 결과가 나온
것이다. 반응 민감도란 어떤 자극에 대한 반응의 크기를 말한다.
같은 자극이라도 민감도가 높으면 더 큰 반응을 보인다.

☑ 조직에서 리더의 강력한 영향력은 반응 민감도가 높은 대상을 만
났을 때 비로소 효과를 발현한다. 따라서 리더 혼자 영향력을 높
이려는 시도만으로는 긍정적 변화를 만들어 낼 수 없다. 반응 민감
도가 높은 대상을 찾거나 대상의 반응 민감도를 높이는 시도가 반
드시 선행되어야 한다.

☑ 리더 스스로 의욕은 높지만, 구성원의 반응 민감도가 낮다면 민감
도를 높이는 시도가 필요하다. 민감도를 높이기 위해서는 평소에
작은 신호를 꾸준히 보내는 것이 효과적이다.

☑ 우리는 진정성 있는 리더의 영향력에 민감하게 반응한다. 리더의
진정성은 리더십 효과성에 중요한 요인이다. 리더가 구성원의 신
뢰를 얻기 위해서는 자신이 구성원에게 보내는 신호의 가치를 따
져 봐야 한다. 교육 때 잠깐 습득한 설득이나 커뮤니케이션 스킬
위주의 말뿐인 값싼 신호에서는 리더의 진정성을 느낄 수 없다. 구
성원의 신뢰를 얻기 위해 자신의 시간과 자원을 아낌없이 쓰고 있
다는 값비싼 신호를 보여 줘야 한다.

3

어렵게 배워야
더 오래 기억한다

[착각]

나이가 들수록 기억력은 급격히 쇠퇴한다?

"박 팀장님, 이번 김기주 님이 제안한 프로젝트 말인데 한 7~8년 전에 경쟁사에서 진행했던 내용과 비슷하지 않아요? 당시 우리가 컨설팅 회사에 의뢰해서 영향력 분석도 했던 것으로 아는데, 지금 다시 기안을 올린 것은 이 시점에서 재검토해서 우리가 직접 진행해 보자는 뜻인가요?"

"상무님, 저는 기획안이 친숙해서 마음에 들었던 것 같습니다. 말씀하시는 것을 듣고 보니 이제야 저도 기억이 납니다. 당시 분석 보고서를 다시 검토해 보진 않았습니다. 검토 뒤에 다시 보고 드리도록 하겠습니다. 그나저나 상무님 기억력은 정말 대단하세요. 부끄럽지만 저는 점점 기억력이 떨어지는 것 같습니다."

[진실]

기억력이 떨어진다고 느낀다면,

기억력이 퇴화하는 것보다 두뇌를 제대로 활용하지 못한 탓이 크다!

훌륭한 기억력을 지닌 사람은 사물을 주의 깊게
관찰하는 사람이며, 그것에 집중하고 훈련하는 사람이다.
어떤 사물에 대하여 열심히 알려고 하면 할수록
그 사물은 더욱 잘 기억된다. 그것은 진리다.

– 데일 카네기^{Dale Carnegie} –

궁 금 해 , 심 리 학

총명했던 젊은 시절의 기억력을 유지하는 방법은 무엇일까?

나이를 한 살, 한 살 더 먹을수록 자신 없는 분야가 생기기 마련
이다. 그중 하나가 기억력이다. 젊었을 때는 기억력이 좋았던 것 같
은데 나이가 드니 건망증이 심해지고 메모를 해 두지 않으면 잘 기
억나지 않는다. 간혹 이런 생각이 든다. 젊은 시절 총명했던 기억력
을 되돌리는 방법은 없을까? 건망증에서 벗어나는 방법은 무엇일

까? 세월을 거스르는 기억법이라는 것이 있을까?

[직장 속으로]

마케팅팀 팀장인 박봉주는 최근 기억력이 많이 떨어지고 있음을 실감하고 있다. 단순한 건망증 수준이 아니라 기억력 감퇴가 업무에도 영향을 미치고 있다. 얼마 전 박봉주는 협력사 임원과 식사를 한 적이 있다. 현재 진행 중인 프로젝트에 관해 여러 얘기를 나누다 어떤 부정적인 느낌이 드는 순간이 분명 있었는데, 무엇 때문이었는지 도무지 기억나지 않는다. 분명 프로젝트 성패에 관한 결정적인 단서였던 것 같은데, 당시 메모해 두지 않았던 것이 그렇게 후회될 수가 없다. 당시 협력사 임원이 실언에 가깝게 내뱉은 말이라 다시 확인할 수도 없는 일이다. 계속 찜찜한 상태에서 프로젝트를 진행하고 있자니 미칠 노릇이 아닐 수 없다.

지난 명절 때는 오랜만에 온 가족이 고향에 모여 즐거운 시간을 보냈다. 조카가 좋은 대학에 입학해서 가족 모두가 축하했던 일은 생생하다. 입학 지원 시기에 여러 대학과 전공을 얘기해서 그런지, 지금 다시 생각해 보면 조카의 전공도 기억나질 않고 무슨 대학이었는지도 헷갈린다. 박봉주가 조카 학비 중 일부를 내주기로 해서 조카가 감사 인사차 사무실 근처로 온다고 연락이 왔는데, 만나서 다시 학교와 전공을 물어볼 수도 없고 난감하다. 하는 수 없이 그 자리에 함께 있었던 사촌에게 문자를 남겨 둔 상태다. 이런 일이 잦다 보니 최근엔 스스로 무척 한심하다고 느낀다. 박봉주는 자기 나이 또래의 직장인이 다 자기와 같은 고민을 갖고 있는지도 궁금하다. 자신만 빠르게 총기를 잃어 가는 것인지, 나이가 들면 느끼는 자연스러운 현상인지 궁금하기도 하다. 입사 동기들에게 물어보면 다 비슷하다고 하지만, 자신만큼 심하지는 않다는 생각이 든다. 기억에 자신이 없어지니 간혹 팀원들도 자신을 무시하는 것 같다는 느낌이 들 때가 있다. 오늘 오후도 본부장 보고에 들어가기 위해 자료를 찾고 있는데, 장철진이 지난번 위클리 때 본부장님에게 제출하지 않았냐고 되묻는 표정에선 묘한 비웃음까지 비쳐 보였다. 어쩌면 그냥 멋쩍은 미소였는데 자격지심 때문에 비웃음으로 읽혔는지도 모른다.

박봉주는 한때 회사 내 암기의 화신이었다. 공채 입사 동기들이 200명이 넘었지만, 단 이틀만에 모든 동기의 이름과 얼굴을 암기했다. 교육 기간에는 명찰 패용이 규정이기 때문에 따로 이름을 외울 필요가 없음에도 박봉주는 평생 같이 갈 사람들이라고 생각하고 외웠다. 동기들은 박봉주를 천재로 기억한다. 일과를 마치고 운동을 하거나 개인 정비 활동을 할 때는 명찰을 달지 않아도 됐었는데, 얼굴과 이름을 정확히 매칭해 기억하는 박봉주의 기억력에 모두 감탄했기 때문이다. 그랬던 박봉주에게도 세월은 참 무정하다. 비상한 기억력과 함께 총기도 빼앗았으니 말이다.

나는 생각을 즐기는 사람인가?

🔍 **인지 욕구**(Need for Cognition) **검사**

인지 욕구는 생각하는 것을 즐기고 인지 노력을 기울이는 경향성을 말하며, 자신의 노력을 통해 정보를 처리하는 과정에서 내적으로 즐거움을 느끼는 심리적 특성이다. 인지 욕구가 낮은 사람은 주변 사람의 말이나 주변 환경의 단서에 쉽게 영향을 받는 반면, 인지 욕구가 높은 사람은 본질적 정보에 주의를 기울인다. 만약 당신이 인지 욕구가 높은 사람을 설득해야 한다면, 설득의 심리학에서 학습한 방식으로는 쉽지 않을 것이다. 이들을 효과적으로 설득하려면 환경적 요인보다는 과학적 근거와 토론 과정이 필요하다.

아래 문항들에 1~5점으로 응답해 자신의 인지 욕구를 확인해 보자.

* 전혀 그렇지 않다: 1점, 대체로 그렇지 않다: 2점, 보통이다: 3점,
  대체로 그렇다: 4점, 매우 그렇다: 5점

1. **나는 단순한 문제보다는 복잡한 문제를 선호한다.**

   ☐ 1점   ☐ 2점   ☐ 3점   ☐ 4점   ☐ 5점

2. **나는 많은 생각이 필요한 상황을 책임감 있게 이끌길 원한다.**

   ☐ 1점   ☐ 2점   ☐ 3점   ☐ 4점   ☐ 5점

3. **생각은 그다지 즐겁지 않다.**

   ☐ 1점   ☐ 2점   ☐ 3점   ☐ 4점   ☐ 5점

4. **사고력에 도전하는 것보다 생각이 적은 일을 하고 싶다.**

   ☐ 1점   ☐ 2점   ☐ 3점   ☐ 4점   ☐ 5점

5. 나는 새로운 해결안이 필요한 문제에 관여하는 것이 즐겁다.

☐ 1점 ☐ 2점 ☐ 3점 ☐ 4점 ☐ 5점

6. 나는 많은 생각을 필요로 하지 않은 일보다는 지적이고 어렵고 중요
한 일을 선호한다.

☐ 1점 ☐ 2점 ☐ 3점 ☐ 4점 ☐ 5점

출처: Lins de Holanda Coelho, G., HP Hanel, P., & J. Wolf, L. (2020). The very efficient assessment of need for cognition: Developing a six-item version. Assessment, 27(8), 1870-1885.

문항 1, 2, 5, 6번은 점수 그대로를 활용하고 3, 4번은 6점에서 해당 점수를 뺀 변환 점수를 구한다. 예를 들어, 3번에 4점을 기재했다면 변환 점수는 6-4=2점이다. 26점 이상이면 인지 욕구가 높은 편이다. 16~25점 사이는 보통, 15점 이하면 인지 욕구가 낮은 편이다. 인지 욕구가 높은 사람은 평소에 자신과 타인의 생각을 곱씹어보는 것을 좋아한다. 정보를 두뇌에 입력하는 순간에 집중력이 높아지기 때문에 인지 욕구가 낮은 사람에 비해 정보 입력에 장점이 있다. 하지만 인출을 원활히 하려면 자신의 생각을 타인에게 설명하는 습관이 필요하다. 인지 욕구가 낮은 사람이라면 정보를 입력하는 순간부터 보다 깊은 주의를 기울일 필요가 있다.

타고난 기억력보다 생각하는 방식이 중요하다

결론부터 말하면, 기억력은 인간의 능력 중에서 한두 해 만에 급격히 변하지 않는 비교적 안정적인 인지 능력이다. 나이가 들수록 기억력이 급격히 나빠진다고 느낀다면 젊었을 때 탁월했는데 나빠졌을 가능성보다 젊었을 때도 그다지 기억력이 좋지 않았을 가능성이 높다. 그럼에도 불구하고 경험적으로 '아닌데, 나는 분명히 기억력이 빠르게 퇴화하고 있는데.' 하고 느낀다면 기억력에 관한 몇 가지 원리를 익히면 좋아질 수 있다. 원리를 학습하기 위해 우선 간단한 암기 실험으로 시작해 보자.

• 아래 단어 10개를 천천히 한 번씩만 읽고 최대한 많은 내용을 기억하자. 빈칸
  이 있는 단어는 원래 단어가 뭐였을지 생각해 보면서 빈칸이 채워진 온전한
  단어로 기억해 내면 된다.

세종대왕, 동( )보감, 교보문고, 성( )평가, 회계원리,

( )화요리, 조직문화, 트라( )마, 비즈니스, 주( )금지

사실 이 실험은 단순한 기억력 테스트가 아니다. 우리는 빈칸이
있어 음절이 빠진 단어를 더 잘 기억하는데, 이것이 바로 기억에 있
어 생성 효과^{generation effect}를 보여 주는 예다. 생성 효과란 빈 부분을
채우는 노력이 기억을 강화하는 현상을 말한다. 지능이 높은 사람
들이 더 많은 내용을 기억한다는 것은 매우 당연한 사실이다. 하지
만 지능이 다는 아니다. 빈칸을 채우게 하는 단순한 조작으로 기억
력은 얼마든지 향상될 수 있기 때문이다.

그런데 또 다른 흥미로운 사실은 이 실험에서 빈칸이 없는 단어
들을 더 잘 기억하게 만들 수도 있다는 점이다. 빈칸이 없는 단어들
을 조합해 하나의 스토리를 만들면 된다.

"나는 지난 주말, 광화문에 가서 세종대왕 동상을 보고 교보문고에서 회계원리와 조직문화, 비즈니스 관련 서적을 찾아보았다."

이렇게 단어를 연결해 자신과 관련한 어떤 스토리를 만들면 더 잘 기억할 수 있다. 이것을 자기참조효과self-reference effect라고 한다. 그러므로 단순히 기억력에 의존하는 것보다 인간이 생각하는 방식을 이해하고 기억하는 일이 기억을 하는데 더 중요하다 할 수 있다. 생각하는 능력을 높이는 몇 가지 생각 습관만 익혀도 기억력을 쉽게 향상시킬 수 있다.

나이가 들면 기억력이 퇴화한다?

아이를 키워 본 사람이라면 누구나 자신의 아이가 천재라고 착각하는 순간을 경험한다. 특히 아이가 비상한 기억력을 발휘할 때 깜짝 놀란다. 아이가 작년 생일에 있었던 일을 어제 일처럼 기억하거나 같은 반 아이들의 이름을 출석 번호 순서대로 줄줄이 말하는 경우처럼 말이다. 이런 천재를 낳은 나는 냉장고 문을 열고서도 애초에 무엇을 꺼내려고 했는지 기억조차 못하는데 우리 아이의 기억력은 정말 비상하다. 만일 당신이 나이가 들수록 기억력이 퇴화한다고 느낀다면 과학적으로는 기억력 자체의 퇴화보다는 여러 이유 때문에 기억을 하는데 어려움을 겪는다고 보면 된다. 기억을 방해하는 요소는 무엇일까?

첫째, 간섭 효과다. 기억 저장을 여러 색깔과 모양의 젤리가 든 통에 비유한다면 아이의 젤리 통 속의 젤리는 어른에 비해 상대적으로 적고 모양도 다양하지 않다. 그래서 작년 생일에 있었던 사건을 젤리 통에서 꺼낼 때 방해하는 젤리가 거의 없으므로 쉽게 꺼낼 수 있다. 그런데 나이가 들수록 이 주머니 속의 젤리들이 많아지고 복잡해진다. 작년 생일을 꺼내야 하는데 재작년 생일, 부모님 생일, 동료 생일 등이 방해하는 까닭에 쉽게 꺼낼 수가 없다. 좀 과장해서 표현하면 머리에 든 게 없을 때는 쉽게 꺼낼 수 있지만, 머릿속에 든 내용이 많을수록 한 번에 딱 맞춰 꺼내는 것이 쉽지 않다.

둘째, 나이가 들수록 단순히 저장했다가 꺼내는 단기 기억 체계보다는 기억의 다른 체계들을 더 자주 사용하기 때문이다. 운전을 하면서 최적 경로를 생각하거나 작업장에서 기계를 작동하거나 과거 경험을 통해 얻은 교훈을 상기하는 장면에서도 우리는 기억 체계를 활용하지만 이때는 단기 기억 체계를 작동시키지는 않는다. 우리의 기억 체계는 단기 기억만으로 구성되어 있지는 않다. 암묵 기억, 의미 기억, 절차 기억 등 기억의 다른 체계들이 있어서 필요에 따라 해당 기억 체계를 활용한다. 그런데 나이가 들수록 기억의 어떤 체계는 덜 작동시키고 또 어떤 체계는 더 활발하게 작동시키기도 한다. 대개 사람들은 마흔을 넘어서면서 외부로부터 오는 정보에는 둔감해지고 내부 경험으로부터 얻어진 정보는 중요시하게 된다. 조직에 내부 DB^{Database}가 쌓일수록 외부 DB를 활용할 필요가 없어지는 것과 같은 이치다. 자신의 경험치로부터 나온 정보에 집중하기 때문에 외부 정보에 민감한 단기 기억 체계는 덜 활용하는 것이다. 즉, 나이가 들어 기억이 흐릿해진다고 느낀다면 기억력 자체의 퇴화라기보다는 다른 기억 체계를 쓰기 때문에 생기는 현상이라 보면 된다.

셋째, 인출하지 않기 때문이다. 기억에 관한 고전적인 연구의 시작은 1885년으로 거슬러 올라가야 한다. 기억 연구의 선구자인 독일의 심리학자 헤르만 에빙하우스^{Hermann Ebbinghaus}는 우리가 듣거나 읽은 것의 70%는 아주 빠른 시간 내에 나머지 30%는 서서히 잊힌다는 사실을 발견했다. 심리학자들은 단기 기억의 빠른 망각을 늦추기 위한 최상의 방법을 찾아냈는데 그것이 바로 인출이다. 기억을 단순한 저장으로만 생각해서는 안 된다. 단언컨대 기억에서 저장 능력보다 더 중요한 것이 인출, 즉 저장된 것을 꺼내는 행위다. 인출은 시험을 보는 것, 누군가에게 설명하는 것, 자신이 이해한 대로 기록하는 것 등 다양한 형태로 기억 속에 있는 무엇인가를 꺼내보는 행위를 말한다. 그런데 앞서 설명한 것처럼 나이가 들수록 완전히 새로운 정보에는 크게 관심을 못 느껴 인출하는 빈도가 줄어든다. 그렇다면 나이가 들어서도 총기를 잃지 않은 사람들의 공통점은 무엇일까? 그들은 인출 빈도, 즉 말을 많이 한다는 공통된 특징이 있다. 1930년 생인 워런 버핏^{Warren Edward Buffett}의 매일 밤 잠들기 전 습관은 독서다. 그런데 버핏의 독서 습관은 여기서 끝나지 않는다. 다음 날 자신이 읽은 책의 내용을 누군가에게 설명하고 독서를 마무리한다. 인출의 중요성을 누구보다 잘 아는 사람의 행동이라 할 수 있다.

새로운 학습을 위해서는 망각이 필요하다

안드로이드 기반의 스마트폰을 쓰다가 아이폰으로 바꿀 때는 기존 체계에 대한 망각이 있어야 더 빨리, 더 쉽게 배울 수 있다. 단순한 조작법이 아니라 복잡한 작업에 집중하기 위해서는 많은 양의 정보를 잊어야 한다.

조직을 옮기거나 새로운 위치에서 리더십을 발휘할 때도 마찬가지다. 이전 조직의 지식과 경험에만 기대서는 새로운 조직과 일에 몰입하면서 일하기가 쉽지 않다. 문제는 우리가 새로운 것을 배우는 동안에도 이전 지식의 대부분이 장기 기억에서 없어지지 않는다는 사실이다. 사용의 빈도는 현격히 떨어지지만 쉽게 잊히지는 않는다. 여러 번 이사를 다녔다면 20년 전에 살던 곳의 주소를 정확히 기억하지는 못하지만, 사지선다형 시험에서 그 주소가 나온다면 쉽게 고를 수 있을 것이다. 그 기억이 뇌 속 어딘가에 여전히 남아 있기 때문이다. 새로운 학습을 위해 망각이 필요하지만 망각은 우리 생각처럼 쉽지 않다.

그런데, 다행히 새로운 학습을 보다 잘할 수 있는 방법을 찾아낸 심리학자들이 있다. 이들은 기존 지식을 망각하고 새로운 학습에 집중하는 방법을 찾아냈는데 그 비결은 지식과 기술을 어렵게 익히는 것이다. 야구공을 치는 행위는 스포츠에서도 가장 어려운 기술 중 하나다. 공이 홈 플레이트에 도착하는 시간은 단 0.5초. 타자는 투구의 유형과 공의 움직임, 공이 배트에 도달하는 시간 등을 짧은 시간 내에 정확히 계산해야 한다. 그렇다면 타자는 타석에서 공을 치기 위해 어떻게 연습해야 할까?

• 아래 두 가지 연습 방법 중 당신이 선택한 더 효과적인 훈련 방법은 무엇인가?

> ❶ 같은 유형의 공을 15번씩 순서대로: 빠른 공 15번, 커브 15번,
> 체인지업 15번
> ❷ 45번의 공을 빠른 공, 커브, 체인지업이 무작위로

현실에서 테스트한 결과, 2번에 해당되는 타자들은 1번에 속한 타자들보다 학습이 더 힘들고 어렵다고 느꼈다. 그런데 6주가 지난 뒤에는 2번 그룹에 속한 타자들이 현저히 나은 타격을 보였다. 1번은 단기 기억에 의존해야 경기력이 높아지는 구조지만 2번은 변화하는 환경에 빠르게 대응해야 하는 구조이기 때문이다. 중요한 사실은 어렵게 익힌 2번의 방식이 실전에선 더 큰 힘을 발휘할 수 있다는 점이

다. 우리는 현재 구글링이나 유튜브로 검색과 새로운 시술을 쉽게 익힐 수 있는 환경에 살고 있다. 이렇게 찾은 지식과 정보를 남들에게 전달하고 보여 주는 것은 쉽지만, 스스로 이해하고 설명하는 일은 결코 쉽지 않다. 검색으로 쉽게 찾은 정보는 실제로는 모르지만, 아는 것처럼 느끼게 하는 가짜 유능감을 높일 가능성이 무척 높다.

우리 뇌는 평생에 걸쳐 변화한다

나이가 들수록 새로운 지식과 기술을 익히는 일이 쉽지 않다. 외부로부터 오는 정보에 민감하도록 두뇌 체계를 작동시키지 않고 이전 지식과 경험을 망각하는 것도 쉽지 않으며 새로운 일을 익히는 일은 어렵다. 그래서 우리 뇌의 잠재력을 깨우기 위해 외부 정보에 대한 호기심, 새로운 시도, 어렵게 익히는 일을 즐길 수 있는 준비가 필요하다. 뇌는 아주 단순한 원리를 따르는데, 쓰지 않으면 없어지고 쓰면 평생에 걸쳐 변화할 수 있다. 태어난 지 얼마 안 된 새끼 고양이를 수직선만 있는 원통형 방에 넣어 키우면 고양이 특유의 날렵함이 사라진다. 가로 막대를 뛰어넘지도 못하고 밑으로 기어 숨지도 못한다. 수평선을 보는 신경 세포를 쓰지 않았기 때문에 위축된 것이다. 이처럼 뇌는 쓰지 않은 세포는 죽이고 쓰는 세포는 활성화시키며 연습을 많이 할수록 신경 회로 경로의 강도와 속도를 높일 수 있다.

깜빡 잊는 일이 자주 생긴다면 외부 정보에 대해 호기심을 높이면 된다. 안부를 묻고 호기심을 가지고 질문을 던지고 답변에 집중하면 단기 기억 체계가 가동된다. 새로운 정보를 알게 됐다면 인출 빈도를 높이면 된다. 일 처리를 할 때도 다 알고 있을 거라고 넘어갈 것이 아니라 설명의 기회를 늘리고 다른 사람에게 설명을 요구할 수 있어야 한다. 새로운 지식이 어렵게 느껴진다면 오히려 이 고비만 넘기면 더 잘 이해할 수 있을 것이라는 믿음을 가져야 한다. 어렵게 익히는 것이 쉽게 익히는 것보다 바람직하기 때문이다.

심리학이 제안하는 슬기로운 직장 생활 팁

:bulb: 박봉주는 기억력이 단순한 몇 가지 습관만으로도 쉽게 개선될 수 있는 인지 능력이라는 점을 인식해야 한다. 자신과 관련된 내용으로 스토리를 만들거나, 능동적으로 기억하려는 시도만으로도 충분히 나아질 수 있다.

:bulb: 나이가 들수록 기억력이 떨어진다고 생각하는 이유는 기억력 자체의 퇴화보다는 다른 유사한 정보로 인한 간섭 효과와 단기 기억 체계가 아닌 다른 체계로 사고하기 때문이고, 무엇보다 인출의 빈도가 떨어지기 때문이다.

💡 박봉주의 경우, 과거 기억력에 대한 과신이 현재 기억에 관한 새로운 노력을 줄이는 역할을 했을 가능성이 크다. 과거에도 기억하기 위해 애를 썼겠지만, 과거의 기억은 천재라는 이미지로 미화되어 마치 노력하지 않아도 기억할 수 있다고 현재 착각하고 있는 것이다. 단기 기억 체계에 관한 과신은 업무에 별 도움이 되지 않는다는 사실을 먼저 알아야 한다. 자신의 나이와 경력이 더는 외부로부터 오는 정보에 민감하지 않은 상태임을 깨닫고, 단기 기억은 메모나 녹음으로 대체하고 정작 중요한 사고 체계에 집중하길 권한다. 그럼에도 불구하고, 다른 저장 장치에 의존하지 않고 단기 기억 체계를 향상시키고 싶다면, 한 번 입력으로 기억하려는 습관에서 벗어나야 한다. 자신과 관련한 이야기를 만들어 보거나, 다른 사람에게 설명하는 습관을 길러야 한다.

☑️ 요약

☑️ 단순히 기억력에 의존하는 것보다 인간이 생각하는 방식을 이해하고 기억하는 것이 기억하는데 더 효과적이다. 생각하는 능력을 높이는 몇 가지 생각 습관만 익혀도 기억력을 쉽게 향상시킬 수 있다.

☑️ 당신이 나이가 들수록 기억력이 퇴화한다고 느낀다면 과학적으로는 기억력 자체의 퇴화보다는 다른 이유가 더 크다. 첫째는 기억의 간섭 효과 때문이고 둘째는 나이가 들수록 단기 기억 체계보다는 기억의 다른 체계를 훨씬 자주 사용하기 때문이며 셋째, 저장된 내용을 수시로 인출하지 않기 때문이다.

☑️ 새로운 학습을 보다 잘하려면 기존 지식을 망각하고 새로운 학습에 집중하는 방법이 필요한데, 지식과 기술을 어렵게 익히는 과정이 있어야 한다.

☑️ 우리 뇌의 잠재력을 깨우기 위해 외부 정보에 대한 호기심, 새로운 시도, 어렵게 익히는 것을 즐길 수 있는 준비가 필요하다. 뇌는 아주 단순한 원리를 따르는데, 쓰지 않으면 없어지고 쓰면 평생에 걸쳐 변화한다.

☑️ 깜빡 잊는 일이 자주 생긴다면 외부 정보에 대해 호기심을 높이면 된다. 안부를 묻고 호기심을 가지고 질문을 던지고 답변에 집중하면 단기 기억 체계가 가동된다. 새로운 정보를 알게 됐다면 인출 빈도를 높이면 된다. 일 처리할 때도 다 알고 있을 거라고 넘어가지 말고 설명의 기회를 늘리고 다른 사람에게 설명을 요구할 수 있어야 한다.

무대 체질은 타고났다기보다는
연습의 결과물이다

[착각]

연습 때 잘하면 실전에서도 잘한다?

"팀장님, 금번 제안 프로젝트에 최종 경쟁 PT를 앞두고 김기주 님과 이동리 님 중에서 한 명을 발표자로 선정하는 편이 좋겠습니다. 김기주 님은 처음부터 프로젝트에 참여하여 사업 이해도는 높지만, 발표 역량이 다소 아쉽고 이동리 님은 프로젝트에 늦게 참여해 이해도는 부족하지만, 발표 역량이 매우 안정적입니다. 둘 중 누구를 내보낼까요?"

"내 생각엔 각자 시연을 해 보는 게 좋겠어요. 시연 평가 결과 더 나은 사람으로 진행하는 게 어때요? 연습 때 잘하는 사람이 실전에서도 잘하지 않을까요?"

과도 학습이 아닌 연습에서의 기량은 실전 결과를 담보하지 못한다!

*99℃까지 열심히 올려 놓아도
마지막 1℃를 넘기지 못하면 영원히 물은 끓지 않는다.
물이 끓기 전 마지막 1℃, 포기하고 싶은 그 1분을
참아내야 하는 것이다. 이 순간을 넘어야 그다음 문이 열린다.
그래야 내가 원하는 세상으로 갈 수 있다.*

– 김연아 –

궁 금 해 , 심 리 학

누군가 나를 지켜보고 있다면?

살다 보면 진짜 무대 체질인 사람이 있는 것 같다. TV 오디션 프로그램이나 올림픽 같은 큰 무대에서 멋진 기량을 발휘하는 사람들을 보면 새가슴들은 도저히 범접하지 못하는 무대 체질들이 분명 있다. 이런 걸 보면 타고난 성격이 무대 체질을 만드는 것처럼 보이지만 심리학의 연구 결과는 조금 다르다. 먼저 간단한 질문에 답해 보자.

• 프로 스포츠 선수들은 어떤 상황에서 경기력이 더 좋을까?

❶ 관중이 있을 때

❷ 관중이 없을 때

　당신은 몇 번을 선택했는가? 이 질문에 대부분의 사람들은 관중의 응원, 함성 같은 조건이 선수의 사기를 북돋아 경기력을 향상시킬 것이라고 생각한다. 그렇다면 이번엔 당신이 어떤 조건일 때 실력 발휘를 잘하는지 생각해 보자. 누가 나를 관찰하고 있을 때인가, 아니면 혼자 있을 때인가? 우리는 누군가 보고 있다고 생각하면 집중력이 떨어지는 경우가 더 많다. 누군가의 감시를 받는 불쾌한 느낌 때문일까? 만약 그 사람이 나를 감시하는 것이 아니라 응원을 한다면 크게 달라질까? 누군가의 존재는 분명 내가 하는 일에 대부분 부정적인 방향으로 영향을 준다. 심리학의 연구 결과도 타인의 존재가 우리의 수행에 영향을 미친다는 사실을 증명한다. 그렇다면 타인의 존재는 어떻게 우리의 수행에 영향을 미칠까?

[직장 속으로]

마케팅팀 8년 차 김기주는 문화체육관광부 주관 코리아세일페스타 프로모션 아이디어 제안 프로젝트의 주역으로 참여했다. 마케팅팀에서 제안 프로젝트에 참여하는 일은 흔치 않지만, CEO의 적극적인 의지가 반영돼 팀 차원에서 응하게 되었다. 이번 프로젝트에 1등으로 선정되면 회사의 이미지를 대외적으로 홍보하는 좋은 기회가 될 것이다. 무엇보다 CEO가 특별히 관심을 두고 있는 프로젝트라 김기주는 이번 기회를 통해 회사에서 자신을 돋보이게 하리라 다짐하고 있다. 아이디어를 산출하고 검증하여 기획안으로 엮는 과정에서 김기주는 그 누구보다, 그 어떤 때보다 열심히 일했다. 얼마 뒤 제출한 제안서가 예선 심사에서 통과했음을 알리는 메시지를 받았다.

이제 남은 일은 본선에 진출한 8개 팀의 최종 경쟁 PT다. 팀 내에선 프로젝트 예선 통과의 일등 공신이 김기주라는 데에 이견이 없다. 그러나 문제는 김기주의 발표 역량이다. 같은 사례는 아니지만, 몇 년 전 사내에서 시행한 신규 사업 아이디어 경진 대회에서도 개별 부문 예선 1등으로 통과한 뒤에 2차 프레젠테이션에서 아쉽게 탈락한 바 있다. 당시도 CEO가 배석했던 터라, 김기주는 이번 경쟁 PT를 설욕의 기회로 여기고 있다. 김기주는 본인이 주 담당인 프로젝트이고 중요한 일이기 때문에 자기가 끝까지 책임지고 발표를 진행하는 것이 당연하다고 생각한다. 본인 스스로도 발표에 약점이 있다는 사실을 명백히 알고 있기 때문에, 퇴근 뒤 전문가에게 과외도 받고 있다. 김기주는 자신이 무대에서 크게 긴장하지만 않으면 좋은 성과를 낼 수 있을 것이라고 믿고 있다.

1장 성장을 꿈꾸는 심리학

한편, 팀장과 본부장은 고민이 깊다. 내용 이해도를 보면 김기주가 발표자로 나서는 것이 맞지만, 전체적인 발표 스킬이나 질의응답과 같은 돌발 상황에 대처하는 김기주의 능력이 미덥지 못해서다. 작년 코리아세일페스타 마케팅 아이디어 공모 사례에 비추어 보면, 경쟁 PT 환경은 매우 적대적이다. 김기주가 완벽에 가깝게 준비하더라도 심사위원들의 날카로운 질문에 당황해 하지 않고 대응할 수 있을지 걱정이다. 팀에는 학창 시절부터 온갖 경진 대회를 휩쓸며 화려한 발표 스킬을 뽐내는 이동리라는 대안이 있다. 이동리는 외모부터 훤칠하고 호감형이다. 발표 단상에서 여유 있고 유머러스한 태도로 좋은 점수를 얻을 것이다. 게다가 당황할 법한 질문에도 유연하게 대처하는 스킬도 갖추고 있다. 이번 프로젝트에 깊이 관여하지 않아서 내용 이해도가 다소 부족하지만, 남은 시간 동안 준비하면 충분히 숙달 가능할 것으로 보인다.

김기주는 의욕이 충만하고 이동리 역시 준비되어 있다. 누구에게 기회를 주는 편이 좋을까?

나는 사회적으로 민감한 사람인가?

🔍 예민성(highly sensitive person) 검사

민감성이 높은 예민한 사람은 주변 환경 변화와 개인 경험에 따른 내면의 느낌이 긍정적이냐 혹은 부정적이냐에 따라 반응이 다르다. 민감성이 높으면 자신을 지지하는 우호적인 환경에선 기대 이상의 성과를 발휘하지만, 비우호적인 환경에선 약점이나 취약성을 쉽게 드러내기도 한다. 민감성이 높은 사람이라면 이러한 특성을 반드시 이해해야 스트레스에 시달리지 않을 수 있다.

민감성이 높은 주변 사람이나 동료를 대할 때도 마찬가지다. 이들이 환경에 따라 반응이 다른 것은 타고난 민감성 때문임을 이해해야 갈등을 줄일 수 있다.

아래 문항들에 1~7점으로 응답해 자신의 예민성 수준을 확인해 보자.

* 전혀 그렇지 않다: 1점, 대체로 그렇지 않다: 2점, 약간 그렇지 않다: 3점,
　보통이다: 4점, 대체로 그렇다: 5점, 거의 그렇다: 6점, 확실히 그렇다: 7점

1. 당신은 당신의 환경에 미묘한 변화를 잘 감지하는 편입니까?

☐ 1점　☐ 2점　☐ 3점　☐ 4점　☐ 5점　☐ 6점　☐ 7점

2. 당신은 밝은 빛, 강한 냄새, 거친 질감, 사이렌 소리 같은 것에 쉽게 감정이 좌우되는 편입니까?

☐ 1점　☐ 2점　☐ 3점　☐ 4점　☐ 5점　☐ 6점　☐ 7점

3. 당신은 풍요롭고 복잡한 내면을 갖고 있다고 생각합니까?

☐ 1점　☐ 2점　☐ 3점　☐ 4점　☐ 5점　☐ 6점　☐ 7점

4. 당신은 예술이나 음악에 깊은 감명을 받는 편입니까?

   ☐ 1점   ☐ 2점   ☐ 3점   ☐ 4점   ☐ 5점   ☐ 6점   ☐ 7점

5. 사람들이 당신에게 한 번에 많은 일을 시키려고 할 때 화가 납니까?

   ☐ 1점   ☐ 2점   ☐ 3점   ☐ 4점   ☐ 5점   ☐ 6점   ☐ 7점

6. 짧은 시간에 할 일이 많을 때 당황하는 편입니까?

   ☐ 1점   ☐ 2점   ☐ 3점   ☐ 4점   ☐ 5점   ☐ 6점   ☐ 7점

7. 폭력적인 영화나 TV 프로그램은 피해야 한다고 생각합니까?

   ☐ 1점   ☐ 2점   ☐ 3점   ☐ 4점   ☐ 5점   ☐ 6점   ☐ 7점

8. 한꺼번에 많은 일이 일어나는 것이 불쾌합니까?

   ☐ 1점   ☐ 2점   ☐ 3점   ☐ 4점   ☐ 5점   ☐ 6점   ☐ 7점

9. 인생의 변곡점마다 정신을 못 차리는 편입니까?

   ☐ 1점   ☐ 2점   ☐ 3점   ☐ 4점   ☐ 5점   ☐ 6점   ☐ 7점

10. 큰 소음이나 혼란스러운 장면 같은 강한 자극이 있으면 크게 시달립니까?

   ☐ 1점   ☐ 2점   ☐ 3점   ☐ 4점   ☐ 5점   ☐ 6점   ☐ 7점

11. 고운 향기나 맛, 소리, 예술 작품을 잘 알아차리고 즐기는 편입니까?

   ☐ 1점   ☐ 2점   ☐ 3점   ☐ 4점   ☐ 5점   ☐ 6점   ☐ 7점

12. 업무를 수행하는 동안 경쟁 상황일 때 긴장하거나 떠는 편입니까?

   ☐ 1점   ☐ 2점   ☐ 3점   ☐ 4점   ☐ 5점   ☐ 6점   ☐ 7점

출처: M., Lionetti, F., Aron, E. N., & Aron, A. (2020). People differ in their sensitivity to the environment: An integrated theory and empirical evidence.

[점수 계산]

67점 이상은 매우 예민한 사람[highly sensitive person]이다. 54~66점은 예민한 편이며, 46~53점은 보통, 32~45점은 둔감한 편이며, 31점 이하는 매우 둔감한 사람이다. 예민한 사람은 우호적인 환경에선 기대보다 큰 잠재력을 발휘할 수 있으나, 적대적인 환경에선 오히려 자신의 평소 능력도 제대로 발휘하지 못한다. 예민한 사람일수록 과도 학습과 같은 사회적 촉진을 만드는 스킬을 연마해야 적대적인 환경에서 자신의 실력을 적절히 발휘할 수 있다.

타인의 존재는 나의 수행을 높이기도 하고 낮추기도 한다

자전거 경주 팬이기도 한 심리학자 노먼 트리플렛[Norman Triplett]은 선수들이 혼자 연습할 때보다 다른 선수와 경쟁할 때 더 좋은 기록을 내는 현상을 발견했다. 그는 아주 재미있는 실험을 계획했다. 아이들에게 낚싯대 릴을 최대한 빨리 감게 한 것이다. 조건은 두 가지인데 한 번은 혼자 감는 상황이었고 다른 한 번은 누군가와 함께 감는 경쟁 상황이었다. 실험에 참가한 모든 아이는 혼자 할 때보다 다른 아이와 경쟁할 때 더 빨리 릴을 감았다.

인간을 포함한 모든 유기체는 다른 존재가 주변에 있을 때 심리적 각성 수준이 높아진다. 다른 존재가 주변에 있다면 예측하지 못한 일이 발생할 가능성이 높아지기 때문에 신경을 곤두세우는 편이 생존에 유리하기 때문이다. 각성이 높아지면 필연적으로 우리의 주의가 좁아지게 마련이다. 그래서 주의가 집중되면 눈가리개를 한 경주마가 앞으로 무작정 뛰는 것처럼 단순한 과제 수행 능력이 증가된다. 이처럼 누군가 옆에 있어서 각성 수준이 높아지고 수행 능력이 평소보다 좋아지는 현상을 사회적 촉진social facilitation이라 한다.

그런데 단순한 과제가 아니라 생소하거나 어려운 과제를 수행할 때는 전혀 다른 현상이 나타난다. 어려운 과제일수록 주변 정보에 주의를 기울여야 하는데 타인의 존재로 인해 축소된 주의가 새로운 정보를 무시하게 한다. 어려운 과제를 수행할 때, 타인의 존재는 나의 수행 능력을 낮추는데 이를 사회적 억제social impairment라고 한다. 타인의 존재는 간단하고 익숙한 과제를 할 때는 사회적 촉진이 되지만 복잡하고 익숙하지 않은 과제를 할 때는 사회적 억제 요인이 된다. 우리가 관객 덕분에 실력이 향상되는 사회적 촉진은 자신에게 익숙하고 쉬운 일을 할 때만 나타난다.

심리학자 제임스 마이클스James Michaels는 타인의 존재가 어떤 사람에게 사회적 촉진이 되고 어떤 사람에게는 사회적 억제가 되는지를 연구했다. 마이클스의 연구팀은 버지니아공과대학교의 포켓볼 선수들을 몰래 지켜보고 그들의 실력을 먼저 평가했다. 이어 실력 정보를 바탕으로 본격적으로 경기장에 모습을 드러내고 선수들의 경기를 관찰하면서 무엇인가 기록하는 척했다. 이제 선수들은 자신들을 관찰하며 무엇인가 기록하는 사람들이 신경 쓰이기 시작한다. 연구 결과는 흥미로웠다. 실력이 좋았던 선수들은 누군가 기록하며 지켜보자 사회적 촉진 현상에 따라 성공률이 71%에서 80%로 향상된 반면, 실력이 낮았던 선수들은 성공률이 36%에서 25%로 떨어졌다. 실력이 좋은 선수에게는 타인의 존재가 사회적 촉진이 됐지만, 실력이 나쁜 선수에게는 타인의 존재가 성과를 떨어뜨렸다. 실력이 부족한 선수에게 사회적 억제 현상이 두드러지는 이유는 타인의 존재는 그 자체만으로도 평가 불안evaluation anxiety을 야기하기 때문이다. 누군가 나를 본다는 사실은 그 사람이 나를 평가한다는 것을 의미한다. 준비가 덜 된 상태에서 시험이나 면접을 보면 망하는 이유는 실력이 부족한 탓도 있지만, 평가 불안이 함께 커지기 때문이기도 하다.

타인의 존재뿐만 아니라 주의를 분산시키는 모든 것은 각성 수준을 높인다. 조용한 도서관보다는 카페에서 공부하거나 이어폰을 꽂고 음악을 들어야 집중력이 높아진다고 생각하는 이유는 주변 소음 때문에 각성이 증가하기 때문이다. 그렇다면 카페를 찾거나 이어폰을 꽂고 공부하는 것이 현명한 방법일까? 여기에서도 마찬가지 원리가 작동한다. 이미 알고 있거나 쉽게 이해할 수 있는 내용이라면 각성의 증가가 사회적 촉진을 만들어 내지만 어렵거나 처음 접하는 내용이라면 카페보다는 조용한 곳을 찾는 것이 현명하다.

사회적 촉진을 만들려면 과도 학습이 답이다

다른 사람 앞에서 실력 발휘가 잘 안 되는 이유는 새가슴이어서가 아니라 과제가 생소하거나 어렵기 때문이다. 만약 자신에게 익숙한 과제를 수행한다면 타인의 존재가 사회적 촉진의 기회가 된다. 시청률이 높은 오디션 프로그램이 관객 없이 녹화된다면 출연자의 화려한 실력을 볼 수 있는 기회 역시 줄어들 것이다. 무관중 경기는 실력이 다소 안정적이지 못한 신인 선수들에게는 깜짝 스타가 되는 기회가 될 수 있지만, 실력이 안정적인 베테랑 선수들이 훨훨 날아다니기에는 어렵다. 코로나 팬데믹 상태에서 치러진 도쿄 올림픽이나 베이징 올림픽에서 젊은 신예 스포츠 스타들이 대거 탄생한 이유도 여기에 있다.

무대 체질, 즉 누군가와 함께한 상태에서 성과를 높이려면 생소하고 어려운 일을 익숙한 일로 바꾸면 된다. 과제가 익숙하고 쉬울수록 사회적 촉진이 발현될 가능성이 높아지기 때문이다. 그리고 생소하고 어려운 일을 익숙하고 쉬운 일로 바꾸기 위해서는 과도 학습이 필요하다. 과도 학습이란 '이만하면 됐지!'라는 수준을 넘어서 더 높은 목표를 설정하고 계속 반복해서 자동화될 때까지 학습하는 것을 말한다. 예를 들어, 김연아 선수는 과천 아이스링크에서 스케이트를 가장 잘 타는 어린이였다. '이만하면 됐지!' 하는 수준을 넘어서 과도 학습을 했기 때문에 사회적 촉진이 나타나 세계 정상에 오를 수 있었다.

과도 학습은 3F라 불리는 3단계의 반복 학습 과정이 필요하다. 첫 번째 F는 Focus^{집중}다. 집중은 목표를 분명하게 하고 자신이 어떻게 하고 있는지, 어떻게 하면 더 잘할 수 있는지에 집중하며 연습하는 것을 말한다. 플로리다주립대학교 심리학과 교수인 안데르스 에릭슨^{Anders Ericsson}은 베를린뮤직아카데미 소속 바이올린 연주자들이 탁월한 이유를 연구한 바 있다. 평범한 집단과 비범한 집단의 다양한 차이 중 가장 도드라진 점이 바로 집중력이었다. 상위 그룹은 연습 시간이 정해져 있었고 그 시간 동안에는 다른 일을 하지 않고 집중했던 반면에, 하위 그룹은 시간을 미루거나 늦장을 부리기 일쑤였다. 연습 시간을 길게 잡아 두고 연습실에 있는 것은 실력 향상에 도움이 되지 않았다. 짧은 시간이라도 집중력 있게 연습하는 것이 실력 향상에 유효했다.

두 번째 F는 Feedback^{피드백}이다. 피드백 과정에서는 자신의 약점을 파악하는 단계가 필요하다. 이때 좋은 코치, 리더, 동료의 도움을 받을 수 있다면 최상이다. 좋은 코치는 개선이 필요한 부분을 효과적으로 발견하고 반복 연습으로 약점을 보완시키는 안목이 있는 사람이다. 피드백 없이 반복 연습만으로 실력을 향상시킬 수는 없다. 피드백 없이 나쁜 자세로 1만 시간 동안 스윙을 연습한다면 뛰어난 야구 선수가 되는 것이 아니라 병원 신세를 질 것이다.

마지막 F는 Fix^{수정}다. 잘된 샘플을 모방하는 수준이 집중과 피드백이라면 수정은 새로운 목표를 세우고 도전하는 것을 의미한다. 실력이 정체기에 있다면 자신을 '약간' 더 힘들게 밀어붙일 방법을 찾아야 한다. 보다 높은 목표를 정하고 학습하는 패턴에도 변화를 주는 방안을 모색하는 편이 효과적이다. 당신이 원하는 목표가 발표를 잘하거나 영어 회화를 능숙하게 하는 것이라면 익숙한 환경이나 대상이 아니라 다른 환경에서 연습하는 노력이 필요하다. 발표 장소와 대상을 바꾸고 영어 회화 연습 상대를 바꿔 보라.

사회적 촉진의 조직 문화를 만들기 위해

사회적 촉진이 잘 작동하는 조직 문화를 만들기 위해서는 '이만하면 됐지.'라는 수준을 넘어서는 목표가 필요하다. 실력이 좀 부족하다면 혼자 집중해서 연습할 수 있는 환경이 필요하고 어느 정도 실력이 생겼다면 서로에게 좋은 코치가 되는 장면을 만들어야 한다. 효과적인 피드백을 교환하고 이전보다 높은 목표를 정한 다음 학습 패턴을 바꿔 보는 것도 중요하다.

함께하는 조건에서 사회적 촉진이 발현되려면 혼자 있을 때 충분히 연습을 해야만 한다. 코로나 때문에 무관중 경기나 재택근무 등이 우리 사회에 새로운 표준이 되었다. 지금이야말로 자신에게 부족한 영역을 혼자 집중하면서 향상시킬 수 있는 기회로 삼아 향후 사회적 촉진으로 전환할 수 있는 지혜가 필요한 때이다.

💡 김기주 입장에선 자신이 발표자가 될지, 다른 사람이 발표자가 될지 결정할 수 없다. 팀장과 본부장이 김기주의 역량을 신뢰한다면 기회가 주어질 것이지만, 현재로선 보장된 바가 없기 때문에 김기주가 할 수 있는 유일한 대안은 과도 학습으로 준비하는 것이다. 연습 장면에서 좋은 성과가 실전에서 좋은 결과로 이어지지 않는다는 점을 명심해야 한다.

김기주에게는 자신의 약점을 정확히 이해하고 향상 방안을 피드백해 줄 수 있는 전문가가 반드시 필요하다. 또한, 익숙한 환경이나 장소가 아니라 익숙하지 않은 환경에서 방식을 바꿔 가며 연습하는 과정이 있어야 본인의 약점을 보완할 수 있다.

💡 누구에게 발표 기회를 줄 것인가는 조직 공정성과 관련 있다. 특히 절차 공정성이 확보되어야 김기주가 결과를 수용할 수 있을 것이다. 평가 항목은 사전에 공개되어야 하고 평가 방식도 피평가자에게 공개되어야 함은 물론, 피평가자가 납득할 수 있는 방식이면 더욱 바람직하다.

☑ 요약

☑ 타인의 존재는 간단하고 익숙한 과제를 할 때는 사회적 촉진이 되지만 복잡하고 익숙하지 않은 과제를 할 때는 사회적 억제 요인이 된다. 우리가 관객 덕분에 실력이 향상되는 사회적 촉진은 자신에게 익숙하고 쉬운 일을 할 때만 나타난다.

☑ 실력이 좋은 선수에게는 타인의 존재가 사회적 촉진이 됐지만, 실력이 나쁜 선수에게는 타인의 존재만으로 성과가 떨어졌다. 실력이 부족한 선수에게 사회적 억제 현상이 두드러지는 이유는 타인의 존재 자체만으로도 평가 불안을 야기하기 때문이다.

☑ 무대 체질, 즉 누군가와 함께한 상태에서 성과를 높이려면 생소하고 어려운 일을 익숙한 일로 바꾸면 된다. 과제가 익숙하고 쉬울수록 사회적 촉진이 발현될 가능성이 높아지기 때문이다. 생소하고 어려운 일을 익숙하고 쉬운 일로 바꾸기 위해서는 과도 학습이 필요하다.

☑ **과도 학습은 3F라 불리는 3단계 반복 학습 과정이 필요하다.**

  – 첫 F는 Focus(집중)다. 집중은 목표를 분명히 하고 자신이 어떻게 하고 있는지, 어떻게 하면 더 잘할 수 있는지에 집중하며 연습하는 일을 말한다.

  – 두 번째 F는 Feedback(피드백)이다. 피드백 과정에서는 자신의 약점을 파악하는 단계가 필요하다. 이때 좋은 코치, 리더, 동료들의 도움을 받을 수 있다면 최상이다.

– 마지막 F는 Fix(수정)다. 잘된 샘플을 모방하는 수준이 집중과 피드백이라면 수정은 새로운 목표를 세우고 도전하는 일을 말한다. 실력이 정체기에 있다면 자신을 '약간' 더 힘들게 밀어붙일 방법을 찾아야 한다. 보다 높은 목표를 정하고 학습하는 패턴에도 변화를 주어야 한다.

몸이 생각을
만든다

[착각]

생각 따로, 신체 따로?

"한수원 님, 이번 사내 신규 사업 공모전에 제출할 우리 팀 아이디어는 다 정리됐나요? 지난번 회의 때도 언급했지만 아이디어의 참신성 면에서 보완할 필요가 있어요. 아이디어의 방향을 달리 하자는 게 아니니까 포맷이나 표현 방식을 바꿔서 참신하게 보일 수 있도록 해 봐요. 잔소리처럼 들릴 수도 있지만, 아이디어 내고 이럴 때는 집중력을 발휘해서 책상에 오래 붙어 있어야 해요. 엉덩이로 생각한다는 말 알잖아요?"

"네, 팀장님. 저도 빨리 정리하고 싶은데 다른 관점에서 보기가 쉽지 않아서요. 앉아 있으면 왠지 가슴만 답답해져서 계속 왔다 갔다

했던 것 같습니다. 남은 시간 동안에는 진득하게 앉아서 생각해 보겠습니다."

[진실]

신체와 생각은 연결되어 있다!

건강한 몸은 정신의 전당이고, 병든 몸은 감옥이다.

– 프랜시스 베이컨[Francis Bacon] –

궁 금 해 , 심 리 학

신체와 생각은 서로 영향을 미친다

1세기 후반에 당시 로마 황제, 귀족, 사회상을 풍자했던 시인 데키무스 유니우스 유베날리스[Decimus Iunius Iuvenalis]는 "건전한 정신은 건전한 신체에 깃든다[Anima Sana in Corpore Sano]."라는 말을 남긴 바 있다. 여담이지만 일본 스포츠 브랜드 ASICS는 이 글 속 단어들의 앞 글자를 따서 작명한 것으로 알려져 있다. 실제로 우리 몸과 생각은 떼려야 뗄 수 없다. 그리고 우리는 은연중에 이 원리를 활용하고 있다. 아래 질문에 답해 보자.

• 당신은 중요한 프레젠테이션을 준비해야 한다. 두 가지 중 어떤 방식을 선택하겠는가?

> ❶ 눈으로 읽으면서 머릿속에 프레젠테이션 장면을 연상한다.
>
> ❷ 손, 발을 포함한 몸 전체를 활용하는 동시에 소리 내어 읽으면서 리허설한다.

①보다는 ②의 방식이 훨씬 낫다. 우리의 생각은 뇌에만 갇혀 있는 것이 아니라 몸 전체와 연결되어 있기 때문이다. 우리는 몸으로 생각한다.

당신은 면접관이다. 면접장으로 이동하는 동안 뜨거운 커피 잔을 잠깐 손에 쥔다. 그러고는 입사지원서를 검토한다. 당신은 그 서류에 묘사된 지원자를 따뜻하고 인간미가 넘치는 사람이라고 인식할 확률이 높아진다. 만약 당신이 면접장으로 이동하는 동안 차가운 콜라 잔을 손에 쥐었다면 같은 입사지원서를 보면서 다른 판단을 내릴 수 있다. 지원자가 왠지 차갑고 이기적인 사람처럼 느껴질 수도 있기 때문이다. 같은 입사지원서를 보면서 전혀 다른 판단이 가능한 이유는 바로 당신의 몸 상태 때문이다. 따뜻하거나 차가운 몸 상태는 생각에 영향을 미친다. 신체 상태와 생각은 따로 작동하는 것이 아니라, 서로 밀접한 영향을 주고받는다.

[직장 속으로]

열정이 이끄는 일에 대한 환상에서 어느 정도 벗어난 신입 사원 한수원은 이제 일에 집중하며 실력을 쌓으려고 노력 중이다. 박봉주 팀장도 한수원에게 주도적으로 일 처리를 할 수 있는 기회를 주고자 사내 신규 사업 아이템 공모전의 팀 경쟁 부문에 제출할 자료 작성을 한수원에게 맡긴 상태다. 한수원은 부담을 느끼면서도 마음 한편엔 잘해 보고자 하는 도전 의식도 함께 일고 있다. 팀 내 회의에서 아이디어는 충분히 나왔고 이제 설득력을 높일 수 있는 스토리로 엮어 기획안에 담는 작업을 해야 한다. 기존 수상작들을 참고하기도 하고, 사외 공모전 출품작들을 벤치마킹하면서 다양한 스토리를 구상하고 있지만, 팀 아이디어를 담기엔 부족하다.

한수원은 이렇게 일이 풀리지 않을 때 무엇을 어떻게 해야 할지 모르겠다. 집중력이 중요하다는 사실은 알고 있다. 책상에 앉아 자료 조사를 하고 A4지에 여러 스토리를 구상해 보고 있지만, 오히려 집중력이 떨어지는 것 같아 가슴이 답답하다. 한수원은 자신도 모르게 큰 한숨을 여러 번 내쉬기도 하고 의자에 앉아 몸을 이리저리 흔들기도 한다. 한숨 소리와 의자 삐걱대는 소리가 거슬렸는지 옆자리 이동리가 잠깐 바람이라도 쐬고 오라고 얘기한다. 한수원은 잠깐 자리를 떠 건물 내 공중 정원에서 생각을 정리하다가도 자리

를 오래 비우면 눈치가 보여 돌아가고, 또 앉아 있다가 답답해 일어
나 괜히 비어 있는 회의실에도 들어가 보고 하는 중이다.

　일에 집중하지 못하고 안절부절못하는 모습이 팀장에게도 보였
는지 박봉주 팀장이 한수원을 불러 충고를 한다. 박봉주 팀장은 엉
덩이로 공부한다는 말이 있듯이 일도 엉덩이로 한다고 믿는 사람
이다. 집중력을 발휘하기 위해선 바른 자세가 필요하다고 생각한다.
'의자 등받이에 기대지 않고 90도 각도로 바르게 앉아야 없던 집중
력도 생기는 법이다.'

　박봉주 팀장은 그렇게 공부했고, 그렇게 일해 왔던 사람이다. 그
러나, 한수원은 그렇게 앉아 있으면 가슴이 답답하고 숨이 차서 힘
들다. 어깨는 뻣뻣해지고 눈물이 말라 안구에 통증이 느껴진다. 이
상태로 계속 앉아 있다가 퇴근하면 술에 취하지 않고서는 잠들기도
힘들다.

　한수원이 업무 집중도를 높이기 위해 어떻게 하면 좋을까? 의자
에 똑바로 앉아 바른 자세로 모니터를 쳐다보는 것이 좋을까, 아니
면 몸을 움직이고 공간을 충분히 활용하며 발상하는 편이 좋을까?

나의 신체 스트레스 상태는 어떠한가?

🔍 **신체 스트레스**(somatic symptoms) **검사**

신체 스트레스 수준이 높다면 제대로 된 생각을 하기 어렵다. 몸이 생각과 연결되어 있기 때문에 평소 신체 스트레스를 낮은 수준으로 관리하는 일이 좋은 사고를 위해서 반드시 필요하다.

아래 문항들에 0~2점으로 응답해 자신의 신체 스트레스 상태를 확인해 보자.

지난 4주간 아래 증상들에 얼마나 자주 시달렸는가?

* 전혀 시달리지 않음: 0점, 약간 시달림: 1점, 대단히 시달림: 2점

1. 복통

☐ 0점　　☐ 1점　　☐ 2점

2. 허리 통증

☐ 0점　　☐ 1점　　☐ 2점

3. 팔, 다리, 관절(무릎, 고관절 등) **통증**

☐ 0점　　☐ 1점　　☐ 2점

4. 생리 기간의 생리통(여성만 해당)

☐ 0점　　☐ 1점　　☐ 2점

5. 두통

☐ 0점　　☐ 1점　　☐ 2점

6. 가슴 통증

☐ 0점　　☐ 1점　　☐ 2점

7. 어지러움

☐ 0점 ☐ 1점 ☐ 2점

8. 심장이 빨리 뜀

☐ 0점 ☐ 1점 ☐ 2점

9. 숨이 참

☐ 0점 ☐ 1점 ☐ 2점

10. 변비, 묽은 변이나 설사

☐ 0점 ☐ 1점 ☐ 2점

11. 메스꺼움, 소화 불량

☐ 0점 ☐ 1점 ☐ 2점

12. 피로감

☐ 0점 ☐ 1점 ☐ 2점

13. 불면증

☐ 0점 ☐ 1점 ☐ 2점

출처: Kroenke, K., Spitzer, R. L., & Williams, J. B. (2002). The PHQ-15: validity of a new measure for evaluating the severity of somatic symptoms. Psychosomatic medicine, 64(2), 258-266.

[점수 계산]

- 총점 0~4점: **정상**
- 총점 5~9점: **경미한 수준** <small>신체적 불편감에 영향을 미칠 수 있는 스트레스 관리가 필요함</small>
- 총점 10~15점: **중간 수준** <small>전문가의 도움을 받아 보길 권함</small>
- 총점 16~26점: **심한 수준** <small>전문가의 도움이 필요함</small>

신체 스트레스가 심한 상태라면 좋은 아이디어를 내기가 매우 어렵다. 신체 스트레스는 직무 스트레스를 가중시키는 주요 요인이다. 같은 양과 질의 업무라도 신체 스트레스를 크게 느끼고 있다면 직무 탈진으로 이어지기 쉽다.

따라서, 신체 스트레스를 줄이는 수면, 운동, 식습관 같은 생활 습관을 개선할 필요가 있다.

몸이 자유로우면 생각이 더 잘 떠오른다

시카고대학의 수전 골딘 미도우Susan Goldin-Meadow 교수는 아이들을 대상으로 흥미로운 실험을 계획했다. 아이들을 두 그룹으로 나누어, 한 집단은 수학 문제를 풀면서 손을 자유롭게 움직일 수 있도록 한 반면, 다른 집단은 손을 움직이지 못한 채 문제를 풀게 했다. 실험 결과, 손을 자유롭게 움직일 수 있는 집단에 속한 아이들이 무려 1.5배 성적이 좋았다. 손만이 아니다. 눈동자를 자유롭게 움직일 수 있는 집단에 속한 아이들이 그렇지 않은 집단의 아이들보다 성적이 높았다.

연극 수업을 들으며 보다 신체를 적극적으로 활용한 노인은 미술과 같은 정적인 수업이나 아예 수업을 듣지 않았던 집단에 속한 노인에 비해 기억력이나 문제 풀이 능력이 탁월했다. 좋은 생각을 하고 싶다면 먼저 몸을 자유롭게 만들어야 한다. '엉덩이로 공부한다.'는 얘기를 많이 접해 봤겠지만, 사실 좋은 생각을 하기 위해서는 책상에 오랫동안 앉아 있기보다 몸을 자유롭게 만드는 편이 낫다.

"눈 똑바로 쳐다보고 말해."

대화 상대에게 정직함을 요구할 때 우리는 간혹 이렇게 말한다. 그런데 눈동자를 움직이지 않고 똑바로 쳐다보며 말하면 오히려 생각이 떠오르지 않는다. 정직하게 말하고 싶어도 생각이 잘 나지 않는 것이다.

다음 질문에 대해 생각해 보자. 지난 일요일 아침에 일어나서 맨처음 먹었던 음식은 무엇인가? 그때 당신은 어떤 색깔의 옷을 입고 있었는가? 이 질문을 받고 생각하는 동안 눈동자가 움직이지 않은 사람이 있는가? 생각을 하는 동안 눈동자는 어느새 위로 올라갔을 것이다. 우리가 생각을 하기 위해서는 신체가 함께 반응해야 한다. 그래서 생각을 하는 동안 의도적으로 눈동자를 돌리는 것은 우리의 생각을 보다 깊게 만드는 좋은 방법이다. 무엇이 잘 생각나지 않는다면 눈동자를 먼저 굴려 보라. 그렇게 한 뒤에 생각을 떠올리면 발상이 쉬워진다.

다시 강조하지만, 신체와 생각은 연결되어 있다. 새롭고 신선한 발상을 하고 싶다면 신체 상태를 깨끗하게 만들어야 한다.

다음 상황을 생각해 보자. 서울역 앞에서 오랜만에 고등학교 동창을 만났다. 정말 친했던 친구였는데 안타깝게도 이 친구 이름이 도무지 기억나지 않는다. 친구 이름을 기억하지 못한다는 사실이 미안해 차마 묻지도 못했다. 안부도 나누고 옛 추억도 잠깐 얘기하고 헤어지면서 다시 연락하자고 연락처도 받았지만 이름은 입력하지 못했다. 당신이 이런 유사한 상황을 경험한 적이 있다면 언제 이 친구의 이름이 기억났는가? 헤어진 직후였나? 그럴 가능성은 크지 않다. 골똘히 생각하며 집에 돌아와서 샤워할 때 '아하' 하고 생각날 가능성이 높다. 샤워를 하며 깨끗해진 신체 상태는 생각을 맑게 만들기 때문이다. 옛날 산속의 도사들이 폭포수 아래에서 깨달음을 얻은 것은 결코 우연이 아니다.

물을 직접 맞는 것이 아니라 물을 보며 상쾌함을 느끼는 행위도 생각에 영향을 미친다. 건물 1층이나 야외에 분수대가 있는 대형 쇼핑몰이 많다. 왜 그럴까? 분수대 물이 우리의 생각을 보다 여유롭게 만들기 때문이다. 그래서 분수대가 가동되었을 때는 그렇지 않을 때보다 쇼핑몰 매출액이 증가한다. 백화점이나 쇼핑몰에 분수대를 배치한 이유, 세계적으로 유명한 쇼핑센터 옆에 강이 있는 이유, 강이 없다면 인공 운하를 만드는 이유는 같다. 물을 보는 상쾌함이 우리의 생각을 보다 넓게 만들어 쇼핑하는 물건의 활용 가능성을 높게 평가하도록 하기 때문이다.

범죄 영화를 보면 "나 손 씻었어."라는 표현이 단골 멘트로 나온다. 이전과 생각이 달라졌다는 것을 표현하는 말이다. 실제로 손을 씻으면 나쁜 생각이나 행동을 할 가능성이 낮아질까? 손 씻었다는 표현은 도덕성을 상기시킨다. 거짓말을 하면 더 많은 돈을 벌 수 있는 게임에서 손을 씻은 집단은 그렇지 않은 집단에 비해 더 정직하게 반응했다. 사람들은 깨끗한 손을 더럽히고 싶지 않은 것처럼 정직하게 행동했다.

정리해 보자. 좋은 생각을 하고 싶다면 신체를 보다 자유롭게 할 필요가 있다. 기존 아이디어를 새로운 관점에서 보거나 또 다른 아이디어를 얻고 싶다면 신체를 깨끗하게 하거나 물을 보며 상쾌함을 느끼는 것만으로도 도움이 될 수 있다.

일하는 환경 역시 생각에 영향을 미친다

〈미션 임파서블〉 같은 첩보 영화를 보면 악당에게 중요한 아이템을 얻어 내는 과정이 녹록치 않다. 복잡한 절차와 고비를 넘어야만 중요한 물건을 겨우 얻을 수 있다. 영화를 보면서 관객이 이 물건이 중요하다고 생각하는 이유는 물건 자체의 가치보다는 얻는 과정이 험난하기 때문이다. 당신이 누군가를 만나러 가는데, 그 절차가 매우 복잡하다고 생각해 보자. 입구에서 신분증 확인을 하고 게이트 하나를 넘어간다. 게이트를 넘었더니 보안 유지 서류를 작성하게 하고 휴대폰과 노트북을 봉인한다. 또 하나의 게이트를 넘으니 엑스레이 스캔이 기다리고 있다. 겨우 찾아간 회의장 앞에서 비서가 최종 확인을 하고 들여보내 준다. 물론 복잡한 절차에 짜증이 날 수도 있지만, 그 미팅이 꼭 필요하다면 은연중에 당신이 만나는 상대에 대한 중요도를 높게 평가하게 될 것이다. 옛날 황제나 왕을 만나러 가는데 절차가 복잡했던 까닭은 보안의 문제도 있지만, 절차의 복잡성이 황제나 왕의 중요도를 높이기 위한 장치이기 때문이기도 하다. 우리는 절차가 복잡하면 중요도를 높게 평가한다.

이런 상황을 가정해 보자. 당신에게 누군가 어떤 서류를 가져다 달라고 부탁한다. 한 번은 사무실 책상 위에 있으니 그냥 들고 와 달라는 부탁이고, 다른 경우는 먼저 책상 서랍에서 열쇠를 꺼내고 그 옆 캐비닛으로 가서 다이얼의 번호를 맞춰 연 다음에 안에 있는 내용물을 가져와 달라는 부탁이다. 어떤 서류가 더 중요하다고 생각하는가? 같은 서류임에도 불구하고 복잡한 절차로 얻은 서류의 중요도가 높게 평가된다.

그런데 만일 이렇게 어려운 절차를 통해 사람을 만나거나 자료를 얻었는데 그 사람이나 자료가 알고 보니 그렇게 중요한 게 아니었다면 어떤 생각이 들까? 어처구니없다고 생각하거나 속았다는 느낌이 들 수도 있다. 그래서 무조건 절차를 복잡하게 만드는 것이 답은 아

1장 성장을 꿈꾸는 심리학

니다. 중요한데 가볍게 여길 만한 사항에 대해서만 절차를 복잡하게 하면 된다.

반대로 절차가 쉬우면 친근감을 높일 수 있다. 퇴임한 대통령을 대통령의 고향에 가면 쉽게 만날 수 있다는 생각에 국민들은 퇴임 뒤에 대통령을 더욱 친근하게 느꼈다. 회사의 윗사람을 만나는 절차가 복잡하다고 느낀다면 중요도는 높게 평가하겠지만 친근감은 떨어질 것이다. 리더라면 중요도가 우선인지, 친근감이 우선인지 자신의 포지션을 전략적으로 선택해야 한다.

아이디어가 필요한 공간이라면 공간에 들어가는 절차를 쉽게 하고 폭포수와 같이 높은 천장과 상쾌한 물이 느껴지는 인테리어가 도움이 될 것이다. 책상이나 의자는 서로 쉽게 맞닿을 수 있는, 그래서 신체의 따뜻함을 서로 교류할 수 있으면 더 좋다. 바닥은 딱딱한 대리석보다는 나무 재질이 도움이 될 것이다. 반면에 중요하고 심각한 논의를 해야 하는 공간이라면 들어가는 절차를 복잡하게 하고 어두운 톤의 인테리어나 가구를 배치하는 편이 낫다. 또한, 서로 신체가 닿지 못하도록 의자의 간격을 넓히는 것이 좋다. 환경은 우리 생각을 좌우할 때가 많다.

생각 탓만 해서는 안 된다

좋은 생각을 못 하는 이유를 인지 능력의 부족으로만 여겨서는 안 된다. 우리의 생각은 신체 상태나 환경에 쉽게 영향을 받기 때문이다. 관계 갈등도 마찬가지 관점에서 봐야 한다. 갈등의 원인을 성격이나 세대 차이 탓으로만 돌리면 안 된다. 신체 상태나 환경도 함께 고려해야 한다. 지금 당장 좋은 생각이 필요하고 더 좋은 관계를 만들고 싶다면 현재와는 다른 신체 상태와 다른 환경에서 생각하고 만나는 것을 고려해 보기 바란다. 갈등 관계에 있는 사람들을 중재하고 싶다면 사무실이 아닌 공간과 다른 복장으로 만나게 하라. 의외로 큰 효과를 얻을 수 있다.

심리학이 제안하는 슬기로운 직장 생활 팁

💡 한수원은 일 처리에 앞서 본인의 신체 스트레스 상태를 팀장과 상의해야만 한다. 신입 사원 한수원은 보다 긴 호흡으로 직장 생활을 바라볼 필요가 있다. 본인의 신체 스트레스가 가중된 상태에서 처리하기 부담스러운 일이라면 도움을 청하는 것이 바람직하다. 동시에 장기적으로 신체 스트레스를 극복할 수 있는 생활 습관을 길러야 한다. 그럼에도 불구하고, 현재 주어진 일을 책임감 있게 처리하고 싶다면 신체와 생각 간의 관계를 이해해야 한다.

💡 한수원에게 필요한 것은 집중이 아니라 자유로운 발상이다. 직장

에선 흔히 자유로운 발상이 필요한 순간을 집중을 발휘해야 하는 장면으로 착각하기 쉽다. 우리의 몸은 생각과 연결되어 있다. 자유로운 발상을 위해선 가만히 앉아 있기보다는 몸을 자연스럽게 움직이는 편이 좋다. 아이디어를 발상하는 환경의 변화도 필요하다. 사무실 공간에서 벗어나 다른 공간으로 이동하거나 자연 환경을 볼 수 있는 장소로 가는 것도 도움이 된다. 달콤한 음식을 먹거나, 손을 씻는 등의 행위도 발상의 전환을 이끄는 계기가 된다.

☑ 요약

☑ 당신의 몸 상태는 당신의 생각에 영향을 미친다. 신체 상태와 생각은 따로 작동하는 것이 아니라, 서로 밀접한 영향을 주고받는다.

☑ 좋은 생각을 하고 싶다면 신체를 보다 자유롭게 할 필요가 있다. 기존 아이디어를 새로운 관점에서 보거나 또 다른 아이디어를 얻고 싶다면 신체를 깨끗하게 하거나 물을 보며 상쾌함을 느끼는 것만으로도 도움이 될 수 있다.

☑ 회사의 윗사람들을 만나는 절차가 복잡하다고 느낀다면 그 사람에 대한 중요도는 높게 평가하겠지만 친근감은 떨어질 것이다. 리더라면 중요도가 우선인지, 친근감이 우선인지 자신의 포지션을 전략적으로 선택해야 한다.

☑ 아이디어가 필요한 공간이라면 공간에 들어가는 절차를 쉽게 하고 폭포수와 같이 높은 천장과 상쾌한 물이 느껴지는 인테리어가 도움이 된다. 반면에 중요하고 심각한 논의를 해야 하는 공간이라면 들어가는 절차를 복잡하게 하고 어두운 톤의 인테리어나 가구를 배치하는 편이 낫다.

☑ 갈등의 원인을 성격이나 세대 차이 탓으로만 돌리지 말고 신체 상태나 환경을 함께 고려해야 한다. 더 좋은 관계를 만들고 싶다면 현재와는 다른 신체 상태와 다른 환경에서 생각하고 만나는 것을 고려해 보기 바란다. 갈등 관계에 있는 사람들을 중재하고 싶다면 사무실이 아닌 공간과 다른 복장으로 만나게 하라.

용두용미를 만드는
심리학의 지혜

[착각]

프로젝트는 납기가 가장 중요하다?

"정기준 님, G 프로젝트 일정 관리는 어떻게 되고 있나요? 초반 진도에 비해 지지부진한 느낌인데, 현재 어느 정도 수준인지 한 번 확인해 주세요. 용두사미가 되면 안 되기 때문에 중간 점검을 하는 것이니 보고 준비해 주세요."

"팀장님, 보고 일정을 조금 늦춰 주셨으면 합니다. TF가 가동되고 초반엔 별문제가 없었는데, 중간에 예상하지 못한 이슈들이 있어서 정리하고 보고하는 데 시간이 더 필요할 것 같습니다. 외람되지만 최종 납기일까지 잘 맞추면 큰 문제는 없을 것 같은데, 중간보고를 자주 준비하는 것이 솔직히 좀 버겁습니다."

중간 점검은 반드시 필요하다!

측정할 수 없으면 관리할 수 없다.

– 피터 드러커^{Peter Drucker} –

궁 금 해 , 심 리 학

용두사미를 피하는 지혜는 무엇일까?

"시작이 반이다^{Well begun is half done}." 아리스토텔레스는 일단 결심하고 행동으로 옮기기만 하면 반은 성공한 것이라고 설파했다. 한편, 시작은 거창했으나 끝은 보잘것없는 현상을 일컫는 용두사미^{龍頭蛇尾}라는 말도 있다. 사실 우리는 두 가지를 모두 경험하면서 인생을 살아간다. 일단 행동에 옮겨 좋은 결과를 얻기도 하고 계획은 좋았지만 갈수록 흐지부지한 일도 겪곤 한다.

그런데 시작이 반이면서 사미^{蛇尾}가 아니라 용미^{龍尾}로 마무리하는 방법은 없을까? 좋은 동기로 시작해 잘 마무리할 수 있도록 하는 심리학의 지혜는 무엇일까?

[직장 속으로]

G 프로젝트는 S사가 태블릿 시장에 2년여 만에 새롭게 출시할 신제품 마케팅 기획이다. 5년여 전만 해도 S사는 태블릿 시장에서 국내 점유율 1위를 유지했었다. 하지만 A사의 공세에 한때는 시장 퇴출을 고민하다가 이번에 야심차게 다시 출발하기로 결정하였다. 타깃 고객은 물론, 제품 포지셔닝, 광고 및 프로모션까지 마케팅팀이 어떤 전략을 짜는가에 따라 제품의 사활이 달려 있다고 해도 과언이 아니다. 그래서 프로젝트명도 예전의 영광을 되찾자는 의미에서 Glory의 G를 따, G 프로젝트라고 CEO가 특별히 이름 지었다. 제품 출시일에 맞춰 프로젝트는 큰 문제 없이 순항했고 이제 중반 정도에 이르렀다. 그런데, 딱 중반에 다다르자 하나씩 일정 차질이 생기기 시작했다.

박봉주 팀장은 이런 이유가 해이해진 정신 상태 때문이라고 여기고 있다. 내용을 보면 사실 큰 이슈가 아닌데, 담당인 정기준이 꼼꼼하게 챙기지 못한 탓에 벌어진 일이라고 생각한다. 프로젝트가 꼭 중간만 가면 흐트러지기 마련임을 경험상 알고 있는 박봉주 팀장은 이럴 때일수록 수시로 중간보고를 요구해야 정신을 바로 잡을 수 있다고 믿고 있다.

한편, 정기준은 해야 할 일도 챙겨야 할 리스트도 많은데 보고서까지 작성하려니 스트레스를 심하게 받는다. 정기준 입장에선 중간보고는 의미 없는 일 같다. 정작 중요한 일은 납기를 지키는 것인데, 이런 일로 시간을 보내야 한다는 사실이 답답하게 느껴진다. 본인의 부주의로 중간에 예상치 못한 이슈가 생긴 것은 사실이나, 큰 흐름에서 문제될 게 없는 작은 이슈일 뿐이다. 박봉주 팀장만 수시로 보고를 요구하지는 않는다. 본부장은 임원 회의나 주요 회의에 들어가기 전에 직접 호출해 업데이트된 자료를 불시에 요청한다. 그러다 보면, 사실상 같은 내용을 형식만 달리해 작성해야 하는 경우도 많다. 정기준은 이런 소모적인 일에서 벗어나야 제대로 성과를 달성할 수 있다고 생각한다. 프로젝트 초반의 기세와 달리 중반에 지지부진하게 된 이유 중 하나가 이런 불필요한 절차가 많아서라고 생각한다.

사실 어떤 일이든 초반의 기세가 끝까지 유지되는 경우는 드물다. 마지막까지 잘 마무리하고 싶다는 생각은 박봉주 팀장도 정기준도 똑같이 하고 있다. 어떻게 하면 프로젝트를 용두사미가 아닌 용두용미로 마무리할 수 있을까?

우리 팀의 효과성 수준은?

🔍 **팀 효과성(Team efficacy) 평가 체크리스트**

프로젝트 팀의 효과성을 평가하기 위해 아래 항목에 대해 평가하고 개선점을 발견해 보자. 아래 리스트에서 부족한 점이 있다면 중간 점검 시 반드시 개선 행동을 시행해야 한다.

1. **팀은 목적, 목표를 명확히 알고 행동하고 있다.**

2. **팀은 어떤 결정을 내릴 때 절차를 활용하고 규범을 지킨다.**

3. **팀의 구성원들은 협력과 공동 작업에 헌신한다.**

4. **팀은 성공의 기준을 명확히 설정한다.**

5. **팀은 수행 내용을 평가 기준에 따라 모니터링한다.**

6. **팀원들은 회의 리더, 퍼실리테이터, 서기의 역할을 번갈아 가며 맡는다.**

7. **팀원들은 갈등을 해결하기 위해 직접적으로 만난다.**

8. **모든 팀원은 회의에 능동적으로 참여한다.**

출처: Managing Teams, Lawrence Holpp, McGraw-Hill companies.

체크리스트 중 특별히 낮은 항목이 있는가? 프로젝트의 성공은 팀원들의 역량만으로는 달성하기 어렵다. 역량 외에 팀 차원에서 협업 시스템에 문제가 없어야 목표를 이룰 수 있다. 리스트를 평가하고 낮은 항목은 대안을 세워 해결하려는 시도가 필요하다. 낮은 항목을 묻어 두고 넘어가게 되면 언제 어떻게 문제가 생길지 모른다. 비단 현재 프로젝트뿐만 아니라 향후 팀 프로젝트의 성공 역시 중요하기 때문에 반드시 해결하는 과정이 필요하다.

프로젝트를 시작하기 전이라면 위의 리스트로 프로젝트 팀을 체크하는 절차를 실시해 보자. 평가 결과 큰 문제가 없다면 프로젝트를 시작해도 좋다. 하지만, 문제가 있는 항목이 있다면 대안을 세우고 프로젝트를 시작하는 편이 결과적으로 노력과 자원을 덜 쓰는 일이 될 것이다.

시작이 반이다 VS 용두사미

'시작이 반이다.'와 '용두사미' 현상을 모두 설명할 수 있는 심리학 언어가 동기^{motivation}다. 동기의 관점에서 보면 모순된 것처럼 보이는 두 가지를 쉽게 이해할 수 있기 때문이다.

'시작이 반이다.'와 '용두사미'를 과학적으로 입증한 학자들이 있다. 뉴욕대학교 스턴경영대학원의 안드레아 보네치$^{Andrea\ Bonezzi}$ 교수와 노스웨스턴대학교 켈로그경영대학원의 미구엘 브렌들[Miguel Brendl] 교수와 연구진은 어떤 일의 진행 경과에 따른 인간의 동기를 연구했다. 이들은 어떤 일이든 시작 시점에 동기 수준이 가장 높다는 사실을 발견했다. 역시 시작이 반이었다. 또한, 연구진은 사람들의 동기 수준이 일이 진행됨에 따라 점점 낮아진다는 사실도 발견했다. 용두사미 역시 맞는 말이었다. 조직 내 많은 프로젝트가 '시작이 반이다.'로 출발해서 '용두사미'로 끝나는 이유는 바로 동기 수준이 끝까지 유지되지 못하기 때문이다.

그런데 연구진들이 발견한 흥미로운 현상은 일이 거의 막바지에 다다를 즈음에 다시 동기 수준이 높아진다는 점이었다. 심리학의 관점에서 보면 경제학에서 말하는 한계 효용 체감의 법칙이 무조건 맞다고 볼 수 없다. 사람들에게 다섯 개의 초콜릿을 맛보게 하면 횟수가 거듭할수록 맛이 떨어진다고 느낀다. 한계 효용 체감의 법칙이 작용하기 때문이다. 그러나 다섯 번째 초콜릿을 건네면서 "이게 마지막 초콜릿입니다."라고 마지막을 강조하는 순간 사람들의 반응은 드라마틱하게 바뀐다. 사람들은 첫 번째 초콜릿보다 마지막 초콜릿이 맛있었다고 말하기 때문이다. 케이크의 마지막 조각, 술의 마지막 잔, 담배의 마지막 한 개피가 유독 의미 있는 이유가 있다. 목표 지점이나 끝나는 시점을 알게 되면 사람들의 동기 수준은 달라진다.

연구를 종합해 보니 사람들은 어떤 일의 시작 시점과 끝날 즈음에 동기 수준이 높은 반면, 중간 지점의 동기가 가장 낮았다. 사람들은 대개 처음과 끝은 비교적 잘 관리하는 반면, 중간 지점에서 유독 힘들어하는 경향을 보였다. 결국, 중간 지점의 동기를 적절히 관리하는 방안을 찾는 것이 용두용미의 핵심이라 할 수 있다.

슬럼프는 중간에 온다

작심삼일로 연초에 결심한 계획이 지속되지 않고, 프로젝트도 시작 시점의 진척도만큼 진행되지 못한다면 우리는 스스로 열정이나 전문성이 부족한 탓으로 돌리기 쉽다. 하지만 심리학 연구 결과는 우리의 이런 믿음과 다르다. 노스웨스턴대학교 켈로그경영대학원의 마페리마 투르티예리Maferima Touré-Tillery 교수와 시카고대학교 부스 경영대학원의 에일렛 피시바흐Ayelet Fishbach 교수는 중간에 동기 수준이 떨어지는 이유가 전문성이나 열정의 문제가 아니라고 주장한다.

이들은 8일간 지속되는 하누카 명절을 지키는 유대인을 200명 넘게 조사했다. 명절 기간 동안엔 매일 정성 들여 촛불을 켜는 의식이 있는데 첫날 밤에는 76%가 촛불 의식을 했으나 둘째 날은 55%, 중간을 지나는 5일째와 6일째는 49%, 43%까지 떨어졌다. 그리고 마지막 날은 다시 57%로 올라갔다. 유대인들의 하누카 의식은 전형적인 U자형 패턴을 그렸는데 연구자들은 신앙에 충실하지 못한 사람들이 중간에 촛불을 켜지 않아 평균을 떨어뜨린 것이 아닌가 의심했다. 하지만 데이터를 살펴보니 중간에 떨어지는 패턴은 신앙적 충실함과 전혀 관계가 없었다. 오히려 U자 패턴을 만든 것은 신앙적 독실함이 높은 사람들이었다. 마지막 날에 독실한 사람들의 참여도가 급격히 높아졌기 때문이다.

중간을 대충 넘어가는 현상은 나이나 경험과 무관하게 전 세대에 걸쳐 나타난다. 투르티예리와 피시바흐는 청소년들을 대상으로 종이 오리기 실험을 진행했다. 실험에 참가한 청소년이 종이에 그려진 그림을 가위로 오려 내면 실험과 무관한 사람들이 정확도를 10점 만점으로 평가하는 방식이었다. 결과는 첫 번째와 마지막 과제의 정확도가 가장 높았고 중간은 상대적으로 꼼꼼하지 못했다. 연구자들은 이와 유사한 여러 연구를 반복한 결과, 사람들은 중간만 되면 예외 없이 대충하는 경향이 나타난다는 사실을 발견했다.

흥미로운 사실은 중간 지점의 슬럼프는 인간만이 겪는 현상이 아니라는 것이다. 영국 에든버러대학교 심리언어과학 교수인 알렉산더 와이스Alexander Weiss 교수를 비롯한 다섯 명의 연구진은 침팬지나 오랑우탄 같은 영장류의 행복도를 연구했다. 유인원들의 연령에 따른 행복도를 측정해 보니 여지없이 U자 패턴이 나타났다. 어린 유인원과 늙은 유인원은 행복했지만, 행복도가 최저인 연령은 침팬지 27.2살, 오랑우탄 35.4살이었다. 인간 나이로 환산하면 45~50살 정도의 구간이었다. 유인원도 중년의 슬럼프를 겪는다. 중간 지점의 슬럼프는 어떻게 보면 거스를 수 없는 자연의 힘일 수 있다는 생각이 든다.

중간 지점의 슬럼프를 이겨 내려면

중간 지점의 슬럼프를 무조건 하면 된다는 식으로 몰아붙이면 삶의 다른 영역에서 문제가 생기기 마련이다. 인간의 의지력은 제한된 자원이기 때문에 일터에서 의지력을 소모하면 가정에서 문제를 일으키기 쉽다. 이런 이유에서 심리학에서 말하는 워라밸^{Work-Life} ^{Balance}이란 의지력이라는 제한된 자원을 효과적으로 관리하는 것이라 할 수 있다. 따라서 슬럼프를 의지박약으로 치부할 것이 아니라 효과적으로 대처해야 한다.

중간 지점의 슬럼프를 극복하기 위한 심리학의 첫 번째 대안은 지각적 범주화^{perceptual categorization}다. 지각적 범주화란 어떤 일을 자신에게 의미 있는 덩어리로 구분하여 인식하는 것을 의미한다. 어떤 프로젝트가 있다면 하나의 범주화로 전체 프로젝트를 인식하는 사람이 있는 반면, 두 개 혹은 세 개로 나눠서 인식하는 사람도 있다. 그런데 중간 지점의 슬럼프를 이겨 내기 위해서는 의도적으로 잘게 나눠서 인식할 필요가 있다. 하나의 일이 아니라 최소 두 개 이상의 일이라고 구분하여 생각하는 것이다.

미국 펜실베이니아대학교 와튼경영대학원의 조나 버거^{Jonah Berger} 교수와 미국 시카고대학교 부스경영대학원의 데빈 포프^{Devin Pope} 교수는 15년간 치러진 NBA 경기 18,000건과 NCAA 경기 46,000건을 분석했다. 이들은 경기 중간에 있는 휴식과 작전 시간인 하프 타임에 주목했는데 하프 타임 시점에 앞서고 있는 팀이 승리할 확률이 높다는 지극히 당연해 보이는 사실을 알아냈다. 그런데 예외가 있었다. 단 1점을 뒤진 상태에서 전반전을 마친 경우 경기를 뒤집을 확률이 1점 차로 앞선 팀이 그대로 승리할 확률보다 높았다. NBA와 NCAA 경기 모두 하프 타임에 약간 뒤지면 오히려 역전할 확률이 높았다. 두 연구자들은 이 결과를 실험실로 옮겨서 연구를 진행했다. 직장인들을 대상으로 컴퓨터 자판을 빠르게 입력하는 시합을 하고 중간에 휴식 시간을 준 다음, 3분의 1은 조금 뒤처졌다고 말하고, 3분의 1은 동점, 나머지 3분의 1에게는 조금 앞서 있다고 피드백을 주었다. 실험 결과, 자신이 좀 뒤처졌다고 생각한 집단이 후반에 점수 상승도가 가장 높았다.

우리가 어떤 일을 진행하고 있다면 우선 중간 지점의 동기와 완성도가 자연스럽게 떨어질 수 있다는 사실을 받아들여야 한다. 그런 뒤에 의도적으로 해당 일의 범주를 최소 두 개 이상으로 나눠야 한다. 전반과 후반으로 나눴다면 전반이 끝난 지점에서 현재 조금 뒤처진 분야가 어디인지 점검해 볼 필요가 있다. 조금 뒤처진 분야를 찾기 위해서는 지각적 범주화의 지혜가 필요하다. 예를 들어, 중간고사를 본 아이의 수학 점수가 100점을 기준으로 크게 낮다면 기말까지 점수 극복이 힘들 수 있다. 하지만 100점이 아닌 70점을 기준으로 하거나 방정식, 함수, 미적분 등 세부 분야별로 점검하면 약간 뒤처진 분야를 발견할 수 있다. 우선, 약간 뒤처진 분야에 집중해서 수학에 대한 효능감을 높인 뒤에 다른 분야로 확장하는 시도가 필요하다.

중간 지점의 슬럼프를 극복하는 두 번째 대안은 '벌써 이만큼 했어To-Date'와 '앞으로 이만큼 남았어To-Go' 프레임Frame을 활용하는 것이다. 앞서 소개한 보네치와 브렌들 교수와 연구진은 어떤 목표를 달성하는 과정 중 중간 지점에서 다른 메시지로 전환할 때 더 강한 동기 부여가 일어난다는 사실을 발견했다. 기부금 모금 목표를 달성하는 실험에서 '벌써 이만큼 모금했다.'는 의미의 To-Date 프레임의 효과는 초반에 동기 수준을 높였지만 시간이 갈수록 동기 유발 효과가 점점 약해졌다. 반면에 모금 목표액이 '앞으로 얼마나 남았다.'고 제시한 To-Go 프레임 그룹의 동기는 초반엔 약했지만, 후반부로 갈수록 강해졌다.

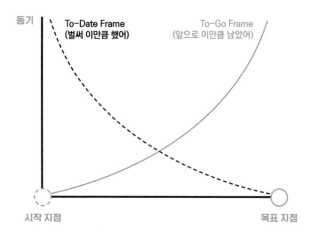

1장 성장을 꿈꾸는 심리학

따라서 어떤 일의 시작 지점에서는 To-Date 프레임으로 빠르게 이뤄 낸 성과를 보여 줘야 한다. '벌써 이만큼이나 했다.'는 시작이 반이라는 메시지를 심어 줘야 한다. 커피 전문점에서 도장 하나를 미리 찍어 주고 시작한 그룹이 0개에서 시작한 그룹에 비해 10개를 모두 채우기 쉬운 이유이기도 하다. 하지만 중간 지점에선 프레임의 전환이 필요하다. 이제 얼마 남았다는 To-Go 프레임이 필요한 순간이다. 도장의 개수가 중간을 넘어가면 노련한 커피 전문점 사장님은 고객에게 도장을 찍어 줄 때 "현재까지 몇 개 찍었네요."라고 말하지 않는다. 앞으로 몇 개만 더 찍으면 무료 음료를 받을 수 있다는 사실을 고객에게 상기시킨다.

어떤 일이 중반을 지나고 있다면 우선 중간의 슬럼프는 자연스러운 현상이라는 사실을 받아들일 필요가 있다. 중간 지점에 목표 달성까지 뒤처진 분야를 점검한 다음, 필요하다면 목표를 재조정하여 앞으로 얼마나 더 하면 목표 달성이 가능한지 To-Go 프레임으로 전환해야 한다. 용두용미는 처음과 끝이 아닌 중간을 어떻게 관리하느냐에 달려 있다는 사실을 기억하자.

🔆 정기준은 중간보고를 일종의 방해성 업무로 여기고 있다. 조직 심리학의 연구에 따르면, 모든 업무에서 스트레스를 받는 것은 아니다. 예를 들어, 업무 범위가 넓어지는 것은 스트레스가 되지만, 승진과 함께 업무 범위가 늘어나는 경우는 도전으로 느낀다. 따라서 스트레스를 야기하는 업무의 속성은 크게 두 가지로 구분해야 한다. 일을 하면서 부정적 반응만 나타나는 방해성 업무hindrance stressor와 어렵고 힘들지만 긍정적 반응도 함께 일어나는 도전성 업무challenge stressor로 나눠서 접근해야 직무 스트레스를 제대로 관리할 수 있다. 프로젝트의 시작 지점에선 모든 업무가 도전적으로 다가오지만, 중반 정도를 지나면 방해성으로 바뀌는 경우가 많다. 따라서, 정기준은 현 상황을 박봉주 팀장과 공유하고 자신이 일을 받아들이는 태도나 일을 처리하는 과정에서 맞닥뜨리는 상황을 구체적으로 전달할 필요가 있다.

🔆 박봉주 팀장은 프로젝트 중간 점검을 중간보고만 하면 되는 것으로 착각하고 있다. 박봉주 팀장은 정기준이 중간보고를 방해성 업무로 받아들이고 있다는 사실을 간파하고 리더십을 발휘해야 한다. 같은 일이라도 누가, 언제, 어떤 방식으로 맡기느냐에 따라 방해성으로

받아들일 수도 있고 도전적으로 해석할 수도 있다. 방해성으로 느껴지는 중간보고를 도전적으로 해석하게 만들려면 목적성을 명확히 해야 하고, 실무자의 어려움을 충분히 공감하고, 추가 필요 자원이 무엇인지 확인해야 한다. 아울러 책임을 나눠 갖고 인정과 격려와 같은 심리적 지원도 함께 해야 한다.

💡 프로젝트의 중간 점검은 반드시 필요하다. 그렇다고 중간보고가 중간 점검의 전부는 아니다. 프로젝트 항목, 인력, 자원 등 전반적 수준을 체크하여 약간 뒤쳐진 분야가 있다면 중간점검을 하면 된다. 이는 뒤처진 부분을 역전할 수 있는 좋은 계기가 될 것이다. 필요하다면, 일을 새롭게 범주화해 접근하거나, 중간 지점에서 새로운 프레임으로 프로젝트를 바라보게 하는 것도 중간 점검의 좋은 대안이라 할 수 있다.

☑ 요약

☑ 사람들 대부분은 어떤 일의 시작 시점과 끝날 즈음에 동기 수준이 높은 반면, 중간 지점에서 동기가 가장 낮았다. 사람들은 대개 처음과 끝은 잘 관리하는 반면, 중간 지점에서 유독 힘들어하는 경향을 보였다. 결국, 중간 지점의 동기를 적절히 관리하는 방안을 찾는 것이 용두용미의 핵심이다.

☑ 중간 지점의 슬럼프를 무조건 하면 된다는 식으로 몰아붙이면 삶의 다른 영역에서 문제가 생기기 마련이다. 인간의 의지력은 제한된 자원이기 때문에 일터에서 의지력을 소모하면 가정에서 문제를 일으키기 쉽다. 따라서 슬럼프를 의지박약으로 치부할 것이 아니라 다른 효과적 대안을 마련해야 한다.

☑ **중간 지점 슬럼프 극복하기**

– 지각적 범주화: 지각적 범주화란 어떤 일을 자신에게 의미 있는 덩어리로 구분하여 인식하는 것을 의미한다. 중간 지점의 슬럼프를 이겨 내기 위해서 의도적으로 잘게 나눠서 인식할 필요가 있다. 하나의 일이 아니라 최소 두 개 이상의 일이라고 구분하여 생각해야 한다.

– To-Date와 To-Go 프레임 활용: '벌써 이만큼 했어(To-Date).'와 '앞으로 이만큼 남았어(To-Go).' 프레임을 활용해야 한다. 어떤 목표를 달성하는 과정에서 중간 지점에 다른 메시지로 전환할 때 더 강한 동기 부여가 일어난다. 어떤 일의 시작 지점에서는 To-Date 프레임으로 빠르게 이뤄 낸 성과를 보여 줘야 한다. 하

지만 어떤 일이 중반을 지나고 있다면 우선 얼마나 더 하면 목표 달성이 가능한지를 확인할 수 있는 To-Go 프레임으로 전환해야 한다.

심리학
직장 생활을
도와줘

[2장]

좋은 관계를
만드는 심리학

불만을 없앤다고
만족하지 않는다

[착각]

직무 만족도가 떨어지는 이유는 불만 요인이 해결되지 못해서다?

"장철진 님, 올해 우리 본부 직무 만족도 평균 점수가 지난해에 비해 얼마나 개선됐나요?"

"본부장님, 저도 당황스러운데요, 만족도 점수는 크게 달라지지 않았습니다. 작년 만족도 평가 결과를 받고, 구체적으로 확인하기 위해 본부 구성원 개별 면담을 실시했습니다. 직무 만족에 부정적 영향을 미치는 요인을 정리해서 개선 활동을 시행하고 주기적으로 검토한 결과, 불만 요인이 개선된 것으로 확인되었습니다. 그래서 저도 올해엔 작년보다 나을 것으로 기대했는데, 수치만 보면 전혀 달라지지 않았습니다. 불만 요인은 개선되었는데, 왜 만족도가 높아지지 않은 건지 솔직히 저도 잘 모르겠습니다."

[진실]

불만을 없앤다고 만족하지 않는다!

만족과 불만은 우리 마음속에
서로 다른 방식으로 작동한다.

– 프레더릭 허즈버그^{Frederick Herzberg} –

궁 금 해 , 심 리 학

불만을 없앤다고 만족할까?

'뭐가 불만이야?' 직장에서 우리가 종종 접하는 말이다. 조직 내에 불만 요인을 찾아 관리하는 일은 필요하다. 구성원들의 직무 수행 과정에서 스트레스를 줄이는 데 중요한 역할을 하기 때문이다. 그래서 조직은 좀 더 적극적으로 조직 문화 진단이나 리더십 진단을 활용해 불만 요인을 찾아내기 위해 애쓴다. 그렇다면 불만 요인을 없앤다고 직무 만족이나 조직 몰입과 같은 긍정적인 측면이 높아질까?

[직장 속으로]

장철진은 본부 내 조직 문화 변화 관리 담당 역할도 겸하고 있다. 다른 회사에선 CA^{Change Agent, 조직 문화 변화 추진자} 역할을 대리나 과장급이 수행하지만, 본부장은 어느 정도 고충을 처리할 수 있는 차장급 이상이 CA 역할을 하는 것이 바람직하다고 생각하고 있다. 조직 문화 담당으로 장철진은 소속 팀원들만이 아니라 본부 내 다른 팀원들의 근무 환경 개선이나 고충을 듣고 해결하는 역할을 수행한다.

한편, S사는 매년 조직 문화 진단을 통해 조직 문화의 현 수준을 파악하고 개선을 위한 문제점을 발굴하여 일하기 좋은 직장을 꾀하고 있다. 진단 결과는 표면적으론 승진이나 인센티브와 같은 보상 시스템에 연동되어 있지 않지만, 낮은 평가를 받은 조직의 리더가 승진하는 경우는 거의 없다. 그리고 본부장의 주 관심사는 오직 숫자다. 가시적인 수치가 다른 본부에 비해 높아야 본인이 좋은 평가를 받고 승진하는 데 유리하다고 생각하기 때문이다. 본부장이 관계사 재무 임원 출신이라 숫자에 민감한 탓도 있을 것이다. 그냥 천성이 모든 것을 숫자로 평가하고 대화하기를 좋아하는 사람이다.

본부장은 장철진이 CA로서 보다 적극적으로 개선 과제를 발굴하고 맡은 역할을 충실히 수행해 조직 문화 점수가 개선되길 원한다. 장철진 역시 차기 리더로 부각되기 위해 CA로서 성공 경험을 쌓는 일이 중요하다. 장철진은 여러 부서원을 만나 대화를 나누며 리더에게 필요한 대화 스킬을 키우고 있다. 대화를 마치고 만족감

2장 좋은 관계를 만드는 심리학

을 느끼며 회의장을 나가는 구성원들을 보면서 장철진은 자신의 코칭 스킬이 한 단계 업그레이드된 듯한 뿌듯함을 느낀다.

장철진이 면담한 구성원들은 고충을 토로했다. 암묵적인 강압에 못 이겨 회식에 참석하거나 불필요한 회의에 배석하고, 팀장과 다른 팀원들 눈치가 보여 퇴근 시간이 늦어지는 경우와 같이 자신의 시간을 자율적으로 활용하지 못한 일에 관한 내용이 가장 많았다. 장철진은 본부장에게 보고하여 회식, 회의, 야근 문화 개선을 위한 캠페인을 시행했다. 회식은 119 즉 1주일 전 통보, 1차에서 마무리, 9시 전엔 귀가하는 제도를 공표했고, 회의는 고소영 즉 고참들 위주로, 소규모로 관련자만, 영향력을 미칠 수 있거나, 안건의 영향력 범위에 있는 사람들만 참석하도록 했다. 야근 문화는 '눈치 보는 야근, 불필요한 야근, 비자발적 야근을 지양하자.'는 슬로건을 포스터로 제작해 본부 곳곳에 부착했다. 이후, 자체 조사를 통해 확인한 결과는 성공적이었다. 구성원들의 불만 요인이 상당 부분 해소된 것이다. 그런데, 이번 조직 문화 진단을 통해 받은 결과는 의아할 따름이다. 불만이 줄었는데, 왜 만족도는 높아지지 않은 것일까?

나는 직무에 충분히 만족하고 있을까?

🔍 **직무 만족도(job satisfaction) 검사**

직무 만족도는 내적 동기, 외적 동기, 조직 만족도라는 3가지 하위 항목으로 구성된 개념이다. 자신이 직무를 수행하면서 만족하는 영역이 어디에 있는지 찾아보자. 아래 문항들에 1~5점으로 응답하면 된다.

* 전혀 그렇지 않다: 1점, 대체로 그렇지 않다: 2점, 보통이다: 3점,
  대체로 그렇다: 4점, 매우 그렇다: 5점

1. 나는 직무를 수행하면서 충분한 권한을 갖고 있다고 느낀다.
☐ 1점　☐ 2점　☐ 3점　☐ 4점　☐ 5점

2. 나는 현재 급여와 복리 후생 제도에 만족한다.
☐ 1점　☐ 2점　☐ 3점　☐ 4점　☐ 5점

3. 내 직무는 승진의 기회가 충분히 주어진다.
☐ 1점　☐ 2점　☐ 3점　☐ 4점　☐ 5점

4. 나는 직무 수행 과정을 통해 도전과 성장을 경험한다.
☐ 1점　☐ 2점　☐ 3점　☐ 4점　☐ 5점

5. 나는 나의 직무를 평가하는 사내 시스템에 만족한다.
☐ 1점　☐ 2점　☐ 3점　☐ 4점　☐ 5점

6. 내 직무는 새로운 기술을 배울 기회를 제공한다.
☐ 1점　☐ 2점　☐ 3점　☐ 4점　☐ 5점

7. 직무를 수행하면서 사내외 고객에게서 평가받을 기회가 있다.
☐ 1점　☐ 2점　☐ 3점　☐ 4점　☐ 5점

8. 직무를 수행하는 과정에서 다른 사람을 돕는 보람을 느낀다.

　□ 1점　　□ 2점　　□ 3점　　□ 4점　　□ 5점

9. 나는 직무 수행의 범위를 명확히 알고 있다.

　□ 1점　　□ 2점　　□ 3점　　□ 4점　　□ 5점

10. 나는 직무를 수행하는 과정에서 중요한 의사 결정에 개입하고 있다.

　□ 1점　　□ 2점　　□ 3점　　□ 4점　　□ 5점

11. 내가 수행하는 직무는 리더에게 충분히 인정받고 있다.

　□ 1점　　□ 2점　　□ 3점　　□ 4점　　□ 5점

12. 나는 내 직무를 수행하면서 전문가로 성공할 것 같은 기대가 있다.

　□ 1점　　□ 2점　　□ 3점　　□ 4점　　□ 5점

출처: Koeske, G. F., Kirk, S. A., Koeske, R. D., & Rauktis, M. B. (1994). Measuring the Monday blues: Validation of a job satisfaction scale for the human services. Social work research, 18(1), 27–35.

- **내적 동기**: 4, 6, 8, 12번의 점수를 합산
- **외적 동기**: 2, 3, 7, 11번의 점수를 합산
- **조직 만족**: 1, 5, 9, 10번의 점수를 합산

당신은 직무를 수행하면서 내적 동기, 외적 동기, 조직 만족 중 어느 영역에서 가장 만족하는가? 당신이 직무와 조직에서 경험하는 독특한 장점은 행복한 직장 생활의 원동력이 된다. 모든 항목이 높은 사람은 현재 직무와 조직 모두에 만족감을 느끼고 있다고 할 수 있다. 내적 동기 만족도가 높고 외적 동기와 조직 만족도 점수가 낮다면 일 자체에 대한 만족감은 높으나, 일하는 환경에 대한 만족도가 떨어지기 때문에 직장을 옮기는 고민을 하고 있을 것이다.

불만은 비교에 기반하고, 만족은 독특함에서 나온다

불만을 없앤다고 해서 만족감이 드라마틱하게 높아지지는 않는다. 우리 마음속에서 불만과 만족을 처리하는 방식이 다르기 때문이다. 그렇다면 우리 마음은 불만과 만족을 어떻게 처리할까? 우리가 마음의 작동법을 안다면, 불만을 다스려야 할 장면과 만족을 높여야 할 장면을 구분할 수 있고 나아가 불만을 줄이고 만족을 높이는 조직을 만들 수 있다.

2장 좋은 관계를 만드는 심리학

우리는 흔히 불만족과 만족을 하나의 선 위에 있는 양극단의 개념으로 이해한다. 만족할 일이 없으면 불만이 야기되고, 불만 요인을 없애면 만족으로 옮겨질 것 같다는 생각이 든다. 그런데 사실 우리 마음은 불만과 만족을 다르게 처리한다. 불만이 없어진다고 해서 만족하지 않는다는 뜻이다. 따라서 "뭐가 불만이야, 그것만 해결해 주면 만족할 거야?"라고 묻는 것은 바람직하지 않다. 집안일은 전혀 돕지 않은 가장이 '매달 월급을 이만큼이나 벌어다 주면 만족해야 하는 게 아니냐?'며 소리친다면 이 역시도 타당하지 않다. 왜냐하면, 지금 당장의 불만이 없어진다고 해서 갑자기 만족감이 높아지지 않기 때문이다. 매달 가족을 위해 벌어 오는 월급은 가족의 불만을 없애는 데는 도움이 될 수 있지만, 만족감을 높이는 데는 도움이 되지 않는다.

	컴퓨터 A	컴퓨터 B
저장 용량	2T	1T
CPU	인텔 코어 i7	인텔 코어 i5
RAM	16G	8G
가격	150만 원	200만 원
LOGO	로고 없음	사과 로고
펜 기능	펜 기능 없음	펜 기능 있음

우리 마음은 불만과 만족을 분명 다른 방식으로 처리한다. 자, 우리 앞에 표와 같이 노트북 컴퓨터 A와 노트북 컴퓨터 B가 있다. A와 B는 저장 용량, CPU, RAM, 가격처럼 서로 비교하기 쉬운 측면도 있고 사과 로고나 펜 기능과 같이 비교하기 어려운 것도 있다.

노트북 A는 비교 가능한 모든 측면에서 노트북 B를 압도한다. 하지만 노트북 B에는 노트북 A에는 없는 사과 로고, 펜 기능이 있다. 흥미로운 점은 우리가 불만이나 후회 등 부정적 감정을 줄이고자 할 때는 비교 가능한 측면에 주목하는 반면, 만족을 높이고자 할 때는 비교 불가능한 영역에 주목한다는 것이다. 노트북을 구매할 때, 고장이 없어야 하고 비싸게 사면 안 되며 주변으로부터 제대로 모르고 샀다는 비난을 받고 싶지 않은 등 부정적 감정은 저장 용량, CPU 등 기본 사양에 우리를 주목하게 만든다. 반면, 도서관이나 카페에 앉아 노트북을 펼치고 있는 멋진 모습, 혹은 일을 하면서 전문가처럼 보이고 싶은 욕구 등은 다른 노트북에는 없는 독특한 기능에 관심을 갖게 만든다.

이처럼 우리가 불만을 떠올릴 때는 비교 가능한 영역을 생각하게 되고, 만족을 느낄 때는 비교 가능한 영역보다는 독특함에 주의를 집중하게 된다. 정리하면, 불만은 비교에 기반하고 만족은 독특함에서 나온다. 만족감의 원천인 독특함은 비교 대상이 아니라는 점에 주목해야 한다.

만족을 높이려면 외적 비교보다는 내적 비교를, 독특함을 찾는 시도를 함께하라

가족을 사랑하는 이유를 떠올려 보자. "무슨 이유가 필요해. 그냥 가족이니까 사랑하는 거지."라고 생각했다면, 이 순간 당신은 비교라는 기제를 발동시키지 않은 것이다. 다른 사람과 비교해 내 가족이 사랑스러운 점을 떠올리는 것이 아니라 그냥 내 가족이기 때문에 사랑한다고 생각하는 것이다. 그런데 처음 가족이 탄생하는 장면은 좀 다르다.

이런 가상의 상황을 생각해 보자. 내가 지금의 아내를 만난 가상의 첫날이다. 서울 시내 가장 근사한 호텔의 커피숍에 지금의 아내가 먼저 와서 나를 기다리고 있다. 그때 나는 머리를 감지 않아 정돈되지 않았고, 눈에는 눈곱이 껴 있으며, 입가에 침을 흘리고 후줄근한 옷을 입고 나타났다고 가정해 보자. 첫 만남 상황에서 여자는 이 만남을 이어갈까, 아니면 그 자리에서 그만 헤어지는 게 낫다고 생각할까? 여자 입장에선 이따위 남자를 만나야 할 이유가 없다. 더 좋은 사람을 만날 수 있는 기회를 날리고 싶지 않을 것이다. 그런데 오늘 아침은 좀 다르다. 나는 앞에서 묘사한 똑같은 모습으로 아내 옆에서 일어났음에도 아내는 나에게 "우리 헤어지자."라고 말하지 않았다. 첫 만남에서는 분명히 헤어졌을 만한 몰골인데 오늘 아침은 왜 그렇게 반응하지 않았을까? 적어도 오늘 아침엔 비교라는 기제를 작동하지 않았기 때문이다. 물론 그 모습을 보고 만족하지도 않았을 테지만 말이다.

아이를 불만 속에 가두고 싶다면 비교만 열심히 하면 된다. 옆집 아이, 같은 반 친구, 사촌 등과 학교 성적, 영어 레벨 등 비교 가능한 영역에 집중해서 이야기하면 아이와의 관계에서 불만은 금세 높아진다. 하지만 만족을 높이기 위해서라면 비교는 그다지 큰 도움이 되지 않는다.

현재가 너무 불만스러울 때 우리는 비교를 보다 쉽게 작동시킨다. 불만을 줄이기 위해 사회적 하향 비교가 자연스럽게 작동되기 때문이다. 자신보다 한심해 보이는 인생을 보면서 '저렇게 사는 것보다는 낫다.'는 생각을 한다. 문제는 불만을 줄인다고 해서 만족감이 드라마틱하게 높아지지 않는다는 점이다. 오래가는 만족감은 독특함에서 발생되기 때문이다.

정작 중요한 문제는 우리가 이런 마음의 작동법을 안다고 하더라도 조절이 쉽지 않다는 데 있다. 우리는 독특함을 살피기보다는 비교하기 쉬운 환경에 노출되어 있기 때문이다. 먼 옛날 수렵 채집 사회에서 우리는 어느 한 가지 분야에만 뛰어나도 쉽게 두각을 드러낼 수 있었다. 하지만 지금은 어림도 없다. 넓어진 네트워크와 정보는 해당 분야에서 우리보다 탁월한 사람을 얼마든지 떠올릴 수 있게 만든다. 과거에는 동네에서 공을 제일 잘 차는 것으로 만족할 수 있었지만, 지금은 인터넷만 접속하면 엄청난 기량을 지닌 축구 선수들을 쉽게 접할 수 있다. 현대를 사는 우리는 독특함을 발견하기는 매우 어려워진 반면에 비교는 너무나 쉬워진 셈이다.

안타까운 점은 지속적으로 비교 우위에 있다고 해서 심리적으로 큰 이점이 없다는 사실이다. 비교 우위를 차지하는 것은 자긍심 self-esteem 을 높여 모든 일에 자신감을 넘치게 할 거라고 생각하지만, 지나친 자긍심은 스스로를 자만하게 만들고 타인을 무시하거나 심지어 성적인 대담성과 폭력성을 나타내는 일과 관련이 높다. 간혹 뉴스에서 실패 없이 인생을 살아온 사람이 한 번의 실패에 무너지는 경우를 접하게 되는데 대부분 이런 이유 때문이다. 심리적으로 건강한 사람은 자긍심의 기반이 타인과의 비교 우위에 있지 않다. 건강한 자긍심은 자신을 외부와 비교하는 것이 아니라 내면에 집중하게 만들어 과거의 나와 비교하면서 실망과 만족을 끊임없이 겪게 만든다.

비교를 멈추고 독특함에 주목하는 훈련이 필요한데 이것이 의외로 쉽지 않다. 비교는 아주 자연스럽게 이뤄지는 반면, 독특함을 찾는 일은 노력을 동반해야 하기 때문이다. 오래가는 만족감은 거저 얻어지지 않는다. 대상을 자주 들여다보고 찾는 시도가 필요하다. 나만의 여행 경험, 친구와 함께 지낸 우정 깊은 순간, 사랑스러운 나의 가족은 비교를 하면서 찾는 것이 아니다.

독특함으로 인한 만족감은 오랫동안 유지된다

비교에 주의가 집중되고 만족과 행복을 높이고자 할 때는 독특함에 주목하게 된다는 사실을 알았다면 조직 내에서 어떤 행동이 바람직한지 답을 찾을 수 있다. 동료나 부하 직원이 중요한 프로젝트에 실패해 우울해하고 있다면 비교에 기반하여 불만을 줄이는 방식이 도움이 될 수 있다. 비록 프로젝트엔 실패했지만, 너만의 독특함을 보고 감동했다는 표현은 위로가 되지 않는다. 이전 프로젝트를 동시에 놓고 비교하면서 어떤 점이 향상되었는지를 말하는 방법이 더 효과적이다.

반면에 칭찬의 방법은 달라야 한다. 지난 프로젝트나 동료의 다른 프로젝트와 비교하는 것은 현명하지 못하다. 비교의 칭찬은 불만을 줄일 수는 있지만, 만족을 높이긴 어렵기 때문이다. 칭찬을 통해 만족감을 높이고자 한다면 독특함을 발견하고 이 요인에 기반해서 대화를 해야 한다. 따라서 효과적인 인정이나 칭찬은 쉬운 기술이 아니다. 독특함을 발견하는 과정이 필연적이기 때문이다.

비교를 통해 얻은 결과는 지속성이 길지 않다. 우리는 비교를 기반으로 정체성을 형성하지 않기 때문이다. 하지만 독특함에 기반한다면 그 결과는 오래가기 마련이다. 우리가 노트북 A와 노트북 B를 하루나 이틀이 지나서 다시 떠올린다면 사과 로고나 펜 기능은 빠르고 쉽게 기억할 수 있다. 하지만 CPU나 RAM과 같은 비교 가능한 수치들은 느리게 떠오를 뿐더러 구체적인 내용을 기억하기도 쉽지 않다.

따라서 만약 우리가 각자의 독특함을 발견하고 집중한다면 스스로에 대해 만족감을 높일 수 있을 뿐만 아니라 자신만의 오래가는 정체성 개발도 가능하다. 조직 정체성도 마찬가지다. 우리 조직의 독특한 강점이나 장점을 빠르게 떠올릴 수 있고 구성원 각자가 그 강점과 장점에 기여하는 바를 명확하게 아는 것이 바로 조직 정체성의 핵심이다.

독특한 강점을 발견하기 위해 시중에 나와 있는 여러 강점 진단 및 개발 프로그램을 활용하곤 하지만 효과가 기대만큼 높지 않다. 진단 자체가 비교 가능한 차이에 집중하게 만들기 때문이다. 자신만의, 우리 조직만의 독특함을 발견하고 싶다면 반드시 성찰이라는 과정을 거쳐야 한다. 자신과 우리의 독특한 경험과 기억을 되짚어 보며 말, 행동, 생각을 정리하는 과정이 필요하다. 비교는 매우 빠르고 쉽지만 그 효과가 오래가지 않고, 독특함을 찾는 것은 큰 노력이 필요하지만 한 번 형성되면 오래오래 함께 공유할 수 있다.

이 글을 읽으며 나와 우리 구성원의 독특함을 발견하고 그 독특함이 서로에게 또 우리 조직에 어떤 영향을 미치고 있는지 잠깐 생각해 보는 시간을 가지면 어떨까?

심리학이 제안하는 슬기로운 직장 생활 팁

🔅 사람들은 불만이 줄어든다고 만족하지 않는다. 회식, 회의, 야근에 불만족을 느끼는 이유는 구성원 스스로 통제 가능하다고 믿는 업무 시간을 침범받았기 때문이다. 이 경우, 불만의 반대 급부는 만족이 아니라 불만이 없는 상태다. 또한, 불만은 비교라는 기제를 통해 작동되므로, 회사 내 다른 본부나 동종 업계의 다른 회사 상황과 계속 비교하면 또 다른 불만이 나오기 마련이다. 조직 만족도를 포함한 직무 만족도를 높이기 위해선 불만에 관한 가시적인 성과를 구성원과 공유할 필요가 있다. 캠페인 전후로 어떤 점이 얼마나 나아졌는지 구성원이 공감할 수 있어야 같은 영역에서 비교를 멈출 수 있다.

🔅 만족을 높이는 일은 독특성에 기반하기 때문에 비교 불가한 조직 정체성을 만드는 시도가 필요하다. 본부장은 구성원 개개인이 조직 정체성과 성과에 기여하는 바를 명확히 인지하고 인정과 격려를 통해 직무 수행의 외적 동기와 조직 만족도를 높여야 한다. 장철진은 본부 구성원이 조직의 독특한 장점을 경험할 수 있는 방법에 관해 고민해야만 한다. 업무와 동떨어진 이벤트성 활동보다는 업무를 통해 지속적으로 경험할 수 있는 활동이 보다 가치 있을 것이다.

2장 좋은 관계를 만드는 심리학

☑ 요약

☑ 불만을 없앤다고 해서 만족감이 크게 높아지지 않는다. 우리 마음 속에서 불만과 만족을 처리하는 방식이 다르기 때문이다. 불만은 비교에 기반하고 만족은 독특함에서 나온다. 만족감의 원천인 독특함은 비교 대상이 아니라는 점에 주목해야 한다.

☑ 심리적으로 건강한 사람은 자긍심의 기반이 타인과의 비교 우위에 있지 않다. 건강한 자긍심은 자신을 외부와 비교하는 것이 아니라 내면에 집중하게 만들어 과거의 나와 비교하면서 실망과 만족을 끊임없이 겪게 만든다.

☑ **직장에서 만족과 불만족의 작동법을 활용하는 법**

1. 실패한 결과물은 과거의 결과물에 비해 향상된 점을 찾아 비교를 통해 불만을 줄이는 방식으로 접근하라.
2. 칭찬과 인정은 비교가 아닌 독특함을 기반으로 이뤄져야 한다. 따라서 제대로 된 칭찬이나 인정을 위해 독특함에 대한 탐색이 필요하다.
3. 조직 정체성의 핵심은 구성원 각자가 조직의 독특한 강점과 장점을 떠올리고, 각자가 그 강점에 기여하는 바를 명확하게 아는 것이다.

화를
다스리는 법

[착각]

화를 억누르는 것은 바람직하지 못하기 때문에 그때그때 표출해야 한다?

"내 생각엔 김기주 님이 이동리 님한테 감정이 있는 것 같아요. 이번 회의 때도 이동리 님 발언만 갖고 자꾸 딴지를 걸잖아. 아까 회의실에서 이동리 님 표정을 보니 화가 많이 난 듯한데……. 오늘 퇴근하고 술 한 잔 어때?"

"저도 김기주 님 때문에 정말 많이 힘들어요. 오죽하면 제가 직접 김기주 님한테 제게 안 좋은 감정이 있냐고 물어봤겠어요? 왜 제게만 유독 불편하게 구는지 정말 모르겠습니다. 같은 말이라도 김기주 님한테 들으면 화가 나 미칠 것 같아요. 이렇게 쌓아 두다 간 저도 병이 생길 것 같네요. 조만간 마음먹고 한 번 붙어 보려고요."

[진실]

화는 즉시 표출한다고 해결할 수 있는 감정이 아니다!

화는 표현해서 사라지는 감정이 아니다.
따라서 평소 어떻게 관리하느냐가 중요하다.

― 앨버트 엘리스^{Albert Ellis} ―

궁금해, 심리학

화는 인간에게 꼭 필요한 감정이다

"인간은 서로에게 도움을 주고받기 위해 태어나고, 화는 서로의
파괴를 위해 태어난다. 인간은 화합을 원하고, 화는 분리를 원한다.
인간은 이익이 되기를 원하고, 화는 해가 되기를 원한다. 인간은 낯
선 사람에게까지 도움을 주고자 하고, 화는 가장 가깝고 소중한 사
람에게까지 공격을 퍼부으려 한다. 인간은 타인의 이익을 위해 기꺼
이 자신마저 희생시키고, 화는 상대방에게 앙갚음을 할 수만 있다
면 기꺼이 자신마저도 위험에 빠뜨린다."

고대 로마 철학을 대표하는 철학자인 세네카는 화를 잘 내는 동생
노바투스를 위해 〈화에 대하여〉라는 글에서 이렇게 썼다. 세네카에

게 화는 인간이 지닌 그 어떤 감정보다 더 비천하고 광포한 악덕이자 일시적인 광기다.

세계 4대 생불로 추앙받았던 틱낫한^{Thich Nhất Hạnh} 스님 또한 그의 저서 《화》에서 인간은 누구나 행복을 원하는데 마음속 독인 화를 해독하지 못하면 절대 행복해질 수 없다고 설파했다. 화는 인간에게 몹쓸 광기이고 독이다.

그런데 인간은 화를 낼 수밖에 없다. 갓 태어난 신생아도 본능적으로 화를 표출한다. 화라는 감정이 적대적인 세상에서 자신을 방어하고 생존을 유지하기 위해 필수적이기 때문이다.

화는 정의롭지 못한 상황을 적극적으로 해결하게 만들고 이기적인 상대를 협조하게 만들기도 한다. 집단 차원에서 분노가 경쟁사나 경쟁 국가 등 외부로 향해 있다면 내부 응집력은 강해진다. 역사적으로도 외세에게 부당한 일을 당했을 때 분노하지 않은 리더를 우리는 신뢰하지 않았다.

조직심리학에서도 팀의 리더가 조직의 부당한 대우에 분노하는 행위가 팀 내부 응집력을 높이고 성과와 신뢰를 향상시킨다는 연구 결과가 있다.

• 화는 이처럼 인간의 생존과 번영에 필요한 감정이지만 잘 다스리지 못하면 독이 된다. 당신은 어떻게 화를 대하는가?

2장 좋은 관계를 만드는 심리학

사람들은 대부분 처음엔 1번이었다가 특정 상황에서는 2번으로 바뀌는 것 같다. 화를 무조건 억누르기만 하면 암이나 고혈압 등 신체적 질병과 정신적 문제까지 일으킬 수 있다. 그렇다고 화를 있는 그대로 다른 사람에게 표현한다면 함께 어울리며 살 수 없다. 그렇다면 화는 어떻게 다루면 좋을까?

[직장 속으로]

김기주와 이동리는 팀 내에서 사이가 좋지 않다. 경력 사원으로 입사한 김기주는 업무 경력으로는 이동리보다 선배지만, 이동리가 회사 경력은 더 길다. 박봉주 팀장은 이동리에게 김기주를 선배로 대우하라고 공식적으로 요구했지만, 이동리의 태도는 어정쩡하다. 이동리 생각엔 김기주가 공채 출신이 아니기 때문에 굳이 선배 대우까지는 할 필요가 없고, 서로 존대하면서 적절한 거리를 두기 바란다. 김기주 입장은 나이와 업무 경력 모두 이동리에 비해 많기 때문에 이동리가 같은 팀 내에서 선배 대우를 해 주면 좋겠다는 생각은 하고 있다. 하지만 김기주는 이 회사에 자신이 늦게 입사했기 때문에 선배 대접을 강요할 수는 없음도 인정하고 있다. 둘 사이는 팀장의 바람이나 지시와는 달리, 업무에서도 관계에서도 묘한 거리감이 있다.

이동리는 S사 공채 출신이라는 사실을 자랑스럽게 생각한다. 김기주가 S사에 비해 규모가 작은 회사 출신이기 때문에 이동리는 노골적이진 않지만 은근히 무시하는 태도나 우월감을 보이려 한다. 예를 들면, 이동리는 김기주가 있는 자리에서 공채 신입 사원 연수 얘기를 꺼내거나 회사 임원들의 공채 기수를 들먹이며 은근히 정통성을 강조하는 듯한 발언을 즐겨 했다.

둘 사이가 멀어진 것은 거의 첫 만남부터였다. 김기주가 경력으로 입사했을 때, 회사의 전반적인 분위기나 사내 시설을 이용하는 방법 등을 알려 준 사람은 이동리였다. 김기주는 지금 회사보다 규모가 작은 곳에 있었기 때문에 S사의 시설이나 복리 혜택 등에 감탄을 하며 이동리의 안내를 받았으며, 한편으로는 이동리가 우월감을 느끼고 싶어하는 눈치라 맞춰 준 측면도 있었다. 김기주가 사내 문화나 시스템을 제대로 몰라 실수할 경우, 이동리는 기다렸다는 듯이 "김기주 님이 전에 있었던 회사에서는 모르겠지만, 우리 회사는 이래요."라는 말을 무던히도 반복했다. 김기주는 이동리에게 그런 발언은 본인이 무시당하는 것 같아 불쾌하니 자제하면 좋겠다는 의사를 분명히 전했다. 이동리는 김기주가 이 일을 계기로 자신에게 복수할 기회를 찾은 것이라고 생각한다.

2장 좋은 관계를 만드는 심리학

고객 충성도를 높이는 방안에 관해 시장 조사와 더불어, 관련 이슈를 파악하는 미팅이 열렸다. 이동리는 고객 충성도 향상의 핵심 요인을 제휴 멤버십의 확장성이라고 파악했다. 자사의 멤버십에 가입된 고객이 극장, 편의점, 빵집, 식당 같은 접근성이 좋은 곳에서 멤버십 포인트를 사용할 수 있는 방안을 확대해야 한다고 주장했다. 이동리의 발언이 끝나자마자 김기주의 공격이 시작됐다. 멤버십 서비스의 확장이 고객 충성도를 높인다고 주장할 만한 근거가 명확한지, 멤버십 확장 비용 대비 편익 분석은 끝냈는지, 자사 제품의 특성상 모바일 사용 빈도가 높은데 오프라인 멤버십 확장을 우선순위로 둔 이유가 무엇인지, 김기주의 질문은 날카로웠고 이동리의 답변은 모호했다.

이동리는 본인이 철저히 준비하지 못한 탓도 있지만, 김기주가 다분히 의도적으로 공격했다고 판단했다. 이동리의 답변을 들을 때, 김기주가 거만한 웃음을 보였고 이동리는 그 모습에 순간 말문이 막혔기 때문이다. 이동리는 자신에게 선배 대접을 받겠다는 의도 때문에 김기주가 이만큼 적대적이라고 생각한다. 하지만, 오늘 일 때문에라도 더더욱 선배 대접을 할 수는 없는 일이다. 차라리 그간 쌓인 일들을 하나씩 따져 묻고 어떻게 해서든 결판을 내고 싶은 심정이다.

나는 직장에서 스스로를 잘 통제하고 있을까?
🔍 **자기 통제력**(self-control) **검사**

현재 당신의 자기 통제력 수준을 확인해 보자. 자기 통제력은 일상생활 대부분에 영향을 미친다. 개인적 목표 달성, 조직의 성과, 은퇴 뒤 웰빙에 이르기까지 자기 통제력 점수가 높을수록 더 좋은 결과를 얻는다. 아래 문항들에 1~5점으로 응답해 보자.

* 전혀 그렇지 않다: 1점, 대체로 그렇지 않다: 2점, 보통이다: 3점,
대체로 그렇다: 4점, 매우 그렇다: 5점

1. 나는 화가 났을 때 절제를 잘하는 편이다.

☐ 1점   ☐ 2점   ☐ 3점   ☐ 4점   ☐ 5점

2. 나는 나쁜 버릇을 고치기가 매우 힘들다.

☐ 1점   ☐ 2점   ☐ 3점   ☐ 4점   ☐ 5점

3. 나는 게으른 편이다.

☐ 1점   ☐ 2점   ☐ 3점   ☐ 4점   ☐ 5점

4. 나는 욕설을 하곤 한다.

☐ 1점   ☐ 2점   ☐ 3점   ☐ 4점   ☐ 5점

5. 내가 흥미를 느끼면 비록 내게 안 좋은 일이라 할지라도 시도해 보는 편이다.

☐ 1점   ☐ 2점   ☐ 3점   ☐ 4점   ☐ 5점

6. 나는 내게 안 좋은 행위라면 누군가 권해도 거절한다.

☐ 1점   ☐ 2점   ☐ 3점   ☐ 4점   ☐ 5점

7. 사람들은 내게 자기 관리가 철두철미하다고 말한다.

☐ 1점　☐ 2점　☐ 3점　☐ 4점　☐ 5점

8. 흥미로운 일에 빠져 해야 할 일을 제때 못 끝내는 경우가 있다.

☐ 1점　☐ 2점　☐ 3점　☐ 4점　☐ 5점

9. 나는 요즘 집중하기 힘들다.

☐ 1점　☐ 2점　☐ 3점　☐ 4점　☐ 5점

10. 나는 장기 목표를 바라보며 현재 주어진 일을 효율적으로 처리할 수 있다.

☐ 1점　☐ 2점　☐ 3점　☐ 4점　☐ 5점

11. 나는 나쁜 일인 줄 알면서도 내 스스로를 통제 못 할 때가 있다.

☐ 1점　☐ 2점　☐ 3점　☐ 4점　☐ 5점

12. 나는 충분히 대안을 검토하지 않고 실행에 옮기는 편이다.

☐ 1점　☐ 2점　☐ 3점　☐ 4점　☐ 5점

출처: Maloney, P. W., Grawitch, M. J., & Barber, L. K. (2012). The multi-factor structure of the Brief Self-Control Scale: Discriminant validity of restraint and impulsivity. Journal of Research in Personality, 46(1), 111–115.

문항 1, 6, 7, 10번은 점수 그대로를 활용하고 2, 3, 4, 5, 8, 9, 11, 12번은 6점에서 해당 점수를 뺀 변환 점수를 구한다. 예를 들어, 2번에 4점을 기재했다면 변환 점수는 6-4=2점이다. 46점 이상이면 자기 통제력 수준이 높으며, 35~45점 사이면 보통, 35점 미만이면 자기 통제력 수준이 낮다고 평가된다. 낮은 점수라면 자기 통제력 향상 습관이 지금 당장 필요하다.

화는 ABC 원리에 따라 작동된다

합리적정서행동치료Rational emotive behavior therapy, REBT의 창시자인 심리학자 앨버트 엘리스Albert Ellis는 인간의 분노는 ABC원리로 작동된다고 주장했다. 먼저 CConsequence는 정서적 또는 행동적 결과인 분노 반응이다. AActivation Event는 선행 사건인데, 사람들은 대개 A를 C의 원인으로 생각한다. 그런데 A와 C의 관계를 자세히 들여다보면 다른 요인이 끼어 있음을 알 수 있다. 같은 사건에 모든 사람이 똑같은 반응을 보이는 것은 아니기 때문이다. 예를 들어, 당신이 도로변에서 커피를 들고 당신을 픽업할 차를 기다리고 있는데, 누군가 당신을 밀어 커피를 다 쏟았다고 가정해 보자. 누군가가 당신을 갑자기 미는 행동은 분노를 유발시킬 수 있다. 화가 나 돌아보니, 지팡이를 짚은 어떤 할머니가 균형을 못 잡고 발을 헛디뎌 당신을 민 것이다. 이때도 화를 낼 수 있을까? 누군가 당신을 갑자기 민 행동, 선행 사건[A]은 무조건 분노라는 정서적 결과[C]를 야기하지 않는다. 화가 나는 상황에도 생각을 바꾸는 마음속의 어떤 절차가 개입할 수 있다. 이처럼 주어진 사건에 대해 사람마다 나름의 평가 과정이 개입되는데 이를 B[Belief], 사고 혹은 신념 체계라고 부른다. 결국 A, 즉 어떤 사건이 C라는 분노의 감정 원인인 것은 맞지만 A가 있다고 해서 무조건 분노 반응의 결과로 이어지지는 않는다. 이것이 B라는 평가 체계의 역할이다. 따라서 자신의 사고나 신념 체계[B]에 대해 잘 알고 있을수록 바람직한 감정[C]을 선택할 수 있는 기회도 늘어난다.

[화의 ABC 작동 원리]

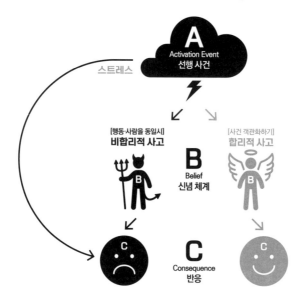

감정^{C}은 크게 적절한 감정과 부적절한 감정으로 나눌 수 있다. 적절한 감정은 우리 인생에서 중요한 목표를 성취할 수 있도록 보탬이 되는 태도를 유발하는 감정이다. 인생을 살며 맞닥뜨리는 장애물에 지나치게 좌절하거나 고통을 느끼지 않고, 보다 합리적이며 행복하고 생산적으로 살아갈 수 있도록 돕는 감정이다. 반면에 부적절한 감정이란 인생에서 바라는 바를 성취하는 데 방해가 되는 감정을 일컫는다. 마찬가지로 B의 사고 체계 역시 합리적 신념과 비합리적 신념으로 나뉘는데, 우리의 신념이 합리적일수록 선행 사건에 바람직하게 대처하게 하는 적절한 감정을 유발할 수 있다. 합리적인 신념을 갖기 위해서는 자신의 사고 습관 점검, 자존감 향상, 자기주장, 정서적 발산, 비합리적 신념에 대한 논박 등의 훈련이 필요하다.

그런데 우리는 비합리적 사고 체계의 핵심만 알아도 화를 통제할 수 있고 화로 인해 야기되는 후회도 막을 수 있다. 그렇다면 비합리적 사고 체계의 핵심은 무엇일까? 바로 사건과 사람을 동일시하는 것이다. 우리가 화를 내는 대부분의 상황은 그 사람이 그 사건을 저질렀기 때문이다. 사건 때문이 아니라 그 사람 때문이라 할 수 있다. 같은 충고를 존경하는 누군가로부터 듣게 된다면 애정 담긴 조언이라 생각하지만, 평소 싫어하던 동료에게 들을 때는 화가 나는 법이다. 이처럼 말이나 행동을 사람과 구분하지 못하는 것이 비합리적 사고 체계의 핵심이다. 비합리적 사고 체계가 작동되면 분명 같은 말임에도 좋은 뜻으로 들리기도 하고 전혀 다른 비난의 의도로 받아들일 수도 있다.

해결안은 의외로 쉽다. 말이나 행동을 있는 그대로 인식하면 된다. '나를 비난하는구나.'가 아니라 '나에게 이러이러한 말을 하는구나.' 하고 객관화만 해도 부정적 감정을 어느 정도 통제할 수 있다. 집에서 아이가 숙제는 안 하고 유튜브만 보고 있다면 아이에게 언성을 높이기 전에 "너는 숙제를 안 하고 유튜브를 보고 있구나."라고 말하는 것이다. 물론 이런 말을 하면서 비아냥거린다면 이미 동일시한 것이나 다름없다.

핵심은 객관적으로 묘사하는 습관만으로도 비합리적 신념 체계에 관한 통제가 가능하다는 것이다. 그런데 문제는 B의 사고 체계를 작동시키기 전에 A가 이미 C를 유발해 버린다는 데 있다. 안타깝게도 사고 체계인 B가 개입할 여지는 없다. 이미 화를 내 버렸기 때문이다. 그렇다면, 적절히 B를 작동시키지 못한 이유는 무엇이었을까?

B가 개입되려면 스트레스를 관리해야 한다

금주를 결심한 사람이 아침에 출근하자마자 술을 찾지는 않는다. 퇴근 무렵에 술 한잔하면 좋겠다는 생각이 강하게 드는 이유는 자신이 감당하기 힘든 스트레스가 근무 중에 누적되었기 때문이다. 과도한 스트레스는 비합리적 사고 체계가 들어오기 아주 좋은 조건이다. 우리는 주변에서 회사나 집 밖에서는 좋은 사람이라는 평을 받지만 가정 안에서 의외로 난폭한 사람을 어렵지 않게 찾을 수 있다. 이중인격자나 성격파탄자가 그만큼 많다는 의미가 아니라 인내력이 본래 제한된 자원이기 때문에 그렇다. 아침에 출근할 때 100만큼 인내력을 가지고 있었다면 우리는 그 인내력을 스트레스 상황마다 소모하며 하루를 보낸다. 쳐다보기도 싫은 동료와 회의를 해야 하고, 상사에게 불편한 보고를 올려야 하고, 고객의 터무니없는 요구를 응대하면서 인내력을 소모한다. 그러다가 자원이 바닥나는 순간, 사고가 개입될 여지는 사라진다. 선행 사건 A에서 사고 체계 B를 거치지 않고 바로 분노 반응인 C가 발동된다. 이런 경우엔 심지어 분명 화를 내긴 냈는데 무슨 사건 때문이었는지조차 기억나지 않는다. 퇴근 뒤 술을 마시고 나서 이런 경험을 하는 직장인들이 많다. 그나마 직장에서는 뒷감당이 두려워 함부로 화를 내지 못하지만, 가정에서는 직장에서 고생한 자신에 대한 보상을 받고 싶은 심리 때문에 쉽게 화를 내는 것이다.

결국, 심리적 자원 관리, 즉 스트레스 관리가 비합리적 사고 체계를 막는 최상의 대안이다.

또 하나의 스트레스 관리 방안 중 최상은 운동이다. 운동은 신체적 근육 뿐 아니라 마음의 근육, 심지어 뇌의 기능도 향상시킨다. 스트레스 때문에 우울해진 마음엔 세로토닌이 필요하다. 그래서 대부분의 항우울제는 세로토닌계를 타깃으로 하여 세로토닌 수치를 끌어올리는 원리로 만들어진다. 그런데 몸을 움직이면 세로토닌 뉴런의 발화 빈도가 증가하고 세로토닌 분비가 촉진된다.

화를 다스리기 위한 운동법

신경과학자들은 가만히 앉아만 있는 것은 또 다른 종류의 흡연이라고 말한다. 스트레스 상황에서는 무조건 몸을 움직이는 행동이 필요하다. 어떤 식으로든 몸을 움직이는 것만으로도 세로토닌은 증가한다. 몸을 움직이면서 신경과학자들이 권장하는 아래의 원칙을 지킨다면 운동의 효과는 배가 된다.

❶ 자신에게 중요한 것을 생각하라. 자신의 건강을 위해서 운동을 한다고 생각하든, 자녀와 오래 함께 있고 싶어서 운동한다고 생각하든, 즐거움을 위해서든 자신에게 중요한 무엇인가를 위해서 운동한다고 생각할 때 운동의 효과는 높아진다.

❷ 자발적으로 하라. 미국 휴스턴대학교 심리학과 리 리저$^{Leigh Leasure}$와 연구진은 강요된 운동과 자발적 운동이 뇌와 행동에 다른 영향을 미친다는 사실을 발견했다. 쥐를 대상으로 한 실험에서 자발적 달리기 그룹은 강제 달리기 그룹에 비해 더 많은 뉴런이 생성됐는데, 이는 능동적으로 운동을 하면 더 큰 이득을 얻을 수 있다는 사실을 보여 준다. 누가 시켜서가 아니라 내가 원하는 운동을 하고 싶은 만큼 하는 것이 우리 뇌에 더 효과적이다.

❸ 쪼개서 하라. 운동을 시작하면서 헬스장에 석 달 등록하기를 떠올린다면 큰 의미가 없다. 더 쪼개야 한다. 석 달 동안 일주일에 세 번 가기. 더 쪼개면? 오늘 7시부터 1시간 운동하기. 더 쪼개면? 스트레칭-달리기-웨이트 순서로 운동하기. 더 쪼개면? 운동복으로 갈아입고 헬스장에 들어가서 신발 갈아 신기. 머릿속에서 운동하는 행위가 쪼개져 구체적으로 떠오를수록 운동의 효과는 높아진다.

❹ 보상을 주라. 퇴근하고 어차피 TV를 볼 거고, 야식도 먹을 거고, 스마트폰 게임도, SNS 활동도 할 것이다. 소모적이라고 생각되는 이러한 행동을 지나치게 통제하기보다는 무엇인가에 대한 보상으로 그 일을 하는 편이 낫다. 팔굽혀펴기를 10번 한 뒤에, 가볍게 동네 산책을 마친 뒤에 보상 차원에서 소모적인 행위를 한다면 다음 번엔 그 소모적인 행동의 빈도를 줄일 수 있다. 영국 엑서터대학의 얀세 반 렌즈버그[Janse Van Rensburg] 교수와 연구진은 흡연자들에게 15시간 동안 담배를 피우지 못하게 한 다음, 두 그룹으로 나눠 운동 그룹에겐 10분 정도 자전거 페달을 밟게 하고 대조 그룹은 가만히 있게 했다. 이후 두 그룹에게 담배를 보여 주자 가만히 있었던 사람들의 뇌는 도파민을 원하는 뇌의 부위가 심하게 작동했지만, 운동 그룹의 뇌는 상대적으로 잠잠했다. 운동만으로도 담배로부터 얻을 수 있는 도파민을 획득한 것이다. 운동은 그 자체로 보상이 되기 때문에 운동으로 보상을 받은 뇌는 소모적인 행동을 원하지 않는 뇌로 바뀌게 된다.

❺ 자연 풍경을 즐겨라. 쾌적한 환경 또는 자연 이미지를 보며 운동하면 운동의 이점이 증폭된다. 미국 미시간대학교 심리학과 레이첼 캐플런^{Rachel Kaplan} 교수는 집으로 가는 길 혹은 집에서 보이는 풍경이 정원, 나무, 공원, 강, 연못, 동물 등 자연적인 환경을 경험한 집단과 주차장, 도로, 북적이는 사람들, 건물 같은 인공 환경을 경험한 집단을 비교해 보니 자연 환경 집단은 우울감이 감소하고 활력과 전반적 웰빙이 증가하는 현상을 발견했다. 자연은 그 자체로 치유의 힘이 있다.

무엇인가에 지친 마음은 B의 사고 체계를 적절히 작동하기 어렵게 한다. B의 개입을 활성화시키기 위해 우선 작은 것부터 시작해야 한다. PC의 바탕화면을 내가 가고 싶은 어딘가의 자연 풍경으로 바꾸고 집으로, 가는 길에 조금 돌아가더라도 자연환경을 경험할 수 있는 곳으로 퇴근하고, 타이핑하다가 간혹 손목 돌리기라도 하면서 조금씩 몸을 건강한 방향으로 움직여 보기 바란다. 그러다 보면 상황을 객관적으로 묘사할 수 있는 여유도 생길 것이고 분노의 씨앗도 통제할 수 있을 것이다.

심리학이 제안하는 슬기로운 직장 생활 팁

💡 이동리는 현재 김기주에 대해 비합리적 사고 체계를 갖고 있지는 않은지 스스로 의심해 볼 필요가 있다. 김기주의 의도를 알고 있다고 가정해서는 안 된다. 김기주의 말을 자신에 대한 비난으로만 여기지 말고 말의 내용을 객관화해서 받아들이려는 시도를 하거나, 다른 사람이 같은 말을 했다고 가정한 뒤 다시 말의 내용을 생각해 봐야 한다. 가급적 상황을 객관적으로 묘사하고 논리적으로 대화하는 습관은 직장 생활에서 가장 기본적인 커뮤니케이션 스킬이다.

💡 이동리는 스트레스 때문에 대화에 여유가 없을 수도 있다. 스트레스 관리가 적절해야 비합리적 사고 체계가 나의 사고를 잠식하는 일을 막을 수 있다. 운동을 꾸준히 하되, 앞서 제시한 운동 효과가 높은 방법을 실천하는 행위를 습관화해야 한다.

☑ 요약

☑ 화는 ABC 원리로 작동된다. A(Activation Event)는 선행 사건이고 C(Consequence)는 정서적 또는 행동적 결과인 분노 반응이다. A와 C 중간에 사고나 신념 체계인 B(Belief)가 개입하는데, 사람마다 다른 B로 인해 같은 사건임에도 다른 반응이 야기된다. 말이나 행동을 사람과 구분하지 못하는 것이 비합리적 사고 체계(B)의 핵심이다. 비합리적 사고를 갖게 되면 같은 말을 전혀 다르게 받아들일 수 있다.

☑ 과도한 스트레스는 비합리적 사고 체계가 들어오기 쉬운 조건을 만든다. 따라서 심리적 자원 관리, 즉 스트레스 관리가 비합리적 사고 체계를 막는 최상의 대안이다. 운동은 신체적 근육뿐 아니라 마음의 근육, 심지어 뇌의 기능도 향상시킨다. 스트레스로 인해 우울해진 마음엔 세로토닌이 필요한데, 몸을 움직이면 세로토닌 뉴런의 발화 빈도가 증가하고 세로토닌 분비가 촉진된다.

☑ **화를 다스리기 위한 운동법**

1. 자신에게 중요한 것을 생각하며 운동하라.
2. 내가 원하는 운동을 하고 싶은 만큼 하는 것이 우리 뇌에 더 효과적이다.
3. 머릿속에서 운동하는 행위가 쪼개져 구체적으로 떠오를수록 운동의 효과는 높아진다.
4. 게임이나 SNS 등 소모적이라 생각하는 행위를 통제하기보다는 운동의 보상으로 하는 것이 좋다.
5. 쾌적한 환경 또는 자연의 이미지를 보며 운동하면 운동의 이점이 증폭된다.

3

편견은
바꿀 수 있다

[착각]

한 번 형성된 편견은 바꿀 수 없다?

"이동리 님, 이번 사내 오픈형 채용 공모를 보니 영업팀에 자리가 나서, 그쪽으로 지원할 생각인데 어떻게 생각해? 내 경력 관리를 위해 영업 현장에서 일하는 경험이 중요하다는 것이 첫 번째 이유고, 사실 내가 싱글이잖아. 서울에서 홀로 지내다 보니 생활이 좀 빠듯한데 지방 영업의 경우 사택이 지원되기도 하고 영업 인센티브를 모아서 시드 머니를 만들고 싶기도 하고."

"전두리 님, 내가 입사 동기라 당신을 좀 잘 알지. 커리어를 스페셜리스트로 잡은 게 아니라면, 경력 관리를 고민해 볼 만한 시점이긴 하네. 한 가지 염려되는 점은 전두리 님 성격이 전혀 외향적이지 않은데, 영업을 할 수 있겠어? 영업은 외향적이고 원만한 사람에게 잘 맞는 법인데, 영업 말고 다른 쪽 커리어는 고민해 본 적 없어? 무엇보다 영업은 전쟁터야. 영업 현장에선 매일 험한 말이 오가기도 할 텐데, 마음도 여린 사람이 그런 데서 잘 버틸 수 있겠어?"

[진실]

편견은 바꿀 수 있다!

편견을 버리기에 너무 늦은 때는 없다.

- 헨리 데이비드 소로^{Henry David Thoreau} _

궁 금 해 , 심 리 학

편견은 바뀐다

그야말로 스포테이너^{스포츠 스타+엔터테이너} 전성시대다. 요즘은 은퇴한 스포츠 스타가 출연하는 예능 프로그램이 인기가 좋다. 아주 익숙한 얼굴이지만 그라운드나 코트에서 볼 수 없었던 허술한 모습에서 친근함을 느낀다는 사람이 많다. 평범한 우리와는 다르다고 생각했는데 알고 보니 우리와 별다를 바 없다는 생각이 이들을 호감 가득한 눈길로 보게 만드는 것 같다. 그런데, 우리가 스포테이너에게 호감을 느끼는 심리적 이유는 무엇일까?

우리는 특정 집단에 대한 느낌을 본능적으로 만들어 낸다. 정치인, 교수, 유치원 교사, 일본인, 동성애자, 무속인 등등 우리가 어떤 이름을 붙이든 각각의 집단에 대한 느낌은 자연적으로 생겨난다. 심리학에서는 이러한 느낌을 편견prejudice이라 부르고 그 집단에 관한 구체적인 생각이나 믿음을 고정 관념stereotype이라고 한다. 대개 긍정적 편견을 가진 집단에는 긍정적 고정 관념이 생기고, 부정적 편견을 가진 집단은 부정적 고정 관념을 갖게 된다. 그리고 편견에 의해 형성된 고정 관념은 쉽게 변하지 않는다.

이 글을 읽는 당신도 스포츠 선수에 대한 편견과 고정 관념이 있을 것이다. 학창 시절 운동선수였던 친구들을 떠올려 보자. 어떤 편견과 고정 관념이 떠오르는가? 그리고 지금 TV에서 활동하고 있는 스포츠 선수들과 비교해 보자. 학창 시절 운동부 친구들에 대한 느낌이 현재 TV에 나오는 스포츠 스타에게 느끼는 느낌과 비슷한가? 만약 다르다는 생각이 들었다면 당신의 편견과 고정 관념이 바뀐 것이다. 경험적으로 알고 있는 사실이지만 편견과 그에 따른 고정 관념은 매우 힘이 세다. 그런데 최근 스포테이너 전성시대는 우리의 편견과 고정 관념이 변할 수 있다는 것을 보여 준다. 어떻게 하면 편견이 바뀔 수 있을까?

[직장 속으로]

전두리는 입사 이래 줄곧 마케팅팀에서 일해 왔다. 내향적인 성격이라 사내외 고객들과의 직접적인 만남보다는 데이터 분석 업무를 통해 팀 성과에 기여했다. 전두리는 본인의 성격과 적성이 현 업무와 잘 맞는다고 생각한다. 하지만 4년이 넘는 세월 동안 거의 같은 업무만 반복하다 보니 권태로움을 느끼는 경우가 종종 생긴다. 과연 이 업무가 내 인생에 주는 의미가 무엇인지 고민하게 되는 일이 늘고, 데이터 분석 업무만으로 조직 내에서 성장하는 데는 한계가 있을 것 같다는 불안감이 들기도 한다.

사람은 지루해지면 자극을 의도적으로 찾기 마련이다. 전두리는 데이터 분석 업무에 자신이 있었기에 코인 판에 발을 들였다. 코인 시장은 자극과 혼돈 그 자체였다. 종일 차트만 보고 있어도 지루할 틈이 없었다. 투자금의 5배가 넘는 돈을 벌 때도 있었지만, 무슨 신기루처럼 사라지기 시작하더니 결국은 원금의 반토막만 남았다.

전두리는 이 상황을 분석했다. 첫째, 매너리즘에 빠진 업무 때문에 자극을 찾아 나선 자신의 실수가 가장 큰 패인이었고, 둘째는 작은 시드 머니로 인해 마땅한 투자처를 찾지 못한 점도 실패의 주요 원인이라고 생각했다. 목돈 수준의 돈이 있었더라면 굳이 코인 시장에서 도박처럼 승부를 보지는 않았을 것이다.

전두리는 결론에 이르렀다. 결국, 이 문제를 해결하려면 업무를 바꾸고 시드 머니를 늘릴 수 있는 대안을 찾아야만 한다. 그러던 참에 마침 사내 오픈형 채용 시장이 눈에 띄었다. 영업 직군은 한 번도 상상해 본 적이 없지만, 자신의 문제를 해결해 줄 대안으로서 가치는 분명해 보였다. 치열한 영업 현장에서 일하는 것은 매너리즘을 탈피할 좋은 기회가 될 것이고, 영업 수당으로 주어지는 인센티브와 지방 영업 직군에게 주어지는 사택은 생활비를 아껴 시드 머니를 늘리는 데 도움이 될 것이다.

전두리는 이런 상황을 입사 동기인 이동리에게 얘기한다. 이동리 역시 전두리의 상황을 이해하고 있었기 때문에 이번 기회에 경력 관리를 위해서라도 다른 직군에서 일하는 것은 찬성이다. 그런데, 영업 직군은 전두리에게 적합한 일이 결코 아니라는 생각이 든다. 전두리는 신입 사원 교육 당시 MBTI 테스트에서 I가 만점이 나온 유일한 사람이었다. 이 일을 계기로 동기들은 전두리를 아이라고 불렀다. 마케팅팀에 함께 발령받고 이동리는 팀 내에서 다양한 업무를 거쳤지만, 전두리는 분석 업무 외에 다른 일을 해 본 적이 없다. 그런 전두리가 영업 직군에 지원한다고 하니 이동리는 말리고 싶다. 이동리에게 영업 직군이라고 하면 적극적인 친화력에 열정적인 대인 관계 스킬을 갖춘 사람도 겨우 살아남는 곳이라는 이미지가 각인되어 있다. 또한, 영업은 전쟁터고 정글이다. 경쟁적인 환경에서 다소 험한 말이 오갈 수 있는 근무 분위기일 텐데 과연 전두리가 적응할 수 있을지 걱정이다.

　　　　　　　　　　　2장 좋은 관계를 만드는 심리학

나는 편견을 고치는 데 얼마나 적극적인가?

🔍 **적극적 열린 사고**(Actively Open-Minded Thinking) **검사**

적극적 열린 사고는 편견에 얽매이지 않고 새로운 관점에서 사고하려는 성향을 나타낸다.

적극적 열린 사고 점수가 높은 사람은 변화에 주도적이며 창의적 아이디어를 창출하고 실험적으로 시도한다.

아래 문항들에 1~5점으로 응답해 보자.

* 전혀 그렇지 않다: 1점, 대체로 그렇지 않다: 2점, 보통이다: 3점,
  대체로 그렇다: 4점, 매우 그렇다: 5점

1. **스스로를 반대 의견에 설득될 수 있는 기회에 노출하는 것은 성격적 장점이라고 생각한다.**

   ☐ 1점 　 ☐ 2점 　 ☐ 3점 　 ☐ 4점 　 ☐ 5점

2. **사람들은 자신들의 믿음과 상반된 증거를 고려해야 한다고 생각한다.**

   ☐ 1점 　 ☐ 2점 　 ☐ 3점 　 ☐ 4점 　 ☐ 5점

3. **사람들은 자신들의 신념에 반하는 새로운 정보나 증거를 적극 반영해야 한다고 생각한다.**

   ☐ 1점 　 ☐ 2점 　 ☐ 3점 　 ☐ 4점 　 ☐ 5점

4. **쉽게 생각을 바꾸는 일은 나약한 행위다.**

   ☐ 1점 　 ☐ 2점 　 ☐ 3점 　 ☐ 4점 　 ☐ 5점

5. **직관적 의사 결정이 최고라 생각한다.**

   ☐ 1점 　 ☐ 2점 　 ☐ 3점 　 ☐ 4점 　 ☐ 5점

6. 자신의 믿음에 반하는 증거가 있더라도 굴하지 않고 자기주장을 펼칠 수 있어야 한다.

☐ 1점　　☐ 2점　　☐ 3점　　☐ 4점　　☐ 5점

7. 내가 고수해 온 확고한 신념에 거슬리는 증거는 무시하는 편이 낫다.

☐ 1점　　☐ 2점　　☐ 3점　　☐ 4점　　☐ 5점

출처: Haran, U., Ritov, I., & Mellers, B. A. (2013). The role of actively open-minded thinking in information acquisition, accuracy, and calibration.

[점수 계산]

문항 1, 2, 3번은 점수 그대로를 활용하고 4, 5, 6, 7번은 6점에서 해당 점수를 뺀 변환 점수를 구한다. 예를 들어, 4번에 4점을 기재했다면 변환 점수는 6-4=2점이다. 30점 이상이면 적극적 열린 사고 수준이 높으며, 23~29점 사이면 보통, 22점 미만이면 적극적 열린 사고 수준이 낮다고 평가할 수 있다. 낮은 점수라면 정보를 얻는 원천^{포털 사이트, 뉴스, SNS 등}부터 바꾸거나 확장해 보길 권한다.

편견은 힘이 세다

우리는 편견 없는 세상을 꿈꾼다. 편견은 어떤 대상에 대해 고정 관념을 순식간에 만들어 잘못된 판단을 이끌어 내기 때문이다. 그런데 인간은 편견이 있기 때문에 효율적으로 인생을 살아갈 수 있다. 만일 편견과 고정 관념이 없다면 우리는 사람을 만날 때마다 매번 새로운 판단을 내려야 한다. 매번 새롭게 생각해야 한다면 우리는 제한된 인지적 자원을 정작 필요할 때 쓰지 못한다. 그러다 보면 위험에 대한 판단도 적절하지 못할 수 있다. 맹수나 독사에 대한 고정 관념이 본능적으로 들기 때문에 인간은 생존을 유지할 수 있었다. 그런 까닭에 정확한 고정 관념을 활용하는 것은 매우 효율적이다. 잘 정리된 편의점이나 마트의 각 코너를 생각하면 된다. 우리는 시원한 음료수를 마시기 위해 채소 코너로 달려가지 않는다. 목이 마를 때 우리는 냉장고가 있는 쪽으로 바로 향한다. 이처럼 고정 관념은 우리의 생각을 줄여 효율적으로 행동하게 만든다. 모든 편견이 문제가 아니라 잘못된 편견이 나쁜 것이라 할 수 있다. 문제는 편견이 본능적이기 때문에 편견으로 형성된 잘못된 고정 관념을 바꾸기 쉽지 않다는 데 있다.

간단한 실험을 해 보자. 아래의 단어들을 하나씩 차례로 보고 답을 적어 보자. 각각의 단어가 남자 또는 직업과 관련된 단어라고 생각한다면 1번을, 여자 또는 가정과 관련된 단어라면 2번이라고 해당 단어 옆에 가급적 빨리 써 보자.

강호동 __번	**세탁물** __번	**기업가** __번
박찬호 __번	**냉장고** __번	**아이유** __번
자매 __번	**목수** __번	**자본가** __번
집안일 __번	**집** __번	**회사** __번

크게 어렵지 않았을 것이다. 다시 비슷한 과제를 진행해 보자. 이번엔 남자 또는 가정과 관련된 단어라면 1번을, 여자 또는 직업과 관련된 단어라면 2번을, 역시 빠르게 쓰면 된다. 이전 과제와 바뀐 점을 잘 확인해야 한다. 남자 또는 가정이 1번, 여자 또는 직업이 2번이다.

　　　　　　　　　　　　　2장 좋은 관계를 만드는 심리학

아기 ___번	김연경 ___번	상인 ___번
고용 ___번	존 ___번	회계사 ___번
메리 ___번	가사 ___번	조부모 ___번
사무실 ___번	사촌 ___번	집 ___번

이번엔 어땠나? 사람들 대부분은 처음 과제에 비해 이번 과제에서 상대적으로 실수도 많이 하고 시간도 오래 쓴다. 이처럼 한번 형성된 고정 관념을 바꾸기는 쉽지 않다. 분노나 불안 같은 각성이 높은 부정적 감정 상태에서나 시간의 압박 등으로 인지적으로 부담스러운 환경에서는 고정 관념에 더 의존하게 된다. 따라서 당신이 화가 난 상태에서 상대에 대한 고정 관념을 바꾸는 일은 거의 불가능하다. 이런 이유 때문에 못된 정치인들은 지역감정을 항상 분노라는 정서와 연결시키기도 한다. 항상 패턴이 있다. 유권자들을 일단 분노하게 만들고 지역감정을 들먹인다. 우리나라 사람들이 일본에 갖는 편견은 독도 문제가 불거지는 시점에는 결코 바꿀 수 없다. 당신이 면접관인데 지원자 10명을 단 15분 만에 검토해야 한다면 그 사람들을 이해하는 데 사용할 수 있는 인지적 자원이 줄어들기 때문에 고정 관념이 더 강해진다. 시간이 촉박한 상황에서 면접관은 질문 몇 개로 사람을 파악했다고 자만하기 쉽다.

편견을 바꾸는 방법

우리가 어떤 대상에 대해 편견을 갖는 가장 큰 이유는 그 대상을 잘 모르기 때문이다. 그래서 단순한 접촉만으로도 편견을 줄일수 있는 여지가 생긴다. 편견은 기본적으로 내가 속한 집단과 대상이 속한 집단이 다르다고 생각하기 때문에 생기는데, 잦은 접촉은그 대상이 나와 크게 다르지 않다는 사실을 느낄 수 있는 기회를제공한다. 이때 대상을 연상하면 떠오르는 익숙한 장소가 아니라다른 곳에서 접촉한다면 효과는 더 커진다. 스포츠 선수를 경기장이 아닌 다른 곳에서 자주 보는 행위만으로 편견이 줄어들 수 있다는 뜻이다. 어떤 대상에 대해 고정 관념이 있다면 그 사람 하면 딱떠오르는 익숙한 장소가 아니라 다른 곳에서 접촉하는 빈도를 높여야 한다. 회사 임원들을 임원실에서 자주 보면서 임원에 대한 고정 관념을 바꾸는 일은 거의 불가능하다.

무엇보다 접촉은 개인 차원에서 일어날 때 더욱 효과적이다. 9·11사태 이후 미국인들의 이슬람교인에 대한 부정적 편견이 심해졌다.그런데 갤럽Gallup의 조사에는 이슬람교인과 개인적 친분이 있는 미국 10대 청소년들은 대부분의 이슬람교인이 평화를 원하며 다른종교인을 존중한다는 사실을 믿는다고 나온다. 집단과 집단의 만남으로 편견을 줄이는 일은 쉽지 않다. 축구 한일전과 같은 스포츠 경기를 통해 양국의 친선을 도모한다고 하지만 경기 이후 반감은 더 높아지기만 한다. 개인적 차원에서 접촉 빈도가 높을 때만 편견을 줄일 수 있다. 한국과 일본이 서로에 대한 편견을 줄이려는 시도를 정치인이나 행정 관료를 통해 한다면 편견이 줄어들 가능성은 낮다. 오히려 민간 차원에서 개인적 교류를 높이는 일이 더 효과적이고 효율적이다. 나는 행정 관료들이 맺은 우리나라 도시와 일본 도시 간의 자매결연은 예산만 낭비하겠지만 BTS ARMY들이 나서서 BTS를 매개로 교류의 빈도를 높인다면 양국은 훨씬 더 가까워질 수 있다고 생각한다.

편견을 줄이는 또 다른 방법은 편견으로 얻을 수 있는 목표를 다른 방식으로 충족시키는 것이다. 우리는 자기 평가를 높이려는 목적으로 다른 집단에 대해 편견을 갖는다. 어떤 대상에 대해 깎아내리는 생각이나 표현을 한다면 그 집단 사람들을 깎아내리는 것 자체가 목표가 아니라 이를 통해 상대적으로 자신을 높이고자 하기 때문이다. 그렇다면, 내 스스로를 높게 평가하는 것만으로 편견을 줄일 수 있을까?

캐나다 워털루대학교의 스티븐 스펜서^{Steven Spencer} 교수 등은 사람들이 자신에 대해 좋게 생각하는 것만으로도 상대를 깎아내리려는 경향이 낮아진다는 사실을 발견했다. 이들이 했던 실험을 이해를 돕기 위해 조금 수정해서 설명한다. 당신은 구직자를 평가하는 면접관이다. 그리고 여러분 앞에는 구직자 두 명이 있다. 두 명의 국적은 모두 한국인이다. 한 명은 미국에서 유년기와 학창 시절을 보냈고 또 다른 한 명은 캄보디아에서 유년기와 학창 시절을 보냈다. 여러분은 편견 없이 이들을 평가해야 한다.

이 실험에서 두 사람의 이력서 내용은 큰 차이가 없었고 사전에 편견 없이 평가를 해 달라는 요청을 받았음에도 불구하고 실험에 참가한 사람들은 캄보디아 출신 구직자에게 상대적으로 덜 호의적인 평가를 했다. 그런데 실험에 참가한 사람들 중 일부에게 구직자들을 평가하기 전에 자기 자신이 면접관으로 적합한 장점을 쓰게 하자 드라마틱한 반전이 일어났다. 스스로에 대해 긍정적인 평가가 이뤄진 상태에서는 다른 대상에 대해 부정적 편견과 고정 관념이 줄어든 것이다.

스포츠 스타가 친숙해진 이유는 그들이 TV에서 왕년의 영광과 위엄을 강조하는 것이 아니라 스스로 망가지는 모습을 보이는 것을 두려워하지 않기 때문이다. 우리는 우리보다 잘난 사람을 만나면 자신에 대해 긍정적인 평가를 하기 어렵지만 나와 비슷한 사람을 보면 자신에 대해 긍정적인 느낌을 갖게 된다. 스포테이너들은 이 원리를 잘 활용했다고 볼 수 있다.

마지막으로 사회가 공정할수록 사람들은 더 관대해지고 편견을 덜 형성한다. 조직 내 서로 다른 부서원에 대해 부정적 편견이 만연한 조직이라면 능력과 노력에 따라 보상받는 구조가 아닐 가능성이 높다. 마땅히 보상받을 사람이 보상을 받고, 승진해야 할 사람이 승진을 하는 공정한 제도에서 편견이 있을 자리는 없다. 공정하지 못한 사회 시스템으로 운영되는 국가는 외부에 대한 편견이 매우 강하다. 당신이 어떤 여행지에서 그곳의 사람들에 대해 외부 사람에게 관대하다는 인상을 받았다면 공정한 시스템을 갖춘 나라나 지역일 가능성이 높다. 스포츠 스타에 대해 편견이 없어진 이유 중 하나는 그 사람들이 그만큼 노력을 했고 인기를 얻을 만한 자격이 있다고 우리가 믿기 때문이다.

부정적 편견이 없는 조직을 위해서

편견을 없애기 위해서는 호기심이 필요하다. 편견의 상당 부분은 무지에서 나오는데 대상에 관한 호기심을 갖는 것만으로도 편견을 줄일 수 있다. 호기심은 강한 부정 정서에서 유발되지 않는다. 스포츠 스타가 TV에 나올 때, 그 장면을 보면서 우리는 즐거워 한다. 그리고 왜 이 사람이 이런 프로그램에 나왔는지 자연스럽게 호기심이 생긴다. 조직 내 다른 구성원에게 호기심이 생기지 않는다면 여유가 없고 즐겁지 않기 때문이다. 잠시라도 여유를 챙기고 상대에 대해 생각해 보길 바란다. 나와 상대가 서로 익숙하지 않은 공간에서 만난다면 더 효과적이다. 집단과 집단의 만남보다는 개인적 접촉을 통해 나와 상대에 대해 긍정적인 생각을 품는 것도 기억하길 바란다. 무엇보다 편견 없는 공정한 조직을 만들기 위해 구성원 각자가 노력해야 한다는 사실이 중요하다. 공정한 사회나 조직은 거저 얻어지지 않기 때문이다.

💡 이동리는 영업 직군에 대한 편견을 가지고 있다. 더군다나 이동리의 편견에는 아무런 과학적 근거가 없다. 예를 들어, 외향형이 영업직에 어울린다는 생각인데 적성에 맞다면 성과가 좋아야 한다. 그러나 외향형이 내향형보다 영업직에서 성과가 좋다는 증거는 없다. 그렇다고 내향형이 영업직에 더 잘 맞는다는 이야기가 아니다. 외향과 내향의 중간인 양향적 성격의 사람들이 영업직에 성과가 좋다는 연구 결과도 있다. 단순히 생각해 보자. 모든 고객이 외향형의 영업 방식을 선호할 리가 없다. 누군가는 내향형을 다른 누군가는 외향형을 선호할 것이다. 그런 까닭에 양향적 성격의 사람들이 영업에 탁월할 수 있다. 따라서 이동리는 영업 직군에 관한 편견을 깰 필요가 있다.

💡 편견을 깨기 위해 먼저 영업 사원들을 개별적으로 자주 만날 필요가 있다. 마케팅 전략이 효과적인지 피드백을 얻기 위해서라도 영업 직군과 하는 미팅은 필요하다.
이때, 영업사무소나 대리점에서 만나기보다는 다른 장소에서 만나서 대화를 나누길 권한다. 호기심을 가지고 질문을 던지고 여유 있고 즐거운 태도로 대화를 이어 가길 바란다.

💡 이동리는 현재 업무 스트레스와 팀 내 관계 갈등 때문에 스스로에 대한 자긍심이 낮은 상태여서 다른 직군이나 팀원을 깎아내리는 부적절한 방식을 취하고 있음을 깨달아야 한다. 타인을 깎아내림으로써 자신의 자긍심을 유지하려는 시도를 멈추고, 자신만의 강점과 장점에 대해 성찰할 필요가 있다. 편견은 자기 자신에 대해 긍정적인 태도를 가질 때, 비로소 멈출 수 있다.

☑ 요약

☑ 한번 형성된 고정 관념이나 편견은 바꾸기가 쉽지 않다. 사람들은 분노나 불안 같은 각성이 높은 부정적 감정 상태에서나 시간의 압박 등으로 인지적으로 부담스러운 환경에서 고정 관념에 크게 의존한다.

☑ 편견은 대상에 관해 제대로 모르기 때문에 생기는데, 잦은 접촉만 해도 편견을 바꿀 수 있는 계기가 생긴다. 이때 대상을 연상하면 떠오르는 익숙한 장소가 아니라 다른 곳에서 접촉해야 효과를 볼 수 있다. 또한, 접촉은 집단 차원이 아니라 개인 간의 만남일 때 효과적이다.

☑ 사람들은 편견을 통해 다른 집단을 깎아내리고 자신을 높이려 하기 때문에 자신에 대해 좋게 평가하는 것만으로도 편견을 줄일 수 있다. 스스로에 대해 긍정적이어야 편견이 줄어든다. 또한, 사회가 공정할수록 사람들은 더 관대해지고 편견을 덜 형성한다.

☑ **부정적 편견이 없는 조직을 위해**

1. 상대에 대한 호기심을 갖고 질문을 시도하자.
2. 편견이 있는 상대를 만나기 전에 자신의 마음 상태를 점검하라. 여유가 있고 즐거운 상태에서 대화를 해야 편견이 줄어든다.
3. 집단 간의 만남보다는 개인 간의 직접적 만남이 효과적이라는 사실을 기억하라.
4. 공정한 조직을 만들기 위해 적극적으로 개입하여 조직 시스템을 개선해야 장기적으로 편견이 사라질 수 있다.

눈치의
심리학

[착각]

요즘 신입들은 눈치가 없다?

"이번에 들어온 신입 사원은 좀 어때? 일 잘해? 신입 받는다고 좋아
했었잖아?"

　"일을 잘하는지는 두고 봐야 하지만 기본적으로 이 친구는 조직
생활을 하기엔 눈치가 없는 것 같아. 요즘 젊은 아이들이 다 그런
가? 상사 눈치, 조직 분위기 이런 걸 전혀 살필 줄 몰라. 퇴근 시간
이 됐어도 상사가 일하고 있으면 적당히 10분이라도 더 앉아 있다
퇴근해야지. 이런 것까지 말하자니 잔소리 같아 애매하고, 그냥 보
고 있자니 답답하고. 사람이 최소한의 눈치라는 게 있어야지. 이 친
구하고 잘 지낼 수 있을지가 걱정이야."

대한민국 직장인의 97.6%는 직장에서 상사나 후배의 눈치를 살핀다!

취업포털 잡코리아가 남녀 직장인 1,255명을 대상으로 조사한 결과 직장인 중 97.6%가 '직장에서 상사나 후배의 눈치를 살폈던 적이 있다.'고 답했다고 발표했다. 눈치가 가장 많이 보이는 순간으로는 응답자의 절반 이상인 52%가 '퇴근 시간이 지났는데 아무도 일어나지 않을 때'를 꼽았다(매일경제, 2016.07.).

궁 금 해 , 심 리 학

적당한 눈치가 원만한 관계를 만든다

당신은 평소 눈치를 많이 보고 사는 편인가? 직장에서 소신껏 자신의 의견을 말하는 편인가, 아니면 눈치를 살피고 에둘러 표현하거나 입을 닫는 편인가? 상대적인 차이는 있지만 누구에게나 눈치는 있다. 눈치라는 심리적 기제가 있어야 원만한 인간관계를 유지할 수 있기 때문이다. 그래서 '눈치 없다'보다는 '눈치 빠르다'라는 표현을 우리가 더 선호하는 것이다. 적당한 눈치는 인간관계에서 필수다. '눈치가 있다'는 것은 상황에 맞춰 자신의 감정이나 표정을 조절할 수 있다는 뜻이다. 적당한 눈치가 있어야 다른 사람의 감정 표현에 반응하고 상대의 요구를 비교적 정확히 읽어 자신을 표현할 수 있다. 그래서 눈치 있는 사람들이 사회성이 뛰어나거나 성격이 좋다는 평을 듣는 것이다.

반면에 눈치가 없어 타인의 기대보다는 자신이 원하는 것이나 감정을 지나치게 우선시하면 관계에 문제를 일으킬 수 있다. 세상을 살면서 눈치는 필요하다. 문제는 항상 과유불급, 즉 지나치게 눈치를 많이 보기 때문에 말썽이 생긴다. '눈치를 많이 본다.'는 '눈치 빠르다.'의 눈치처럼 센스가 있고 상황 인식과 판단이 빠르다는 의미가 아니다. '눈치를 많이 본다.'고 할 때 눈치는 주변의 기색을 살피느라 소극적으로 생각하고 행동한다는 의미로 바뀐다. 실제 직장에서 눈치를 지나치게 많이 보면서 주변에 신경을 쓰다 보면 자존감이 떨어지고 업무 효율성이 저하되고 심지어 창의성에도 부정적인 영향을 미친다. 눈치는 너무 없어도 안 되고 너무 지나쳐서도 안 된다. 그렇다면 적당히 눈치 있게 살려면 어떻게 해야 할까?

[직장 속으로]

민성원은 올해 신입 사원이자 마케팅팀 막내다. 대학에서는 경영학과 교육학을 복수 전공했다. 교사가 꿈이어서 교직까지 이수했으나, 대학을 졸업할 즈음에 진로를 바꿔 입사하게 되었다. 부서 배치를 받을 당시엔 자신의 꿈이었던 교사와 유사하다고 생각되는 교육훈련부서[HRD]를 1지망으로 마케팅을 2지망으로 희망했는데, 1지망에 더 적합한 인재가 있었던 것인지 마케팅팀에서 커리어를 시작하게 되었다. 대학 시절에 전공 소학회 모임의 리더를 맡을 때도, 교생 실습 때도, 신입 사원 교육 때도 민성원은 자신이 리더로서 역할을 잘 수행했다고 자부하고 있다. 민성원은 이러한 자신의 경험을 통해 누가 먼저 지시하지 않아도 솔선수범하여 주변을 살펴 문제를 적극적으로 해결하는 습관이 형성되었다고 믿고 있었다.

그런데, 부서 배치를 받고부터는 주도적인 모습보다는 눈치만 살피는 자신의 모습을 보게 되었다. 마치, 입대 초기 이등병의 모습으로 되돌아간 듯한 착각이 들었다. 팀장이나 팀의 선임들은 팀의 분위기를 익히라는 뜻으로 특별한 업무 지시 없이 간혹 업무 보조 정도의 역할만 요구하고 있다. 민성원은 출근해서 뭘 어떻게 해야 할지 모르는 상태에서 지시를 기다리며 종일 시간을 보내고 있는 중이다. 그런데, 민성원에겐 이렇게 하는 일 없이 앉아 있는 것이 더 스트레스다. 뭘 알아야 적극적으로 물어보고 허드렛일이라도 할텐데 다들 바쁜 모습이라 끼어들 여지가 없다. 부서 배치 뒤엔 긴장이 많이 돼 밤에 잠도 깊이 들지 못한다. 온종일 눈치만 살피다 퇴근하니 피로는 쌓이는데 수면이 부족하니 그야말로 미칠 노릇이다. 체력이 있어야 버틸 수 있는데, 오늘은 퇴근하고 푹 잘 수 있을지 고민하다 보니 시계만 계속 쳐다보게 된다.

팀원들이 보는 민성원은 민성원의 입장과는 전혀 다르다. 신입인 주제에 하는 일도 없이 사무실에서 꾸벅꾸벅 졸기 일쑤다. 부서 회의를 마치고 회의실 정리 정돈은 알아서 할 수 있는데도 지시하기 전까진 스스로 움직이는 법이 없다. 퇴근 시간이 가까워지면 시계는 또 왜 그리 자주 보는지 그저 칼퇴근 외엔 다른 생각이 없는 친구 같다. 고참 사원들도 요즘 신입들이 회식이나 야근을 기피한다는 사실을 너무 잘 알고 있다. 퇴근 뒤에 함께 식사라도 하면서 직장 생활에 관한 조언을 들려주고 싶지만, 신입이 좋아하지 않을 게 뻔하니 알아서 눈치 있게 잘할 때까지 기다리는 수밖에 없다. 고참 사원은 고참 사원대로 신입의 눈치를 보고, 신입 사원은 신입 사원대로 눈치를 보는 게 마케팅팀의 일상이다.

나는 눈치를 보는 성격일까?

🔍 **셀프 모니터링**(Self-Monitoring) **검사**

눈치를 본다는 의미는 행동을 할 때, 상황의 영향을 크게 받는다는 의미다. 상황의 영향을 크게 받는 사람은 자신을 표현할 때도 남들 눈에 쉽게 띄는 사회 지위, 역할, 신체 특징에 관해 나열하는 반면에 상황의 영향을 크게 받지 않는 사람은 자신의 가치, 취향, 성격 특성에 관해 말할 가능성이 높다. 다음의 여러 상황에 대한 반응 중 자신에게 가깝다고 생각하면 T, 자신의 모습과 거리가 멀다고 생각되면 F라고 표시하라. 최대한 솔직하게 응답하면 된다.

1. **다른 사람의 행동을 흉내 내기 어렵다.**
   ☐ T   ☐ F
2. **모임에서 다른 사람이 좋아할 만한 행동이나 말을 하려고 노력하지 않는다.**
   ☐ T   ☐ F
3. **이미 확실히 믿고 있는 주제에 대해서만 논쟁할 수 있다.**
   ☐ T   ☐ F
4. **정보가 거의 없는 주제에 대해서도 즉석에서 의견을 낼 수 있다.**
   ☐ T   ☐ F
5. **사람들에게 좋은 인상을 남기거나 그들을 즐겁게 하기 위해 나를 꾸미는 것 같다.**
   ☐ T   ☐ F

6. 내가 연기를 하면 분명 잘할 것이다.
   ☐ T   ☐ F

7. 사람들이 많이 모이는 자리에서 주목을 끄는 일은 거의 없다.
   ☐ T   ☐ F

8. 주위 상황이나 사람에 따라 아주 다른 사람처럼 행동할 때가 있다.
   ☐ T   ☐ F

9. 사람들이 나를 좋아하게 만드는 재주가 없다.
   ☐ T   ☐ F

10. 겉보기와는 다른 사람일 때도 있다.
    ☐ T   ☐ F

11. 사람들을 즐겁게 하거나 그들의 호의를 얻으려고 내 의견이나 행동
    방식을 바꾸지 않을 것이다.
    ☐ T   ☐ F

12. 나는 사람들을 즐겁게 하는 재능이 있다고 생각한 적이 있다.
    ☐ T   ☐ F

13. 몸짓으로 설명하기 또는 즉석 연기 같은 게임은 정말 힘들다.
    ☐ T   ☐ F

14. 주위 사람이나 상황에 따라 내 행동을 맞추기가 힘들다.
    ☐ T   ☐ F

15. 모임에서 다른 사람이 이야기할 때, 좀처럼 중간에 자르지 않는다.
    ☐ T   ☐ F

16. 사람들 틈에 있으면 어색해서 당연히 가야 할 자리에 가지 않는 때
    도 있다.
    ☐ T   ☐ F

17. 누구든 눈을 똑바로 쳐다볼 수 있고, (좋은 의도라면) 태연히 거짓말을 할 수 있다.

　□ T　　□ F

18. 상대가 정말 싫어도 상냥하게 대하면서 분위기를 맞출 수 있다.

　□ T　　□ F

출처: Snyder, M., & Gangestad, S. (1986). On the nature of self-monitoring: matters of assessment, matters of validity. Journal of personality and social psychology, 51(1), 125.

• 문항에 적은 T와 F가 아래와 일치하는 개수를 세어 보자.

1. F   2. F   3. F   4. T   5. T   6. T   7. F   8. T   9. F   10. T

11. F   12. T   13. F   14. F   15. F   16. F   17. T   18. T

진단 결과, 13점 이상은 HSM^{High Self-Monitoring} 성격, 7점 이하는 LSM^{Low Self-Monitoring} 성격, 8점에서 12점 사이는 보통에 해당된다고 해석할 수 있다. 공적 자기 인식 수준이 높은 HSM은 자기 외부의 사회적 신호에 민감하고 상황에 맞춰 행동하려 하지만 사적 자기 인식 수준이 높은 LSM은 자신이 처한 상황보다는 내면의 상태에서 오는 신호에 더 민감하기 때문에 상황 변화에 빠르게 반응하지 않는다. 따라서, 평소 주변 시선에 민감해 눈치를 살피고 눈치 빠르게 행동하는 사람은 HSM에 해당하고, 타인의 시선보다 자신의 목표에 따라 행동해 눈치 없다는 표현을 듣기 쉬운 사람들이 LSM이다. HSM과 LSM은 타고난 측면도 있지만, 상황에 따라 바뀌기도 한다.

나는 눈치를 보는 사람인가?

앞서 살펴본 진단보다 더 간단한 셀프 모니터링^{Self-Monitoring} 테스트가 있다. 단 1초면 확인할 수 있기 때문에 큰 의미를 부여하지 않는 범위에서 주변 동료나 지인과 재미 삼아 함께하는 것도 괜찮다. 편안히 고개를 들고 심호흡을 한번 크게 해 보자. 이제 당신의 이마에 평소 쓰는 손의 검지를 올린 뒤, 알파벳 대문자 E를 써 보라. 어떻게 썼는가? 이때, 자신이 보기 좋게 E를 쓰는 사람도 있고, 남이 보기 좋게 E를 쓰는 사람도 있다.

E를 타인이 읽기 쉽게 쓴 사람을 공적 자기의식이 높은 HSM^High Self-Monitoring; 높은 셀프 모니터링 성격이라고 한다. 이런 사람들은 주변의 시선에 민감하고 상황에 휩쓸리기 쉽고 다른 사람이 나를 어떻게 보는지, 조직 내에서 자신의 행동이 조직 문화나 상사의 기대에 부합하는지에 관심이 많다. 이들은 원만한 인간관계를 유지하려고 애쓰기 때문에 갈등 상황에서 양보하고 타협하는 경향을 보인다. 반대로 자신이 보는 방향에 맞게 E를 쓴 사람은 사적 자기의식이 높은 LSM^Low Self-Monitoring; 낮은 셀프 모니터링 인 성격일 가능성이 높다. 이 사람들은 주변의 기대보다 자신의 목표와 가치에 따라 행동한다. 이 때문에 책임감이 높지만 경우에 따라서는 타인을 충분히 배려하지 않고

2장 좋은 관계를 만드는 심리학

일방적으로 밀어붙이는 성향도 있다. 조직의 리더에게서 잘 나타나는 성격이다.

조직의 리더와 같이 권력이 생기면 사적 자기의식이 강해진다는 흥미로운 실험을 진행한 심리학자가 있다. 미국 컬럼비아대학교 경영대학장인 아담 갈린스키$^{Adam\ Galinsky}$ 교수는 실험 참가자들을 두 그룹으로 나눠 한 그룹에는 자신이 명령했던 경험을 떠올리게 하고 다른 그룹에는 명령을 받았던 기억을 떠올리게 했다. 명령을 했던 기억을 떠올린 고권력자 그룹의 33%는 자신이 보기 쉬운 방향으로 알파벳 E를 쓴 반면, 저권력자 그룹은 12% 정도만이 자신이 편한 방향으로 E를 썼다. 고권력자 그룹에서의 LSM$^{Low\ Self-Monitoring}$, 즉 사적 자기의식 비중은 저권력자 그룹에 비해 3배 정도 높았다. 눈치를 보는 것은 타고난 성격적 요인도 있지만, 권력을 떠올리기만 해도 남의 눈치를 덜 보게 된다는 통찰력을 보여 준 연구라 할 수 있다.

실제로 HSM이나 LSM은 타고난 성격적 요인이기도 하지만 이는 상황에 따라 바뀌기도 한다. 눈치를 많이 보는 상황이 있다는 의미다. 구직 면접이나 첫 번째 데이트를 하는 장면, 장례식장에서 예의를 표한다거나 중요한 프레젠테이션을 해야 하는 상황 등은 HSM이 높아지는 상황인 반면, 혼자 여행을 가거나 친한 친구와 대화를 하거나 TV를 보면서 집에 있을 때는 눈치를 볼 필요가 없는 형편이며 이때는 LSM이 드러난다.

적당히 눈치 있게 살아야 한다

눈치가 상황에 따라 특히 권력에 따라 다르게 나타난다는 사실은 평소 눈치만 살피던 사람에게 작은 권력이라도 생기면 안하무인격으로 무자비한 반응을 보일 수 있다는 의미이기도 하다. 예를 들어, 운전할 때 운전자는 작은 권력감을 느끼게 마련이다. 원하는 방향과 속도로 권력을 행사할 수 있는 상황이다. 이때 누군가 끼어들기를 하거나 자신이 원하는 흐름대로 운전하는 것을 방해할 경우에 분노 조절이 어려운 사람들이 있다. 평소에는 그렇지 않은데 운전대만 잡으면 돌변한다면 평소 낮은 권력 상황에 처하다가 운전이 주는 작은 권력에 심취했을 가능성이 높다. 자신이 선택할 수 있는 일이 없고 눈치만 보던 사람에게 작은 권력의 힘은 더욱 도드라지게 나타날 수 있기 때문이다. 문제는 그렇게 분노를 표출한 뒤에 다시 스스로에게 부끄러움을 느낀다는 데 있다. 자신의 분노 반응에 자괴감이 들었지만, 다음번 똑같은 상황에서 같은 방식으로 행동한다. 자신도 모르게 자동화된 습관이 되었기 때문이다. 이처럼 눈치는 삶의 다양한 영역에 영향을 미치고 있어서 눈치를 지나치게 봐도 문제고 눈치가 너무 없어도 문제다. 그러므로 적당한 눈치, 즉 타인과 원만한 관계를 유지하면서 자기주장을 펼치는 것은 자존감을 유지시켜 행복감을 높일 뿐만 아니라 삶의 전반적인 장면과 신체 건강을 위해서도 매우 중요하다.

적당히 눈치 있게 산다는 말은 '적당한 범위'가 있다는 의미다. 심리학에서는 이러한 범위를 수용 가능한 행동$^{acceptable\ behavior}$이라고 한다. 수용 가능한 행동 범위 내에서 하는 행동은 눈치 있게 여겨져 타인과의 관계를 좋게 만들고 자존감과 행복감을 높이지만 범위 밖의 행동은 타인에게 거절당하거나 나쁜 평판을 얻기도 하고 심하면 집단에서 따돌림을 당할 수 있다. 업무 시간에 잠깐 졸았다 하더라도 밤샘 작업을 하고 피곤했기 때문이라고 주변에서 이해하면 수용 가능한 행동이 되지만, 주변에서 그런 상황을 모른다면 수용 가능한 행동 밖의 행위가 되는 것이다.

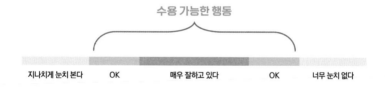

조직 내에서 수용 가능한 범위 내의 행동은 자신의 성과만이 아니라 조직의 성과를 높이고 팀워크를 증진시킨다. 그런데 수용 가능한 행동의 범위에서 가장 중요한 점은 이 범위가 고정적이지 않고 유동적이라는 것이다. 상황이나 대상에 따라서 늘어나기도 하고 줄어들기도 한다. 일반적으로 조직의 리더는 팔로워에 비해 수용 가능한 행동의 범위가 넓다. 그래서 같은 행동이라도 자신보다 윗사람이 하면 우리는 대개 수용하지만, 아랫사람이 똑같은 행동을 한다면 눈치 없는 행동으로 받아들인다. 그러므로 조직 내에서 자신의 수용 가능한 행동 범위가 지나치게 좁으면 업무를 수행하는 과정에서 재량권도 없고 성과도 떨어지게 된다. 게다가 지나치게 눈치를 보거나 눈치 없는 사람으로 찍히기 쉽다. 따라서 이 범위를 넓히는 것이 적당히 눈치 있게 사는 일의 핵심이라 할 수 있다.

수용 가능한 행동의 범위를 넓히려면

수용 가능한 행동 범위를 넓히려면 먼저 자신의 의견을 주장하는 연습이 필요하다. 자기주장 연습에 관해서는 I-Message 기법 '나'를 주어로 하여 상대의 행동을 비난하지 않고 자신의 감정을 전달하는 대화법이 도움될 수 있지만, 근본적으로는 자신이 아닌 타인을 대변하는 주장일 때 수용 가능한 행동 범위가 넓어진다는 사실을 기억해야 한다. 타인을 대변하는 행위를 엄마 곰 효과 The Mama Bear effect라고 하는데, 아기를 돌보는 엄마 곰처럼 다른 사람을 위해 말이나 행동을 할 때 우리는 자신의 진정한 모습을 발견하기 쉽다. 자신의 입장만을 주장하기 위해 I-Message를 활용하는 것보다 타인의 입장을 대변하기 위한 행동을 취해 수용 가능한 행동 범위를 넓히고, 이후 자신의 주장을 I-Message로 전달하는 것이 효과적이다.

두 번째는 선택권을 넓히는 연습이다. 일 처리하는 방식이 마음에 들지 않는다고 해서 노골적으로 지적만 하고 다니는 눈치 없는 사람이 되기보다는 A 방식과 B 방식을 제시한 뒤, 어느 쪽이 좋을 지를 선택하게 하는 편이 효과적이다. 노련한 영업 사원은 한 가지 제품만을 제안하지 않는다. 여러 옵션을 두고 선택하게 한다. 앞서 알파벳 E 테스트에서 소개한 갈린스키 교수는 자신의 또 다른 연 구에서 넓은 선택권의 효과를 입증했다. 자동차 영업 사원이 고객 에게 선택권을 주지 않고 특정 차를 소개할 때보다 "고객님이 이 차를 구매할 때 두 가지 옵션 중 하나를 선택할 수 있습니다. 2만 4 천 달러에 5년 보증, 또는 2만 3천 달러에 3년 보증입니다. 어떤 것 을 선택하겠습니까?"라고 물었을 때 고객들은 덜 방어적이었고 차 량을 구매할 가능성이 높았다. 그런데, 선택권을 넓히려면 그 분야 의 전문성이 있어야 가능하다. 단순히 일을 처리하는 방식이 A방식 과 B방식이 있다고 제안하기보다는 전문성을 기반으로 A나 B의 상 황에서 각각 예측되는 결과를 함께 보여 줄 때, 수용 가능한 행동 의 범위가 넓어진다.

세 번째는 누군가에게 조언을 구하는 방법이다. 자신을 겸손하게 낮춰 조언을 구하면 상대는 당신의 요구에 관심을 기울이고 당신의 관점에서 문제를 바라보기 시작한다. 이 과정에서 당신의 수용 가 능한 범위가 넓어진다. 결정적으로 사람들은 자신에게 조언을 구하 는 누군가를 좋아한다. 만일 조언을 구하는 과정에서 자신의 능력 에 대해 객관적인 피드백까지 받을 수 있다면 수용 가능한 행동 범위를 넓히면서 역량까지 개발할 수 있다.

　마지막으로 모든 심리학적 접근이 그렇지만 수용 가능한 행동 범위를 넓히는 연습을 꾸준하게 해야 한다. 행복하고 건강한 조직 생활을 하기 위해 현재 내가 눈치를 보는 사람인지 아닌지에 신경 쓰기보다는 자신의 수용 가능한 행동 범위를 넓히는 점이 더 중요하다는 사실을 꼭 기억하자.

심리학이 제안하는 슬기로운 직장 생활 팁

　☀ 민성원은 LSM보다는 HSM에 가깝다고 추측된다. 교사라는 직업을 직업적 안정성 때문에 희망했던 것 같지 않고 입사해서도 교육 훈련 부서를 1지망으로 선택한 이유가 타인에게 영향력을 미치고 싶어서이기기 때문이다. 신입 사원이라 영향력을 미치기 어려움에도 그런 직업과 부서를 희망한 것과 학창 시절 리더의 역할을 잘 수행한 것은 상황에 맞게 자신의 생각과 행동을 잘 수정한 덕분이라 생각된다. HSM인 민성원이 직장에서 눈치를 크게 살피고 있음에도 눈치 없다는 평을 듣는 이유는 조직 내에서 자신의 수용 가능한 행동 범위가 지나치게 좁기 때문이다.

　☀ 직장에서는 수용 가능한 행동 범위가 좁은 사람의 행동은 눈치

없는 행동으로 찍히기 쉽다. 따라서, 민성원은 수용 가능한 행동 범위를 넓히려는 시도를 해야 한다. 그런데, 타인의 입장을 대변하거나, 선택권을 넓히는 시도는 갓 들어온 신입인 민성원이 하기가 현실적으로 쉽지 않다. 따라서, 조언을 구하는 것이 현시점에선 가장 타당하다. 팀 선배들을 개별적으로 만나 자신의 상황을 솔직하게 설명하고 조언을 구하는 것만으로도 상대는 민성원의 상황을 이해하고 이후 행동을 수용 가능한 행동 범위로 인정할 것이다.

☑ 요약

☑ 눈치를 보는 것은 타고난 성격 때문이기도 하지만 대부분의 경우 문화와 상황의 압력에 따라 그 수치가 다르게 나타난다. 적당한 눈치, 즉 타인과 원만한 관계를 유지하면서 자기주장을 펼치는 일은 자존감을 유지시켜 행복감을 높일 뿐만 아니라 삶의 전반적인 장면과 신체 건강을 위해서도 중요하다.

☑ 사람들은 수용 가능한 행동의 범위 내에서 행하는 행위를 눈치 있다고 여기므로 직장에서 수용 가능한 행동 범위를 넓히는 것을 목표로 삼아야 한다.

☑ **직장에서 수용 가능한 행동 범위를 넓히는 방법**

1. 때로는 자신이 아닌 타인을 대변하는 주장을 펼쳐라(엄마 곰 효과).
2. 선택권을 제시하면 상대의 수용성이 높아진다. 하나의 대안을 제안하기보다는 여러 대안을 동시에 제시하라. 대안의 예측 결과도 함께 제시하면 더욱 효과적이다.
3. 자신을 겸손히 낮춰 다른 사람에게 조언을 구하라. 조언을 구하는 행위만으로 상대는 당신의 관점에서 문제를 바라보기 시작할 것이다.

2장 좋은 관계를 만드는 심리학

좁은 세상에 사는
운 좋은 사람들

[착각]

친한 지인, 동료, 친구를 통해서 좋은 일이 생긴다?

"이번 수주 건이 우리 회사에 매우 중요한데, 제안 요청서만으로 요구 사항을 정확히 파악하기엔 한계가 있어요. 수주 성공의 핵심 요인이 무엇인지 제대로 알고 준비했으면 하는데, 박 대리 학부 때 전공 선후배들이 우리 고객사에 많이 있다고 하지 않았나요? 박대리 인맥을 통해서 보다 구체적인 니즈를 확인해 줄 수 있나요?"

"팀장님, 저희 전공 선후배들이 많이 있는 것은 사실인데요, 제가 학교 다닐 때 MT도 안 가고 전공 소모임 같은 것을 전혀 하지 않아서요. 부탁할 만한 사람이 마땅치 않습니다. 졸업한 지도 꽤 지났는데 그동안 연락 한 번 없다가 이제서야 필요해서 연락하자니 너무

속 보이는 짓 같고요. 저는 연락하기 좀 어려울 것 같습니다. 대신에
제가 다시 꼼꼼히 제안 요청서를 분석해 보겠습니다."

[진실]

행운은 느슨한 관계에서 찾아온다!

행운은 단순한 우연의 결과가 아니다.
운이 좋은 사람들은 사람들을 만나면 기대치가 높고
느슨한 관계를 소중히 여기며
고개를 들어 넓은 시야로 세상을 바라본다.

– 리처드 와이즈먼^{Richard Wiseman} –

궁 금 해 , 심 리 학

케빈 베이컨의 6단계 법칙

케빈 베이컨의 6단계 법칙은 지구상의 모든 사람이 단 6단계만
거치면 대부분 연결될 수 있다는 주장이다. 이 법칙은 한마디로 우
리가 사는 세상이 생각보다 작은 세상^{small world}임을 새삼 깨닫게 하
는 사회 현상이라 할 수 있다. 살다 보면 우리는 가끔 이전에 한 번
도 본 적이 없지만 서로 지인이 일치하는 사람을 만나곤 한다. 이

때, 우리는 흔히 이렇게 말한다. "세상 참 좁네요."

실제 세계 인구는 점점 늘고 있지만, 관계의 단계는 점점 축소되고 있다. 1994년 대학생 세 명이 배우 케빈 베이컨Kevin Bacon이 단 6단계만 거치면 세상 모든 사람을 알 수 있을 것이라는 편지를 미국 MTV의 유명한 토크쇼인 〈존 스튜어트 쇼〉에 보낸다. 이에 흥미를 느낀 방송사는 이 대학생들을 케빈 베이컨과 함께 쇼에 출연시켰다. 청중들은 자신이 아는 배우를 말했고 이 대학생들은 단 몇 단계 안에 그 배우가 케빈 베이컨과 연결될 수 있다는 사실을 증명해 보였다. 이후 미국에서는 케빈 베이컨과 자신을 최소 단계로 입증하는 게임이 유행을 했고 급기야 코넬대학교 연구진들은 1998년 세계적인 과학 저널인 〈네이처Nature〉에 할리우드의 모든 배우는 케빈 베이컨과 평균 3.65단계에서 연결된다는 결과를 발표하기도 했다. 2016년 페이스북은 자사의 네트워크를 분석한 결과, 당시 전 세계 16억 명의 페이스북 이용자들이 3.57단계를 거치면 모두 연결된다는 결과를 발표하여 다시 한번 좁은 세상을 증명했다. 실제로 세상은 점점 좁아지고 있다. 그런데 좁은 세상이 당신의 행복이나 행운을 좌우할 수 있을 뿐만 아니라 직장 선택과 건강에까지 영향을 미친다고 한다면 믿겠는가? 좁은 세상은 우리의 예상보다 삶에 큰 영향을 미칠 수 있다.

[직장 속으로]

S사 마케팅팀으로부터 제안 요청서를 받은 B 광고 대행사는 니즈를 분석해 제안서를 작업하려 준비 중이다. 대학에서 광고홍보학을 전공한 B 광고 대행사의 박수진 대리에겐 S사 내에 같은 전공 선후배들이 많다. 이 사실을 알고 있는 B 광고 대행사 김동규 팀장은 박수진 대리의 인맥을 통해 제안 요청서의 요건들을 보다 분명히 파악해 대응하려고 한다.

박수진 대리의 전공은 국내에서는 소수의 대학만이 해당 전공 커리큘럼을 가지고 있는데 반해, 지원자들에게 비교적 인기가 많은 전공이라 전공 출신들의 자부심이 높은 편이다. 게다가 광고홍보학과는 단과 대학 내의 다른 전공에 비해 소규모이고, 전공 교수들이 직접 학생들의 네트워크를 주도하는 경우가 많아 끈끈한 유대 관계로 유명하다. 특히, 이 대학의 전통인 선후배 멘토링 제도는 학생들의 소속감을 높이는 데 큰 역할을 한다. 전공 내 학습 소모임은 학생들의 학업 적응과 학습 효과성을 높이는 데 도움이 되는 비공식 제도다.

그런데, 박수진 대리는 학창 시절에 학내 여러 활동에 적극 참여하지 않았다. 이 때문에 전공 출신의 다른 사람들은 끈끈한 네트워크로 이어진 반면에 박수진 대리는 그러질 못했다. 전공 내 인원이 적어 수업을 함께 듣다 보면, 얼굴과 이름 정도는 모를 수 없지만, 박수진 대리는 이들과 친하게 지내지 않았다. 졸업 시점에 진로를 선택할 때도, 다른 동기들은 선배들 도움을 받고 회사에 입사하는 경우가 많았지만, 박수진 대리는 홀로 알아보고 지원했다.

박수진 대리는 누구에게도 신세 지지 않으려 한다. 누구의 도움도 받지 않고 홀로 인생을 개척할 만큼의 능력과 자신감은 있다고 생각한다. 이 회사에서 이만큼 성장하기까지 별다른 인맥을 활용하지 않고도 잘 버텨 왔다. 그런데, 팀장은 박수진 대리의 인맥을 활용해 정보를 파악해 보라고 요구하고 있다. 하지만 박수진 대리 입장에선 이런 일로 평소 친하지 않은 사람들에게 연락하기가 민망할 따름이다. 연락했는데, 원했던 반응이 나오지 않으면 얼마나 무안한 일인가. 정보를 확인하는 정도면 청탁이라고 볼 수도 없는 일이니 문제가 되지도 않지만 을이 된 입장에서 부탁하는 것도 싫고 이런 일로 동문에게 부정적 인상을 남기는 것은 더더욱 싫다. 행여나 좁은 동문 사회에서 부정적 평판이라도 남겨지면 더 부끄러울 듯하다.

그래서 박 대리가 내린 결론은 팀장에게 우선 양해를 구하고, 필요하면 공식 루트를 통해 최대한 확인하되, 나머지 세부적인 분석은 스스로 해 볼 생각이다.

나는 새로운 경험에 개방적 태도를 갖고 있는가?

🔍 **경험에 대한 개방성**(Openness to experience) **검사**

운이 좋은 사람은 대체로 다양하고 색다른 일을 즐긴다. 형식에 구애 받지 않고 미리 예측할 수 없는 만남과 상황을 좋아한다. 경험에 대한 개방성 점수가 낮은 사람은 과거와 같은 방식을 고수하고 보수적이다. 새로운 경험은 새로운 기회로 이어지기 쉽다. 행운은 일종의 확률 게임 이다. 기회가 찾아올 확률을 높이는 것이 중요하다.

아래 문항들에 1~5점으로 응답해 자신의 경험에 대한 개방성을 확인 해 보자.

* 전혀 그렇지 않다: 1점, 대체로 그렇지 않다: 2점, 보통이다: 3점,
　대체로 그렇다: 4점, 매우 그렇다: 5점

1. **나는 다른 나라의 역사와 정치를 배우는 것에 관심이 많다.**
   ☐ 1점　　☐ 2점　　☐ 3점　　☐ 4점　　☐ 5점

2. **나는 소설, 음악, 그림 등 예술 작품을 창조하는 일을 좋아하는 편이다.**
   ☐ 1점　　☐ 2점　　☐ 3점　　☐ 4점　　☐ 5점

3. **급진적 사상에 관심을 갖는 것은 시간 낭비일 뿐이다.**
   ☐ 1점　　☐ 2점　　☐ 3점　　☐ 4점　　☐ 5점

4. **기회만 있다면 클래식 음악회나 미술관 같은 곳에 가 보고 싶다.**
   ☐ 1점　　☐ 2점　　☐ 3점　　☐ 4점　　☐ 5점

5. **상상력이 풍부하다는 말을 듣곤 한다.**
   ☐ 1점　　☐ 2점　　☐ 3점　　☐ 4점　　☐ 5점

6. 관습에 얽매이지 않은 관점을 지닌 사람을 좋아한다.

☐ 1점   ☐ 2점   ☐ 3점   ☐ 4점   ☐ 5점

7. 나는 예술적 타입이나 창의적 타입과는 거리가 멀다.

☐ 1점   ☐ 2점   ☐ 3점   ☐ 4점   ☐ 5점

8. 철학을 얘기하는 것은 나에게 지루한 일이다.

☐ 1점   ☐ 2점   ☐ 3점   ☐ 4점   ☐ 5점

출처: Lee, K., & Ashton, M. C. (2013). The H factor of personality: Why some people are manipulative, self-entitled, materialistic, and exploitive—and why it matters for everyone. Wilfrid Laurier Univ. Press.

[점수 계산]

문항 1, 2, 4, 5, 6번은 점수 그대로를 활용하고 3, 7, 8번은 6점에서 해당 점수를 뺀 변환 점수를 구한다. 예를 들어, 3번에 4점을 기재했다면 변환 점수는 6-4=2점이다. 총점이 36점 이상이면 경험에 대한 개방성이 매우 높은 편이다. 29~35점은 다소 높은 편이고 23~28점은 보통, 16~22점은 다소 낮은 편, 15점 이하는 매우 낮은 편이다. 경험에 대한 개방성이 낮은 편이라면 평소 관심 있던 외국어 학습이나 새로운 음식 체험 같은 가벼운 시도부터 해 보길 권한다.

세상 참 좁네요

　1960년대 미국의 한 신문에 좁은 세상을 의미하는 현상에 관한 기사가 실린 적이 있다. 당시 조사에 응했던 사람 중 약 70%는 우연히 지인이 겹치는 사람을 만난 적이 있다고 했고 약 20%의 사람은 지인이 겹치는 사람을 자주 만난다고 했다. 이 현상에 흥미를 느끼고 실제 좁은 세상을 증명하고 싶어 한 심리학자가 있었는데 바로 미국 하버드대학교 사회심리학자 스탠리 밀그램Stanley Milgram이다. 심리학 연구에 관심이 있는 사람이라면 흰색 가운을 입은 권위자의 부당한 지시를 거부하지 못하고 전기 충격을 치명적인 수준까지 가했던 사람들에 관한 실험을 한 번쯤 들어 보았을 텐데, 그 유명한 복종 실험을 실행한 통찰력 있는 학자가 바로 위에서 언급한 밀그램이다. 1967년 밀그램은 자신의 실험에 참가할 198명의 네브라스카 주민에게 편지 한 통을 보냈다. 편지의 내용은 직장은 보스턴에 있고, 집은 매사추세츠주 샤론에 있는 증권중개인^{목표 인물}에게 편지를 전달해야 하는데, 직접 우편으로 부쳐서는 안 되고 자신이 아는 사람 중 목표 인물과 친분이 있을 만한 사람에게 부탁해야 한다는 것이었다. 그렇게 편지를 받은 사람들은 다시 같은 방식으로 그 편지를 부쳐야 했다. 그런 뒤 몇 단계 안에 목표 인물까지 편지가 도착했는지를 조사했는데 당시 대략 2억 명이라는 미국 인구를 감안할 때 결과는 예상을 뛰어넘었다. 최대 6단계 안에서 모든 편지가 전달된 것이었다. 앞서 언급한 케빈 베이컨 게임을 고안한 대학생들은 사실 밀그램의 실험 결과를 알고 있었기 때문에 케빈 베이컨과 세상 모든 사람이 여섯 단계로 연결될 수 있다고 호언장담해 쇼에 출연할 수 있었던 것이다. 이후 이 대학생들은 《케빈 베이컨의 6단계^{Six degrees of Kevin Bacon}》라는 책을 발간했고 곧바로 베스트셀러가 되었다. 심리학 실험 하나만 알아도 부와 명예를 높일 수 있다는 사실이 놀랍지 않은가? 밀그램의 실험 결과는 우리 사회가 예상보다 좁고 긴밀한 네트워크를 가질 수 있음을 의미했고, 이후 소셜 네트워크^{Social Network} 이론으로 발전해 입소문, 루머, 유행, 가짜 뉴스 등이 어떻게 순식간에 퍼지는지 설명하는 기초 이론이 되었다.

그런데 인맥이나 관계로 표현되는 소셜 네트워크는 단순히 정보 전달의 경로를 넘어서는 효과를 발현하기도 한다. 상식적으로 비만은 전염성 질환이 될 수 없지만, 소셜 네트워크 관점에서 보면 전염성이 매우 강하다. 만약 당신의 친한 친구가 비만이라면 앞으로 2~4년 내에 당신의 체중이 늘어날 가능성은 45% 높아진다. 친구의 친구가 비만이라면 20%, 친구의 친구의 친구가 비만이라면 10%가량 높아진다. 관계는 단순히 정보를 전달하는 것을 넘어 생각과 행동에 변화를 만들어 내기 때문이다. 예를 들어, 당신이 고기를 아주 좋아하는 사람과 친하다면 자주 고기를 먹게 될 것이고, 가족 중에 야식을 즐기는 사람이 있다면 말리면서도 함께 먹게 될 것이다. 다시 말해, 관계에 의해 식습관과 건강 행동이 영향을 받게 되고 그 결과 비만도 전염처럼 확산될 수 있다.

흡연의 경우는 비만보다 더 심각하다. 당신의 친한 친구가 흡연자라면 당신이 흡연자일 가능성은 61% 높고, 당신의 친구의 친구가 흡연하는 경우는 29%, 친구의 친구의 친구가 흡연자인 경우에는 11% 더 높다. 네트워크는 단순히 정보를 전달하는 경로가 아니라 우리의 생각과 행동의 기준점으로 예상보다 큰 영향을 미치고 있다.

연구자들은 이처럼 3단계의 관계에서 영향은 밝혀냈지만 4단계 이상에서는 유의미한 결과를 찾아낼 수 없었다. 그렇지만 IT, 교통, 사회적 발달로 연결 단계가 점점 축소되고 있기 때문에 4단계 이상의 사람들이 점점 줄어들고 있다는 사실을 상기해야 한다. 시간이 지날수록 지구촌 사람들 서로가 주고받는 영향력은 점점 커질 수밖에 없다. 바야흐로 우리는 인류 역사상 가장 좁은 세상에 살고 있는 셈이다.

좁은 세상에 사는 운 좋은 사람들의 비밀

수년 전 영국 BBC 방송국에서는 행운에 관한 비밀을 밝히는 프로그램을 만들었다. 프로그램의 하이라이트 중 한 장면은 불운 그룹에 속하는 사람들과 행운 그룹에 속하는 사람들이 실생활에서 어떻게 행동하느냐에 관한 실험이었다. 방송의 한 장면을 보자. 스스로 운이 없다고 말하는 브렌다와 운이 좋다고 생각하는 마틴은 서로 다른 시간대에 같은 커피숍에서 방송사 관계자와 미팅을 하기로 되어 있었다. 이때 방송사는 두 가지 우연한 행운의 기회를 미팅하기 전에 설계해 두었다. 하나는 커피숍 입구에 5파운드 지폐를 놓아둔 것이었고, 다른 하나는 약속된 테이블 옆에 유능한 사업가를 앉혀 놓고 방송사 관계자가 일부러 미팅 시간에 늦게 도착해 실험 참가자가 이 사업가와 대화할 수 있는 기회를 준 것이었다. 관찰 결과, 행운아라고 생각했던 마틴은 지폐를 발견했고 옆 자리의 유능한 사업가에게 인사를 건네며 공짜로 얻은 지폐로 자신이 커피를 사겠다고 말하면서 자연스럽게 대화를 이어 갔다. 반면에, 브렌다는 지폐를 지나쳐 그대로 안으로 들어갔으며 유능한 사업가 옆에 앉았으나 대화를 시작하지도 못했다. 실험이 끝나고 연구자는 마틴과 브렌다에게 오늘 특별히 운 좋은 일이 있었냐고 물었다. 브렌다는 그럴 만한 일이 전혀 없었다고 답했고 마틴은 오늘 행운이 겹쳤다며 상황을 생생하게 전달했다. 두 사람에게 주어진 상황과 기회는 똑같았지만, 결과는 전혀 달랐다. 평소 운이 좋다고 말하는 사람들은 강박적이지 않고 생활 태도가 느긋하기 때문에 시야가 넓고 주변 곳곳의 뜻밖의 기회를 잘 알아차리는 특성을 가지고 있다. 또한, 관계의 중요성을 알고 우연한 관계적 기회를 행운이라고 생각하는 공통점을 가지고 있다.

미국 스탠퍼드대학교 사회학과 마크 그래노베터^{Mark Granovetter} 교수는 〈약한 연결의 힘^{The strength of weak ties}〉이라는 논문에서 우리가 생각하는 행운이 평소 잘 아는 강한 관계로부터가 아닌 약한 관계에서 나올 수 있다는 점을 증명했다. 우리가 도움이 필요할 때 친한 친구, 가족, 친척 등을 먼저 떠올리지만 의외로 이러한 관계에서 도움을 받을 가능성이 높지 않고, 오히려 연락도 잘하지 않았던 약한 관계에서 도움을 받는 경우가 많다는 것이다. 생계를 유지할 수 있는 일자리가 있다는 사실은 삶에서 매우 중요하다. 그래노베터 교수는 직장인들에게 지금 일자리를 소개한 사람이 누구인지와 그 사람과 얼마나 자주 연락했는지를 조사했다. 일주일에 2번 이상 만난 친한 사이가 17%, 1년에 한 번 이상 만난 사이가 5%였던 반면, 1년에 한 번 만날까 말까 한 사이가 무려 27%였다. 또한 사실상 휴면 상태의 관계에서 얻은 조언이 현재 친한 인맥에서 얻은 조언보다 가치가 높았고 통찰력을 줄 확률이 높다는 연구 결과도 있다. 좋은 아이디어나 도움이 절실할 때 약한 관계의 힘은 우리의 예상보다 강하다는 의미다.

2장 좋은 관계를 만드는 심리학

2003년 영국의 심리학자 리처드 와이즈먼^{Richard Wiseman}과 에마 그리닝^{Emma Greening}은 앞서 언급한 밀그램의 실험을 재현해 보기로 했다. 영국 첼튼엄에 사는 27살 공연 기획자 캐티 스미스를 목표 인물로 골라 전국적으로 100명의 실험 자원자에게 소포를 전달해 달라고 요청했다. 실험 결과, 소포 62개가 최대 4단계 안에 목표 인물에게 전달되었다. 밀그램 때보다 더 좁아진 세상이 입증된 것이다.

실험자들은 좁아진 세상 외에 하나를 더 확인하고 싶었다. 그래서 실험에 자원한 100명에게 자신이 평소에 얼마나 운이 좋다고 생각하는지를 응답하도록 했다. 흥미로운 사실은 참가자 100명 중 38명은 처음부터 소포를 보내지도 않았는데, 이 38명 중 대다수가 스스로를 운이 나쁘다고 평가했던 사람들이었다는 점이다. 자발적으로 실험에 참여했으면서 왜 보내지 않았는지 확인해 보니 이들은 평소 알고 지내는 사람에게 소포를 부탁하기 어려웠다는 답을 했다. 운이 좋은 사람은 더 좁은 세상에 살면서 넓은 시야로 약한 연결의 소중함을 적극 활용하고 있었던 반면에, 운이 나쁘다고 말한 사람은 더 넓은 세상에서 좁은 시야로 기존 관계를 제대로 활용하지 못했던 것이다.

일상에서 행운아가 되려면

일상에서 행운을 높이려면 먼저 느긋한 태도로 날마다 찾아오는 기회를 포착해야 한다. 그렇게 하려면 아이처럼 편견 없이 세상과 사람을 대하는 태도가 필요하다. 인맥을 포함한 관계를 자신의 업무나 사적인 목표에 부합하는 사람들로만 축소할 것이 아니라 편안한 마음으로 이들과 함께 여유를 즐길 수 있어야 한다. 실제 운이 좋다고 말하는 사람 중 다수는 느긋한 생활 태도를 유지하기 위해 심호흡, 명상, 운동 등 자신만의 긴장 완화 요법을 활용해 스트레스를 꾸준히 관리하고 있었다.

새로운 경험이나 학습에 개방적인 태도를 보이는 것도 중요하다. 늘 마음속으로는 해 보고 싶었는데 시도하지 못한 활동이 있다면 실행해 보는 것이 좋다. 새로운 악기를 구입해서 배우거나 대학원에 진학하는 등의 무리한 시도보다는 평소 관심 있었던 외국어를 배운다거나 새로운 음식이나 식당을 경험하는 등의 단순한 행동부터 시작하는 것이 좋다.

마지막으로 느슨한 관계에 있던 사람들과 안부를 전하며 서로 근황을 묻고 대화하는 일이 필요하다. 이때, 미소와 개방적인 태도를 잊지 않아야 한다. 운이 좋다고 말하는 사람들의 대부분은 미소가 생활화되어 있었으며 대화를 하면서 다리를 꼬거나 팔짱을 끼는 등 폐쇄적인 태도를 거의 보이지 않았다. 이들은 상대를 비판하거나 충고하는 식의 대화보다는 자연스럽게 호감을 끌어내는 태도를 유지하면서 대화를 이어 가며 서로 도움을 주고받고 있었다. 지금 나의 생각과 행동은 자신만의 판단을 통해서만 나오는 것이 아니다. 우리

2장 좋은 관계를 만드는 심리학

는 명시적으로, 때로는 암묵적으로 관계의 영향을 끊임없이 받으며 살아가고 있다. 그리고 좁은 세상의 심리학이 주는 중요한 지혜는 나와 직접적으로 관계를 맺고 있어 1단계에 속하지만 자주 연락하지는 못하는 약한 관계를 소중히 대해야 한다는 사실이다. 1단계에 속한 사람들로부터 어떤 행운의 인맥이 파생될지 모르기 때문이다.

심리학이 제안하는 슬기로운 직장 생활 팁

💡 박수진 대리는 약한 인적 네트워크의 힘이 박 대리의 예상보다 훨씬 효과가 크다는 사실을 인지해야 한다. 소셜 네트워크 시스템의 발달로 세상은 점점 좁아지고 있고, 더군다나 직장 생활을 하면서 완전히 독립적으로 세상을 사는 일은 불가능하다. 조직심리학의 연구에 따르면, 인터넷에 접속할 때 쓰는 웹 브라우저를 바꾸는 것과 같은 매우 단순하지만 새로운 시도를 하는 사람과 기존 웹 브라우저를 고수하며 일하는 사람 간엔 성과 차이가 발생한다. 어찌 됐든, 새로운 관계와 시도는 비즈니스 세계에선 새로운 기회와 연결될 가능성이 크기 때문이다. 본인의 역량을 인정받고 성과를 높이기 위해서는 관계에 열린 시각이 반드시 필요하다.

💡 성격적 요인 중 하나인 경험에 대한 개방성은 관계에 대해 열린

시각을 갖게 하고 새로운 경험을 시도하는 에너지원의 역할을 한다. 타고난 개방성이 낮다 하더라도, 노력을 통해 어느 정도는 개선이 가능하다. 평소 관심이 있었던 여행지나 배우고 싶었던 취미 등을 꾸준히 시도하는 것으로도 개방성을 넓힐 수 있다.

💡 박수진 대리에게는 S사 인맥을 떠나 학창 시절 가장 가까웠던 친구에게 먼저 연락해 보길 권한다. 특별한 용건 없이 단순히 안부를 묻는 것으로 시작하고 서서히 관계를 확장해 보길 바란다. 평소 하지 않았던 일을 하거나, 성격에 맞지 않는 행동을 하고 있다고 생각될 때, 스트레스는 당연히 높아질 수밖에 없다. 이 점도 고려하여, 성격과 맞지 않은 불편한 행동을 했다면 잠시 홀로 쉬는 시간을 갖자. 다시 회복할 수 있는 여유를 주는 것이다.

☑ 요약

☑ 삶에서 맺은 관계는 아무리 사소할지라도 우리의 행복이나 행운을 좌우할 수 있고 직업 선택, 식습관, 건강에까지 영향을 미칠 수 있다. 사람들 간의 관계는 IT, 교통, 사회적 발달로 연결 단계가 축소되고 있기 때문에 서로가 주고받는 영향력은 점점 커질 수밖에 없다.

☑ 평소 운이 좋다고 말하는 사람들은 강박적이지 않고 생활 태도가 느긋하기 때문에 시야가 넓고 주변 곳곳의 뜻밖의 기회를 잘 알아차리는 특성을 지니고 있다.
또한, 관계의 중요성을 알고 우연한 관계적 기회를 행운이라고 생각하는 공통점을 가지고 있다.

☑ 우리가 도움이 필요할 때 친한 친구, 가족, 친척 등을 먼저 떠올리지만 의외로 이러한 관계에서 도움을 받을 가능성이 높지 않고, 오히려 연락도 잘 하지 않았던 약한 관계에서 도움을 받는 경우가 많다.

☑ **일상에서 행운아가 되려면**

1. 느긋한 태도로 날마다 찾아오는 기회를 포착하라. 이를 위해서 편견 없이 세상과 사람을 대하는 태도가 필요하다.
2. 느긋한 생활 태도를 유지하기 위해 명상, 운동 등 긴장 완화 요법을 꾸준히 실천하라.
3. 새로운 경험이나 학습에 대한 개방적 태도를 보여라. 조직 내에서 학습 기회가 있다면 적극 활용하고 새로운 음식 등도 가볍게 시도하라.

4. 느슨한 관계의 사람들과 자연스럽게 대화할 수 있는 스킬을 길러라. 거울을 보고 미소와 개방적 태도를 연습하라.
5. 자주 연락하지 못하는 관계를 소중히 대하고 기회가 있을 때 표현하라. 그 사람들로부터 어떤 행운의 인맥이 당신에게 찾아올지 모른다.

당신은 몇 점짜리
동료입니까?

[착각]

점수로 평가하는 것이 합리적이다?

"팀장님, 이번 광고 대행사 업체 평가 결과입니다. 총 20가지 정량적 평가 자료와 평가 위원들의 소견을 종합하여 표로 작성했습니다. A 대행사가 B 대행사에 비해 종합 점수가 높습니다. 사실 우리 팀 내부적으로는 B 대행사가 높은 점수를 받을 것으로 기대했는데, 여러 항목을 종합한 결과에선 A 대행사에 근소한 차로 밀렸습니다."

"그래요? 한번 봅시다. 심사위원들의 정성 평가 자료를 보면 B 대행사가 상대적으로 좋게 기재됐네요. 그래도 종합 점수가 높은 A 대행사를 선택하는 것이 합리적이죠. 사전에 정량 평가 항목을 구체화시키거나 수정했으면 모를까, 종합 평가 점수가 높은 데로 선택해야 뒤탈이 없어요."

[진실]

점수는 실체적 진실을 가리기 쉽다!

숫자는 인간의 합리적 판단을 방해하고
비합리적 생각을 합리적이라고 착각하게 만든다.

– 게르트 기거렌처^{Gerd Gigerenzer} –

궁 금 해 , 심 리 학

내 인생은 몇 점일까?

얼마 전 한 매체에서 '0점짜리 남편, 100점짜리 남편, 최고의
남편은 어떤 유형?'이라는 제목으로 남편 체크리스트를 소개한 것
을 본 적이 있다. 자신이 얼마나 좋은 남편인지에 관한 15개 문항을
각 5점으로 측정하는 내용이었다. 나는 직업상 측정과 진단에 익숙
하지만, 이 기사가 좀 불편하게 느껴졌다. 내가 좋은 점수를 받지 못
해서가 아니라 관계를 숫자로 측정하는 일에 대한 심리학자로서의
본능적인 불편함 때문임을 미리 밝혀 둔다. 사실 우리는 살아가면

서 흔히 이런 질문을 접한다. 몇 점짜리 남편, 아내, 아빠, 엄마, 자녀, 친구 등등. 어떤 대상을 점수화하는 가장 큰 이점은 쉽게 비교할 수 있다는 것이다. '너무 좋은' 남편이나 '아주 좋은' 남편의 차이를 인식하거나 비교하기는 어렵지만 80점짜리 남편과 90점짜리 남편은 쉽게 비교할 수 있다. 그런데 어떤 대상을 점수로 바꾸는 과정에서 점수가 일으키는 마음의 작동 오류를 우리가 자각하지 못한다는 점이 '몇 점짜리'의 함정이다.

[직장 속으로]

김기주는 최근 조직 내 각종 평가 체계에 회의감이 들기 시작했다. 김기주는 합리성이라는 명목하에 운영되는 사내 평가가 현실을 충실히 반영하지 못하고 있다고 생각한다. 최근 팀 조직 활성화 교육 과정에선 팀원 서로에 대해 평가하는 시간이 있었다. 롤링 페이퍼 형태로 서로에게 메시지를 적는 방식이 아니라, 합리성을 강화한다는 시도로 사전에 온라인 상에서 진단 항목에 점수를 부여하는 방식이었다. 익명으로 실시되긴 했지만, 결과적으로는 팀원들이 보는 자신의 모습이 팀 평균 점수와 비교되어 레이더 차트에 적나라하게 보여진다. HR 부서에서는 누구나 자신에 대해 관대하기 때문에 이런 평가 과정을 통해 자신의 객관적 위치를 알아야 자기 계발이나 성과 개선에 도움이 될 거라고 믿는 것 같았다. 하지만, 평가 결과를 받아 본 김기주는 왠지 팀원들에게 서운함을 느꼈다. 특히, 자기희생 항목에 낮은 점수를 준 사람들을 납득하기 어려웠다. 바쁜 시간을 쪼개 팀원들을 위해 희생한 게 한두 번이 아닌데, 사람들이 이기적이라는 생각까지 들었다. 지금 마음 같아선 진짜 자기희생이 낮은 게 어떤 건지 앞으로 보여 주고 싶기도 했다.

급기야, 어떤 팀원이 자신에게 낮은 점수를 줬는지 의심하기 시작했다. 단 한 사람, 이동리가 최하점을 줬기 때문에 평균 점수가 낮아질 수도 있는 일이다. 김기주는 아무리 생각해도 이건 합리적인 시스템이 아닌 것 같다는 생각이 든다. 마케팅팀과 같이 상대적으로 소규모인 팀은 단 한 사람의 악의적 평가로 전체 평균에 영향을 미칠 수 있고, 모호한 문항이 많아 제대로 측정한 건지 의문이 들기도 한다. 사실, 이 모든 것은 사람을 숫자로 평가하려고 하는 시도 때문이다. 과연 이런 평가가 유용하고 가치 있는 것일까?

업체 평가도 마찬가지다. 평가 위원들끼리 논의하는 시간까지 거쳐 최종 점수를 매긴다고는 하지만, 구성된 평가 항목이 모든 측면을 다 아우를 수 있는 것도 아니다. 또한, 업체명을 가리고 블라인드로 평가를 해도 당일 평가 위원의 컨디션이나 평가 순서에 따라 점수가 좌우되는 경우도 많다. 상대적으로 중요한 의사 결정은 합의에 용이하기 때문에 이런 절차가 필요하다고 인정하지만, 사소한 의사 결정조차도 평가 시스템을 거쳐야 하니 비효율이 아닐 수 없다.

김기주는 숫자로 하는 평가의 필요성은 인정한다. 정량적으로 정리된 지표가 없다면 관리가 어렵고, 복잡할수록 숫자를 활용하면 비교에 용이하기 때문에 숫자는 반드시 필요하다고 생각한다. 하지만, 숫자가 인간의 직관을 충분히 활용하기 어렵고 특히 사람에 관한 판단은 말로 표현하기 힘든 느낌과 같은 정성적인 영역이 크기 때문에 숫자로 평가하는 것이 불가하다고 믿는다.

김기주는 사람들이 깊은 성찰과 고민을 하지 않기 때문에 숫자로 평가하는 것을 선호한다고 생각한다. 숫자만 명확하면 더 깊은 생각이 필요 없고 쉽게 합의를 끌어낼 수 있다. 그런데 과연 숫자의 장점에 가려진 허점이 없을까? 그리고 그 허점이 중요한 의사 결정에 부메랑이 되어 다가오지 않을까? 요즘 김기주의 고민은 깊어간다.

나는 모호함을 잘 견디는 사람인가?

🔍 인지적 종결 욕구(Need for Cognitive Closure) 검사

인지적 종결 욕구는 의사 결정 과정에서 명확한 답을 바라고 모호함을 회피하고 싶은 욕구를 말한다. 인지적 종결 욕구가 높은 사람은 모호한 상황에서 빠르게 답을 얻길 원하고 모호함이 줄어들었다 판단되면 정답이 아닐지라도 더는 정보 탐색을 하지 않고 최종 해결책으로 결론짓고자 한다. 인지적 종결 욕구가 지나치게 강하면 성급하게 결론을 내리고 잘못된 선택을 하더라도 다시 생각하려 들지 않는다. 아래 문항들에 1~5점으로 응답해 자신의 인지적 종결 욕구를 확인해 보자.

*전혀 그렇지 않다: 1점, 대체로 그렇지 않다: 2점, 보통이다: 3점,
대체로 그렇다: 4점, 매우 그렇다: 5점

1. **나는 명확하게 계획된 생활 방식을 좋아한다.**

   ☐ 1점 ☐ 2점 ☐ 3점 ☐ 4점 ☐ 5점

2. **나는 어떤 문제에 관해 생각할 때 가능하면 여러 가지 다른 의견들을 고려한다.**

   ☐ 1점 ☐ 2점 ☐ 3점 ☐ 4점 ☐ 5점

3. **나는 내가 직면한 문제들에 대해 항상 많은 해결책을 생각해 낸다.**

   ☐ 1점 ☐ 2점 ☐ 3점 ☐ 4점 ☐ 5점

4. **나는 대부분의 갈등 상황에서 보통 양쪽의 주장이 왜 모두 옳을 수 있는지를 안다.**

   ☐ 1점 ☐ 2점 ☐ 3점 ☐ 4점 ☐ 5점

5. 나는 어떤 일을 결정하고 난 뒤에도, 늘 다른 대안에 대해 곰곰이 생각한다.

☐ 1점   ☐ 2점   ☐ 3점   ☐ 4점   ☐ 5점

6. 나는 중요한 결정을 빠르고 확신 있게 내리는 경향이 있다.

☐ 1점   ☐ 2점   ☐ 3점   ☐ 4점   ☐ 5점

7. 나는 가능한 마지막 순간까지 중요한 결정을 미루는 경향이 있다.

☐ 1점   ☐ 2점   ☐ 3점   ☐ 4점   ☐ 5점

8. 나는 스스로를 우유부단하다고 생각한다.

☐ 1점   ☐ 2점   ☐ 3점   ☐ 4점   ☐ 5점

9. 나는 어떤 사람이 여러 의미로 해석할 수 있는 말을 할 때 불편함을 느낀다.

☐ 1점   ☐ 2점   ☐ 3점   ☐ 4점   ☐ 5점

10. 나는 사람들이 말하는 의미나 의도가 명확하지 않을 때 불편함을 느낀다.

☐ 1점   ☐ 2점   ☐ 3점   ☐ 4점   ☐ 5점

11. 나는 예기치 못한 행동을 하는 사람과 함께 있는 것을 싫어한다.

☐ 1점   ☐ 2점   ☐ 3점   ☐ 4점   ☐ 5점

12. 나는 나와 의견이 매우 다른 사람과 교류하는 것을 좋아한다.

☐ 1점   ☐ 2점   ☐ 3점   ☐ 4점   ☐ 5점

출처: 이성수. (2008). 충동구매에서 성차: 물질주의와 인지적 종결 욕구를 중심으로. 한국심리학회지: 소비자·광고, 9(3), 475-495.

[점수 계산]

문항 1, 6, 9, 10, 11번은 점수 그대로를 활용하고 2, 3, 4, 5, 7, 8, 12번은 6점에서 해당 점수를 뺀 변환 점수를 구한다. 예를 들어, 2번에 4점을 기재했다면 변환 점수는 6-4=2점이다. 38점 이상이면 인지적 종결 욕구가 높은 편이다. 인지적 종결 욕구는 일정 수준까지는 결단력이라는 강점을 지니지만, 너무 높으면 확정적이지 않은 증거로 성급히 판단하고 다른 사람의 견해를 쉽게 인정하지 못하는 경향을 보인다. 인지적 종결 욕구 점수가 높은 사람들은 숫자나 점수보다는 질적 영역에 의도적으로 보다 많은 관심을 기울이길 권한다.

점수는 우리가 무엇을 좋아하는지 모르게 만든다

점수는 세상 모든 것에는 높고 낮음이 분명히 있고 숫자가 높은 것은 낮은 것보다 좋다고 생각하게 만드는 마음의 오류를 만든다. 이에 관해 미국 시카고대학 심리학과의 크리스토퍼 시^{Christopher} ^{Hsee} 교수는 아주 흥미로운 실험을 진행했다. 시 교수는 먼저 피스타치오 아이스크림보다 바닐라 아이스크림을 더 좋아하는 사람들을 실험 대상자로 선별했다. 그리고 이들에게 적게 일하고 바닐라 아이스크림을 먹는 쪽과 많이 일하고 피스타치오 아이스크림을 먹는 쪽 중에 하나를 선택하도록 했다. 당신이 바닐라 아이스크림을 더 좋아하는 사람이라면 어떤 쪽을 선택하겠는가? 많이 일하고 덜 좋아하는 보상을 고르지는 않을 것이다. 다행히 참가자 중에 아주 특이한 성격을 지닌 사람은 없었던 덕에 참가자 모두는 적게 일하고 보상은 더 좋은 방법을 선택했다. 아주 이상한 실험이라고 생각하겠지만 진짜 실험은 다음이다.

이번에도 역시 피스타치오 아이스크림보다 바닐라 아이스크림을 좋아하는 사람들을 실험 참가자로 뽑았다. 그리고 이번엔 쉬운 일을 하고 60점을 받는 것과 어려운 일을 하고 100점을 받는 것 중에서 하나를 선택하게 했다. 이때 획득한 점수는 아이스크림과 교환할 수 있다고 안내했는데 바닐라 아이스크림을 얻으려면 60점, 피스타치오 아이스크림을 얻으려면 100점이 필요하다고 알렸다. 실험에 참가한 모든 사람은 바닐라 아이스크림을 더 좋아했다는 사실을 기억하자. 이성적이고 합리적인 인간이라면 60점만 얻고 바닐라 아이스크림을 먹는 것이 효용을 극대화하는 선택이다. 그런데 실험 결과, 대부분의 참가자가 어려운 일을 하고 100점을 받고 그 점수로 피스타치오 아이스크림과 바꾸는 선택을 했다. 사람들은 단순히 높은 점수에 현혹된 것이다. 높은 점수는 당연히 더 좋은 것이라는 생각에서 벗어나지 못하고 자신의 선호나 행복보다도 높은 점수를 얻는 데만 치중했던 것이다. 설령 100점을 받았더라도 40점은 포기하고 60점만 사용하면 될 일이었지만 대부분의 사람은 100점을 모두 쓰는 결정을 했다. 남은 점수를 딱히 쓸 일이 없었기 때문에 모두 소진하는 결정을 한 것이다. 결국, 사람들은 점수가 주어지지 않을 때는 자신에게 이로운 선택을 할 수 있었지만, 점수가 제시되는 순간 높은 점수를 획득하는 데 매몰되어 스스로에게 불리한 선택을 하고 만다는 것이 연구의 결론이다.

점수 때문에 잘못된 판단을 하기도 한다

사람들은 흔히 점수가 합리적인 판단을 이끄는 좋은 도구라고 생각한다. 조직에서 합리적 판단을 위해 항목을 나누고 가중치를 부여해 점수로 최종 의사 결정을 하는 장면이 대표적이다. 그런데 종종 점수는 우리를 더 합리적으로 만드는 것이 아니라 합리성에서 멀어지게 만든다. 실제 무엇인가를 점수화하는 순간 중요한 측면을 간과하는 경우가 생긴다. 다음 실험을 보자.

여기 가격이 동일한 두 개의 중고 사전이 있다. 사전 A는 수록된 단어가 12,000개이지만 표지가 낡았다. 그리고 사전 B는 수록된 단어는 10,000개로 상대적으로 적지만 표지는 새것에 가깝다. 두 사전을 동시에 보여 주고 사람들에게 어떤 사전을 구입하겠느냐고 물으면 대부분의 사람은 12,000개의 단어가 수록된 사전 A를 선택한다. 사전 두 개가 동시에 제시되었을 때는 수록된 단어의 숫자로 쉽게 비교할 수 있기 때문이다. 그런데 이때, 실험 방식을 조금 바꾸면 전혀 다른 결과가 나온다. 사전을 보여 주는 방식을 바꾸는 것이다. 이번엔 다른 실험 참가자들에게 사전 A를 보여 주고 참가자 눈앞에서 사전 A를 치운 뒤에 사전 B를 제시한다. 눈앞에 사전 두 개가 모두 있는 상황이 아니기 때문에 두 개의 사전을 동시에 비교하기는 어렵다. 이때 참가자들은 단순히 단어의 분량이 아닌 사전의 상태나 다른 조건에 주목하게 된다. 이처럼 순차적으로 제시되는 조건에서 사람들은 사전 B를 더 많이 선택한다. 수치로 쉽게 하는 양적 비교가 아니라 질적인 상태가 더욱 중요한 평가 잣대가 되기 때문이다.

사실 우리가 인생을 살아가면서 더 좋은 판단과 선택을 하기 위해서는 양보다는 질에 주목해야 하는 경우가 많다. 얼마짜리 가족 여행을 다녀왔냐 하는 문제가 중요한 것이 아니라 가족 여행에서 무엇을 경험하고 느꼈느냐가 더 중요한 것처럼 말이다.

점수가 우리의 판단력을 흐리게 하는 경우는 특히 높은 숫자일 때 두드러지게 나타난다. 이에 관해 네덜란드 아인트호벤기술대학의 심리학자인 기디언 케렌Giden Keren 교수는 간단한 실험을 고안했다. 아래 표를 보자. 두 기상학자 안나와 베티가 향후 4일간의 강수확률을 예측한 일기 예보다.

실제 날씨	월 ⛅	화 🌧	수 🌧	목 🌧
안나의 예측	90% 🌧	90% 🌧	90% 🌧	90% 🌧
베티의 예측	75% 🌧	75% 🌧	75% 🌧	75% 🌧

케렌 교수는 안나와 베티의 예측 데이터를 제시하고 실험 참가자들에게 이렇게 물었다.

"실제로는 나흘 중 사흘 동안 비가 왔습니다. 나흘 간의 예보를 종합적으로 고려하여, 안나와 베티 중 누가 더 정확한 일기 예보를 했다고 생각하십니까?"

당신은 누구의 예측이 더 정확하다고 생각하는가? 나흘 중 사흘에서 안나의 예측이 우월하니 안나가 더 정확할까? 일기 예보에서 내일 비 올 확률이 75%라고 하면 이는 무엇을 의미하는가? 어떤 사람은 내일 하루 중 75%에 해당하는 시간에 비가 온다고 생각하고, 또 어떤 사람은 해당 지역 75%의 공간에서 비가 온다고 생각한다. 그런데, 기상학자가 말하는 내일 비 올 확률 75%는 내일과 기상 조건이 같은 모든 날 중, 75%의 확률로 비가 온다는 의미다. 즉, 내일 비 올 확률을 75%라고 예측했다면, 기존 데이터를 분석한 결과, 내일과 같은 기상 조건에서는 4일 중 하루는 비가 오지 않고, 나머지 3일은 비가 내린다는 뜻이다.

케렌 교수가 출제한 문제의 핵심은 특정 요일의 정확도가 높은 사람을 찾는 것이 아니라, 4일 전체를 종합한 예측의 정확도가 높은 사람을 찾는 것이다. 종합적으로 고려하면, 베티는 4일 평균 비 올 확률을 75%라고 예측했고, 안나는 4일 평균 비 올 확률을 90%로 예측했다. 그리고 실제 월요일을 뺀 사흘 동안 비가 내렸다. 따라서 4일 평균 비 올 확률은 3/4, 즉 75%로 베티의 4일 평균 예측치와 일치한다. 만약 월요일에 비가 왔다면 안나의 예측이 베티보다 정확했겠지만, 이 경우를 뺀 나머지 경우의 수에서는 베티의 예측이 안나보다 우월하다.

그런데 케렌 교수의 실험에서 이 질문에 대해 절반 정도의 응답자가 안나가 더 정확했다고 판단했다. 절반 정도의 피실험자는 4일을 종합적으로 고려하지 못하고 개별 요일의 높은 정확도에 끌렸다. 부분의 높은 점수가 현저하게 눈에 띄기 때문에 전체 평균이 높다고 착각한 셈인데, 이른바 심슨의 역설Simpson's paradox에 빠진 것이다. 심슨의 역설은 부분이 높다고 해서 전체가 높은 것은 아니라는 개념이다. 예를 들어, 어떤 대학의 단과대에는 A학부와 B학부가 있는데, A학부는 남학생 지원자 400명 중에서 320명이 합격했고, 여학생 지원자 100명 중에는 90명이 합격했다. 합격률은 남학생 80%, 여학생 90%로 여학생이 높다. B학부의 경우, 남학생 지원자 100명 중 10명이 합격했고, 여학생은 400명 중 80명이 합격했다. 합격률은 남학생 10%, 여학생 20%로 여학생이 높다. A학부, B학부 모두 여학생의 합격률이 높다. 그런데, 이 단과대 전체 합격률을 살펴보자. 남학생은 330/500명, 66%의 합격률이지만, 여학생은 170/500명, 34%에 불과하다.

올림픽 경기나 국제 대회에서 심판들의 점수가 공개되는 스포츠 종목이 있다. 이때도 관중이 심판들의 점수를 보고 평균을 추측하는 경우, 소수의 높은 평가가 눈에 띌 때 평균을 과대 추정하는 경향이 생긴다. 이처럼 높은 점수는 우리의 비합리성을 촉진시키기도 한다.

점수는 반드시 질적인 정보로 보완해야 한다

점수의 장점은 많다. 조직에서 빠르고 합리적인 판단과 의사 결정을 내리기 위해서는 점수가 필수적이다. 대부분의 경우 양적인 판단은 별 고민 없이 쉽게 내릴 수 있으며 리스크도 적다. 별 네 개보다는 별 다섯 개짜리 식당을 선택하거나 평점 8점짜리보다는 10점짜리 책을 읽는 것이 더 유리할 수 있다. 점수가 집단 지성의 결과라고 우리가 믿기 때문이다. 하지만 더 좋은 판단을 내리기 위해서는 앞서 말한 양적 데이터의 어두운 측면을 보완해야 한다. 특히 인간관계에서는 점수보다는 느낌이나 의미가 더욱 중요하다. 내 아내가 나를 100점짜리 남편이라고 말한다면 기분 나쁘지는 않을 것이다. 그런데 100점을 받았다고 해서 아내에 대한 고마움이나 애정이 더 생길 것 같지는 않다. 점수가 아닌 느낌이나 의미를 말해 주어야 관계의 질을 높일 수 있기 때문이다.

리더들은 인사 평가 피드백 과정에서 등급 또는 점수와 질적 평가 결과를 동시에 통보하는 것이 질적인 영역에 주목하지 못하게 만드는 피드백 방식이라는 사실을 인지해야 한다. 리더가 구성원의 성장과 발전을 위해 피드백을 하고 싶다면 점수 또는 등급과 질적인 평가를 분명히 구분하는 시도를 해야 한다. 앞선 실험처럼 양적 정보와 질적 정보가 동시에 주어질 때 우리는 양적인 영역에 집중한 나머지 질적인 내용을 간과하기 때문이다. 하다못해 면담 자리에서 눈앞의 평가지를 치우기라도 해야 한다. 우리는 조직 생활을 하면서 누군가를 점수로 평가하거나 평가받는 위치에 있을 수밖에 없다. 이러한 상황에 처할 때 점수가 만드는 마음의 작동 오류를 기억하고 질적인 평가로 무게 중심을 옮기는 시도를 잊지 않았으면 한다. 글의 시작은 "당신은 몇 점짜리 동료입니까?"였지만 이 질문은 이렇게 바뀌어야 옳다.

"당신은 누군가에게 어떤 의미의 동료입니까?"

심리학이 제안하는 슬기로운 직장 생활 팁

🔆 숫자는 빠른 비교와 합의에서 유리한 측면이 있으나, 인간의 직관과 느낌을 모두 반영하지 못하기 때문에 중요한 의사 결정 과정에서 오류를 일으킬 수 있다. 이 때문에 김기주는 더 나은 판단이 무엇인지에 관한 건강한 고민에 빠져 있는 상태다. 김기주는 숫자의 장점을 활용해야 하는 영역과 숫자가 오류를 일으키기 쉬운 영역을 구분해서 생각해야 한다.

💡 다수의 합의가 필요한 과정에선 점수를 활용하는 편이 좋다. 응답 피로도를 감수하고라도 항목을 구체화하고 가중치를 달리하여 평가하고, 미흡한 측면이 있다면 향후에 다시 보완하는 방식으로 접근해야 한다. 하지만, 개인 선호나 사람에 관한 판단은 점수로 모든 측면을 측정할 수 없고 측정 과정에서 오류가 나타나기 쉬움을 인지해야 한다. 이때는 질적인 영역으로 보완하는 과정이 반드시 필요하다. 김기주는 점수로만 평가해도 무리 없는 영역과 질적 보완이 필요한 영역을 구분하여, 질적 평가를 기록하는 습관을 들이길 바란다. 질적 피드백 스킬을 기르는 일은 향후 좋은 리더로 성장하기 위해서라도 반드시 필요하다.

☑ 요약

☑ 점수로 수치화하는 것은 세상 모든 것에는 높고 낮음이 분명히 있고, 숫자가 높은 것은 낮은 것보다 좋다고 생각하게 만드는 마음의 오류를 만든다. 사람들은 점수가 주어지지 않을 때는 자신에게 이로운 선택을 할 수 있지만, 점수가 제시되는 순간 높은 점수를 획득하는 데 매몰되어 스스로에게 불리한 선택을 하곤 한다.

☑ 점수의 장점은 많다. 조직에서 빠르고 합리적인 판단과 의사 결정을 위해서는 점수가 필수적이다. 대부분의 경우 양적인 판단은 별 고민 없이 쉽게 내릴 수 있으며 리스크도 적다. 그러나 더 좋은 판단을 위해서는 양적 데이터의 어두운 측면을 보완해야 한다.

☑ **점수에 매몰되지 않고 정확히 판단하고 소통하는 법**

1. 양적 정보와 질적 정보가 동시에 주어지면 질적 정보에 주목하지 못한다. 따라서 인사 평가 피드백과 같은 상황에서 피드백의 효과성을 높이려면 양적 등급, 점수와 질적 평가를 명확히 구분하여 소통해야 한다.
2. 점수가 만드는 마음의 오류를 인지하고 질적인 느낌이나 의미에 평가의 무게 중심을 옮겨야 한다.
3. 관계의 질을 높이기 위해 나에게 동료들은 어떤 의미와 가치를 지녔는지 말할 수 있는 지가 무엇보다 중요하다.

심리학
직장 생활을
도와줘

원하는 것을
이루는 심리학

진정한
행복을 찾아서

[착각]

승진, 급여 인상, 로또 당첨, 성공 투자,

이런 것이 행복에 필요한 조건이다?

"언제까지 회사를 다녀야 하는지, 또 언제까지 다닐 수 있을지 모르겠어요. 남들처럼 급여가 많은 것도 아닌데 집 한 채도 없고 삶이 이렇게 팍팍하니 저녁이 있는 삶이니 행복이니 그런 생각을 하는 것 자체가 사치라고 생각해요."

"매주 로또라도 꾸준히 사 보세요. 혹시 압니까? 로또 당첨돼서 인생 역전될지. 저도 벌써 입사 5년 차가 됐더라고요. 그간 모아 둔 돈이 좀 있었는데 코인하고 주식으로 좀 날리고. 정기준 님 못지않게 저도 답답합니다. 행복한 직원, 행복한 직장 이런 슬로건만 봐도 나하고는 너무 먼 얘기 같고, 일하는 것이 행복하다는 사람들이 가식적으로 느껴져 이제는 정말 짜증이 날 지경이에요."

[진실]

소유보다는 경험에 오래 지속되는 행복이 있다!

행복은 순간순간의 경험(moment to moment experience)이다.

– 다니엘 길버트^{Daniel Gilbert} –

궁 금 해 , 심 리 학

어떤 사건이 우리의 행복과 불행을 좌우하는가?

"로또라도 당첨되면 좋겠다." 살다 보면 간혹 이런 말을 할 때가 있다. 아마 주변 사람에게서 가장 흔하게 듣는 말 중 하나일 것이다. 그런데 로또에 당첨되면 정말 행복할까? 아마 로또 당첨은 우리 삶에 분명 긍정적인 영향을 미칠 것이다. 순식간에 늘어난 재정적 여유로움은 생활 수준만이 아니라 심리적인 자존감도 높여 줄 것이 분명하다.

한편으론 로또에 당첨된 뒤, 더 불행해진 사람들의 뉴스를 우리가 기억하는 것을 보면 마냥 행복할 것 같진 않다.

이번엔 좀 불행한 상상을 해 보자. 만약 우리가 교통사고를 당해 양쪽 다리를 마음대로 쓰지 못하게 된다면 어떤 느낌일까? 정말 상상하고 싶지 않다. 불의의 사고는 우리 삶을 불행하게 만들 것이 틀림없다. 로또에 당첨되는 일과 교통사고를 당하는 일, 이 둘의 행복감을 비교하는 일 자체가 터무니없는 발상이다. 로또 당첨자가 불행해질 수는 있지만 교통사고를 당한 사람만큼 불행할 리는 없을 것이다.

그런데, 로또에 당첨되거나, 교통사고를 당하면 어느 정도 행복하고 불행해질까? 그리고 그 행복과 불행한 감정은 얼마나 지속될까? 어떤 사건이 우리에게 발생한다면 그 사건은 우리 감정에 영향을 미친다. 이때, 해당 사건이 감정에 미치는 영향을 정확히 예측한다면 그 사건이 발생하도록 하거나 발생하지 않도록 회피하는 노력은 의미가 있다. 하지만 사건이 감정에 미치는 영향을 우리가 터무니없이 빗나가게 예측한다면 어떨까? 내 집을 마련하면 일생일대의 행복감을 느낄 것으로 기대해서 긴 세월을 참고 아끼고 고통스럽게 살아왔는데 막상 입주하고 보니 예상보다 행복하지 않다면 그 시간이 허무하게 느껴지지 않을까?

지금까지 심리학이 밝혀낸 진실은 우리가 어떤 사건이 우리의 감정에 미치는 영향을 예측할 때 정확도가 매우 떨어지는 마음의 시스템을 가지고 있다는 것이다. 그렇다면 이렇게 예측이 번번이 빗나가는 이유는 무엇일까?

[직장 속으로]

전두리는 입사 뒤 한동안은 일하는 재미가 있었다. 좋은 회사에 다닌다는 자부심도 컸고 팀원들과 팀워크도 좋았으며 프로젝트가 완성될 때마다 성취감도 느꼈다. 일하기 좋은 직장, 행복한 직장은 재미^{fun}, 신뢰^{trust}, 자부심^{pride}에 달려 있다더니, 정말 3박자가 딱 맞아 행복하다는 생각을 종종 했었다. 그런데, 어느 순간부터 더 좋은 직장과 비교되고, 팀원들의 행동이 마음에 들지 않았으며, 성취감보다는 납기에 맞추는 듯한 쫓기는 삶이 반복되고 있었다. 그렇다고 큰 문제가 있는 것은 아니다. 어떻게 보면 그저 무탈한 삶을 이어 가고 있었지만, 이것이 곧 행복한 삶은 아니었다.

무료한 삶에 주식과 코인 투자는 쾌락과 흥분의 원천이 되기도 했다. 주가와 코인 가격의 등락에 따라 기분이 롤러코스터를 탔지만, 확실히 일할 때보다는 즐거웠다. 투자한 돈의 절반 이상을 날리고서야 정신을 차리고 일하는 의미를 찾기 위해 책을 보고 유튜브에서 각종 세미나를 검색해 시청했다.

누군가는 몰입^{flow}의 방법을 말하고, 누군가는 무엇^{what}이나 어떻게^{how}가 아니라 왜^{why}에서 시작하라고 했으며, 또 누군가는 열정^{passion}을 주장했다.

'좋고 나쁜 것은 없으며, 생각이 그렇게 만들 뿐'이라는 셰익스피

어의 글은 어떤 심리학자의 손에서 프레임으로 재탄생하여 굿라이프에 대해 돌아보게 했고, 행복은 목적이 아니라 삶에 필요한 도구일 뿐이라는 심리학자도 있었다.

물질적 풍요가 삶의 의미를 빼앗아 간다는 어떤 스님의 얘기도, 지금이 비록 힘들다고 느껴질지 모르지만 사실 인류 역사상 최고의 시대에 살고 있다는 세계 최고의 석학의 말도 전두리에겐 왠지 모르게 공허하게 느껴진다.

여러 고민 끝에 전두리는 물질적 풍요가 삶의 의미를 앗아 갈지도 모르지만, 그것만이 유일한 해결책이라고 결론 내리게 되었다. 직장 생활을 하면서 모아 둔 돈을 대부분 날린 전두리는 로또에 당첨되는 행운이 찾아온다면, 자신의 문제를 상당 부분 해결해 줄 것이라고 믿는다.

결핍은 욕망을 낳는 법이다. 배가 고픈 사람에겐 먹을 것만 눈에 띄고 먹을 것만을 바란다. 지금 전두리가 딱 그렇다. 전두리는 바란다. 더 많은 급여를 받고, 로또까지 당첨된다면 인생에 더 바랄 것이 없다고. 그리고 그 행복은 오래오래 지속될 것이라고.

나는 만족한 인생을 살고 있는가?

🔍 **주관적 안녕감**(Concise Measure of Subjective Well-Being) **검사**

행복은 주관적 경험이다. 행복 경험은 구체적으로 만족스러운 삶을 살고 있다고 생각하는 것과 긍정 정서를 자주 느끼는 것, 부정 정서를 적게 경험하는 일이다. 아래 문항에 응답한 결과로 자신이 얼마나 행복한 삶을 살고 있는지 확인해 보자.

다음은 삶의 만족에 관한 질문이다. 우리의 삶은 개인적 측면(개인적 성취, 성격, 건강 등), 관계적 측면(주위 사람들과 맺는 관계 등), 집단적 측면(내가 속한 집단, 직장, 지역 사회 등)으로 구분할 수 있다. 당신은 그러한 삶의 각 측면에 얼마나 만족하는가? '전혀 그렇지 않다(1점)'에서부터 '매우 그렇다(7점)'까지 보기 중에서 가장 가까운 번호를 골라 보자.

* 전혀 그렇지 않다: 1점, 대체로 그렇지 않다: 2점, 약간 그렇지 않다: 3점,
　보통이다: 4점, 대체로 그렇다: 5점, 거의 그렇다: 6점, 매우 그렇다: 7점

1. 나는 내 삶의 개인적 측면에 대해 만족한다.

　☐ 1점　☐ 2점　☐ 3점　☐ 4점　☐ 5점　☐ 6점　☐ 7점

2. 나는 내 삶의 관계적 측면에 대해 만족한다.

　☐ 1점　☐ 2점　☐ 3점　☐ 4점　☐ 5점　☐ 6점　☐ 7점

3. 나는 내가 속한 집단에 만족한다.

　☐ 1점　☐ 2점　☐ 3점　☐ 4점　☐ 5점　☐ 6점　☐ 7점

다음은 지난 한 달 동안 당신이 경험한 감정을 묻는 질문이다. 지난 한 달 동안 어떤 경험을 했는지 생각해 보자. 그리고 나서 다음에 제시되는 감정들을 얼마나 자주 느꼈는지 '전혀 느끼지 않았다(1점)'에서부터 '항상 느꼈다(7점)'까지의 보기 중에 가까운 번호를 골라 보자.

* 전혀 느끼지 않았다: 1점, 대체로 느끼지지 않았다: 2점, 약간 느끼지 않았다: 3점,
  보통이다: 4점, 대체로 느꼈다: 5점, 거의 느꼈다: 6점, 항상 느꼈다: 7점

4. 즐거운

☐ 1점   ☐ 2점   ☐ 3점   ☐ 4점   ☐ 5점   ☐ 6점   ☐ 7점

5. 행복한

☐ 1점   ☐ 2점   ☐ 3점   ☐ 4점   ☐ 5점   ☐ 6점   ☐ 7점

6. 편안한

☐ 1점   ☐ 2점   ☐ 3점   ☐ 4점   ☐ 5점   ☐ 6점   ☐ 7점

7. 짜증나는

☐ 1점   ☐ 2점   ☐ 3점   ☐ 4점   ☐ 5점   ☐ 6점   ☐ 7점

8. 부정적인

☐ 1점   ☐ 2점   ☐ 3점   ☐ 4점   ☐ 5점   ☐ 6점   ☐ 7점

9. 무기력한

☐ 1점   ☐ 2점   ☐ 3점   ☐ 4점   ☐ 5점   ☐ 6점   ☐ 7점

출처: 서은국, & 구재선. (2011). 단축형 행복 척도 (COMOSWB) 개발 및 타당화. 한국심리학회지: 사회 및 성격, 25(1), 96–114.

• 만족감 총점: 문항 1+2+3

• 긍정 정서 총점: 문항 4+5+6

• 부정 정서 총점: 문항 7+8+9

최종 행복 점수: 만족감 + 긍정 정서 - 부정 정서

총점이 18점 이상이면 상위 30%에 속하는 행복감으로 해석할 수 있다. 행복 점수가 그보다 낮다면 행복 경험의 빈도를 높이려는 시도가 필요하다. 점수가 충분히 높다 하더라도 행복 수준을 유지하거나 강화하는 활동을 꾸준히 실행해야 한다.

우리는 외부 사건이 미치는 영향을 과대평가한다

아래 질문에 대한 답을 오래 고민하지 말고 표시해 보자.

• 현재 당신은 얼마나 행복한가? 다음 중 가장 적합한 숫자를 선택한다면?

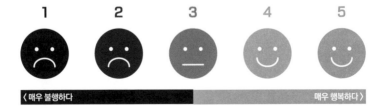

⟨ 매우 불행하다   매우 행복하다 ⟩

• 이번에는 다른 상황을 생각해 보자. 당신의 친구 중에서 작년에 로또에 당첨되어 10억 원을 받은 사람이 있다. 1년이 지난 지금, 이 친구는 과연 자신이 얼마나 행복하다고 생각할까?

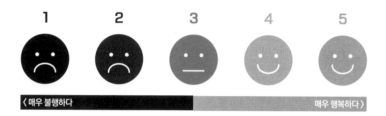

• 마지막으로, 다음 상황을 생각해 보자. 이번엔 또 다른 친구가 작년에 교통사고를 당해 하반신이 마비됐다. 안타깝게도 지난 1년간 상태는 호전되지 않고 있다. 이 친구는 자신이 얼마나 행복하다고 생각할까?

각 문항에 모든 답을 표시했다면, 실제 현실과 어떤 차이가 있는지 한번 비교해 보자. 미국 메사추세츠대학교 애머스트캠퍼스 심리학과 로니 자노프 벌만^{Ronnie Janoff-Bulman} 교수 등은 무작위로 선정된

일반인 그룹, 로또에 당첨된 그룹, 교통사고를 당해 장애인이 된 그룹을 대상으로 행복감을 연구했다. 연구 결과, 무작위로 선정한 일반인의 행복 지수는 5점 만점에 3.8점이었다. 만약 당신이 첫 번째 질문에 4점 정도로 답했다면, 이 연구에 참여한 일반인과 크게 다르지 않다. 그렇다면 실제 로또에 당첨된 사람들의 행복감은 얼마였을까? 예상과 달리 평균 4.0점에 그쳤다. 로또에 당첨된 사람과 무작위로 선정한 사람들의 차이는 그렇게 크지 않았다. 마지막으로 교통사고를 당한 사람들의 행복도는 평균 3.0점이었다. 3.0이라는 점수를 쉽게 이해하기는 어렵다. 아마 첫 번째 질문인 현재 행복도에 3점을 준 사람도 많았을 테니까. 교통사고로 장애인이 된 사람과 일반인의 행복 지수의 차이가 1점도 나지 않았다. 심지어 일반인들보다 행복하다고 응답한 장애인들도 더러 있었다.

가장 흥미로운 점은 미래의 행복에 대한 예측이었다. 실험에 참가한 사람들에게 자신이 앞으로 얼마나 행복할 것 같은지 물었다. 미래의 행복 지수를 측정하니, 일반인들은 4.1점, 로또 당첨자들은 4.2점, 교통사고를 당한 사람들은 4.3점이라고 응답했다. 오히려 장애인들이 미래에는 더 행복해질 거라고 생각한 것이다.

로또에 당첨된 사람은 우리의 예상만큼 행복하지 않았고, 교통사고로 장애를 입은 사람은 우리의 예상만큼 불행하지 않았다. 우리는 외부 사건이 우리 감정에 미치는 영향이 긍정적이든, 부정적이든 과대평가하고 있는 것이 분명하다.

적응력이란 자동 온도 조절 장치다

　그렇다면 어떻게 해서 이런 결과가 나왔을까? 우리가 감정 예측에 실패하는 이유는 우리의 적응력을 과소평가하기 때문이다. 적응력이란 우리 마음의 자동 온도 조절 장치 같은 것이다. 사람마다 설정된 온도가 있는데 외부 환경이 변할 때 잠깐은 변할 수 있지만 다시 설정된 온도로 복귀하게 된다. 적응력의 회복 속도는 우리 예상보다 빠르다. 급여가 오르거나, 좋은 차로 바꾸면 오래오래 행복할 것 같지만, 다시 원래 행복 수준으로 빠르게 돌아간다. 실연의 아픔을 겪으면, 영원히 아픔을 잊을 수 없을 것 같지만 시간이 지나면 고통도 줄어들고 생각도 바뀐다. 새로운 연인이 나타나면 '그때 헤어지지 않았으면 어땠을까' 하고 생각하며 심지어 "헤어지길 잘했다."라고 말하기도 한다.

　살면서 우리는 다양한 실패를 경험한다. 나 역시 대학 입학시험에서 신체검사 때문에 낙방한 경험이 있다. 어릴 때부터 사회 정의를 지키는 경찰이 꿈이었다. 다른 진로는 별로 생각해 본 적이 없다. 신체검사를 통과하지 못해 낙방한 다음 어쩌다 산업심리학과로 진학했지만, 지금은 심리학을 매일 공부하고 얘기하고 있다. 심지어 "그때 경찰이 됐으면 어쩔 뻔했어."라고 말하며 다행이라 여기며 살고 있다. 감히 비할 바는 못 되지만 나는 이 경험이 워런 버핏[Warren Buffett]이 "내 인생 최고의 행운은 하버드에 불합격한 것이다."라고 말했던 일화와 비슷하다고 생각한다.

도전하지 말고 대충 안주하며 살라는 말이 아니다. 오히려 심리학이 말하는 적응력은, 우리가 적응력을 너무 과소평가한 나머지 실패하는 것이 너무 두려워 새로운 분야에 도전하는 것을 멈추지 말라는 주장에 가깝다.

알래스카의 겨울은 매우 춥다. 반면, 하와이는 일 년 내내 따뜻하고 맛있는 과일과 시원한 해변이 있다. 그렇다면 어느 지역에 사는 사람이 더 행복할까? 실제로 알래스카 사람들은 하와이로 이사를 가면 지금보다 훨씬 행복해질 것이라고 상상한다. 알래스카나 하와이가 아닌 다른 지역에 사는 사람들도 대부분 하와이 사람들이 알래스카 사람들에 비해 행복할 것이라고 생각한다. 그런데 실제 두 지역에 사는 사람들의 행복 지수는 거의 차이가 없다.

우리 모두는 외부 환경에 빠르게 적응하면서 내부에 설정된 행복 수준으로 복귀하는 시스템을 갖추고 살기 때문이다.

환경 적응은 빠르지만, 경험 적응은 느리다

진정한 행복감을 누리려면 적응이 빠른 대상과 적응이 느린 대상을 구별할 줄 알아야 한다. 적응이 빠르면 행복한 감정이 금세 사라지지만 적응이 느린 대상에 관한 긍정 감정은 오래 지속될 것이기 때문이다. 대개 물질 소유나 환경에 대한 적응은 우리의 예상보다 빠르다. 하지만 경험에 대한 적응은 예상보다 느리다. 좋은 집으로 이사해 식탁, TV, 인테리어 등을 바꾸는 것에 대한 적응은 빠르지만, 가족과 여행지에서 겪은 경험을 통한 행복은 비교적 오래 유지된다. 소유나 환경 적응은 빠르기 때문에 새집에 이사하면서 가전 도구나 가구를 한꺼번에 바꾸는 일은 결코 현명하지 못한 행위다. 하나 바꾸고 행복감이 사라질 즈음에 또 하나를 바꾸는 식으로 구매해야 한다.

내가 학창 시절 좋아했던 가수 신해철은 '나에게 쓰는 편지'라는 곡에서 행복을 이렇게 노래했다.

'전망 좋은 직장과 가족 안에서의 안정과 은행구좌의 잔고 액수가 모든 가치의 척도인가, 돈 큰집 빠른 차 여자 명성 사회적 지위 그런 것들에 과연 우리의 행복이 있을까.'

이 가사를 지금 심리학자의 눈으로 보자면 행복이 있을 것이 하나 있다. 가사에 언급된 대부분의 내용은 물질적 환경 적응이기 때문에 행복이 있을 가능성이 낮지만, 가족 안에서의 안정은 경험 적응에 가깝기 때문에 이 안에 행복이 존재할 가능성이 높다. 다른 것과 달리 가족 안에서의 안정은 가족과 여러 경험을 나누며 만들어지는 것이기 때문이다.

연말 혹은 새해가 시작될 때 많은 조직에서는 새로운 비전과 변화를 준비한다. 이때 리더와 구성원들은 변화가 야기하는 행복감이나 두려움에 집중하기보다는 변화를 통해 얻을 수 있는 경험에 가치를 두는 편이 현명하다. 새로운 환경이 주는 압박감을 상상하며 지나치게 염려할 필요는 없다. 우리 마음의 적응이 예측보다 빠를 것이라고 생각하며 마음을 비우는 편이 낫다. 심리학은 이런 시기에 경험을 통한 행복에 집중할 것을 권한다.

코로나로 모든 것이 변화했음에도 우리는 기대 이상으로 잘 적응했다. 앞으로 있을 또 다른 변화에도 우리는 분명 우리가 상상하는 것 이상으로 적응이 빠를 것이다. 빠른 변화의 시기에는 새로운 일을 통한 학습과 성장, 새로운 동료들과 하는 협업과 같은 경험을 통해 어떻게 만족감을 높일 수 있을지 상상해 보는 것이 진정으로 필요한 지혜다.

심리학이 제안하는 슬기로운 직장 생활 팁

💡 전두리는 현재의 결핍이 관점을 좁게 만들고 있음을 인식해야 한다. 좁아진 관점은 다른 관점의 사고나 새로운 시도를 막는다. 우선 관점을 넓히기 위해 연차를 내서라도 잠시 휴식 시간을 갖길 바란다. 아름다운 자연환경에서 좋아하는 사람과 맛있는 음식을 먹으며 일에서 잠시 떠나 자신을 돌보는 시간이 필요하다. 긍정 정서의 경험은 관점을 넓히는 데 도움이 될 것이다.

💡 로또를 사는 것이 기분을 좋게 만든다면, 매주 사는 것도 괜찮다.

다만, 추첨일인 토요일에 구매하기보다는 추첨일 바로 다음 날에 사기를 권한다. 쾌감에 영향을 미치는 흥분성 신경 전달 물질인 도파민은 보상 자체에도 반응하지만, 보상에 대한 기대에도 반응하기 때문이다. 기대감을 가지고 한 주를 보내는 편이 당일 로또를 사서 단 하루만 기대하는 것보다 낫다.

💡 불만족스러운 현재 상태를 일시에 바꾸는 일은 쉽지 않지만, 경험 적응으로 극복이 가능하다. 로또든, 보너스든 여윳돈이 생기면 하고 싶은 일을 생각해 보자. 소유물이 주는 행복은 우리 뇌가 빠르게 적응한다는 사실을 기억하고 환경 적응적 소비보다는 평소 하고 싶었던 일이나 경험에 돈을 쓰도록 하자. 불만을 없애는 것만으로 행복하기 어렵다는 사실 역시 인식해야 한다. 사회적 비교에는 한계가 없다. 다른 사람과 비교를 지속하는 것으로 행복을 추구할 것이 아니라, 자신의 경험에 가치를 부여하는 일로써 행복을 느껴야 한다.

3장 원하는 것을 이루는 심리학

☑ 요약

☑ 우리는 어떤 사건이 우리의 감정에 미치는 영향을 예측할 때 정확도가 매우 떨어지는 마음의 시스템을 가지고 있다. 연구 결과, 로또에 당첨된 사람은 우리의 예상만큼 행복하지 않았고, 교통사고로 장애를 입은 사람은 우리의 예상만큼 불행하지 않았다. 우리는 외부 사건이 우리 감정에 미치는 영향이 긍정적이든, 부정적이든 과대평가하고 있는 것이 분명하다.

☑ 우리가 감정 예측에 실패하는 이유는 우리의 적응력을 과소평가하기 때문이다. 적응력이란 우리 마음의 자동 온도 조절 장치 같은 것이다. 사람마다 설정된 온도가 있는데 외부 환경이 변할 때, 잠깐은 변할 수 있지만, 다시 설정된 온도로 복귀하게 된다.

☑ 진정한 행복감을 누리려면 적응이 빠른 대상과 적응이 느린 대상을 구별할 줄 알아야 한다. 적응이 빠르면 행복한 감정이 금세 사라지지만, 적응이 느린 대상에 관한 긍정 감정은 오래 지속될 것이기 때문이다. 대개 물질적 소유나 환경에 대한 적응은 우리의 예상보다 빠르다. 하지만 경험에 대한 적응은 예상보다 느리다.

☑ 새로운 환경이 주는 압박감을 상상하며 지나치게 염려할 필요는 없다. 우리 마음의 적응이 우리의 예측보다 빠를 것이라고 생각하며 마음을 비우는 편이 낫다. 심리학은 이런 시기에 경험을 통한 행복에 집중할 것을 권한다.

계획도 한 바구니에 담지 말라

[착각]

버킷리스트는 동기 부여에 도움이 된다?

"전두리 님은 버킷리스트가 있나요? 난 직장 생활이 팍팍할 때 내가 직접 작성한 버킷리스트를 보면 힐링도 되고 좋던데. 난 오로라를 보는 것이 버킷리스트 1순위인데 컴퓨터 바탕화면에 깔아 두고 한 번씩 보면 그게 그렇게 좋아요. 전두리 님도 버킷리스트를 만들어 보는 게 어때요?"

"상무님 말씀을 듣고 보니 저도 신입 사원 때 작성해 둔 버킷리스트가 있네요. 신입 사원 교육 때 버킷리스트 50개를 작성하고 지갑에 넣어서 한동안 간직하고 있었는데, 다시 찾아봐야겠습니다. 상무님 말씀처럼 저도 버킷리스트를 보고 마음가짐을 다잡아야겠습니다. 고맙습니다."

[진실]

여러 계획을 동시에 실천하는 것은 비효율적이다!

미래를 너무 멀리 내다보는 것은 잘못이다.
운명의 사슬은 한 번에 단 하나의 고리만을
처리할 수 있을 뿐이다.

– 윈스턴 처칠^{Winston Churchill} _

궁 금 해 , 심 리 학

한꺼번에 세운 계획은 위험하다

당신은 앞으로 2주간 점심시간에 먹을 메뉴에 관한 계획을 작성해야 한다. 회사 인근 식당의 메뉴를 떠올리며 2주일 점심 식단을 계획해 보자. '평소 김치찌개와 된장찌개를 좋아하니, 일주일은 내내 김치찌개를 먹고, 다음 일주일은 된장찌개를 먹어야지!' 하고 생각하는 사람은 아마 없을 것이다. 회사 근처에 있는 식당들의 여러 메뉴를 골고루 먹어 볼 계획을 세울 가능성이 더 크다. 오늘은 한식을, 내일은 중식을, 그다음 날은 분식을…… 우리는 이처럼 한

번에 여러 가지 선택을 할 때, 가급적 다양한 선택을 하려고 한다. 한꺼번에 계획을 세울 때, 오늘 점심에 먹은 음식을 이번 주 중에 또 먹는다면 질릴 거라고 생각하기 때문이다.

그런데 계획대로 점심 식사를 할 때를 생각해 보자. 계획에 따라 매번 다른 메뉴로 식사를 해도 막상 먹어 보면 그렇게 만족스럽지 않다. 평소에 좋아하는 메뉴를 먹을 걸 하는 후회가 든다. 집에 있는 냉장고에 먹지 않은 음식이 쌓이는 이유는 우리가 마트에 가서 쇼핑을 할 때, 1~2주 정도의 식단에 관한 계획을 한꺼번에 떠올리기 때문이다. 매번 식탁에 같은 음식을 올릴 수는 없다. 게다가 시식 코너에서 처음 맛본 음식도 왠지 계속 좋아하게 될 것 같다. 하지만 우리의 입맛이 한 번 맛봤다고 해서 쉽게 변하지 않는다는 사실이 마트 시식 코너의 함정이다. 그래서 한꺼번에 세운 계획은 위험하다. 그렇다면 어떻게 계획을 세우는 것이 좋을까? 심리학이 조언하는 효과적인 계획, 집중력 있는 실천, 실행을 유지하는 방법에 관해 살펴보자.

[직장 속으로]

전두리가 다른 본부로 이동을 고민한다는 소문은 이제 조직 내에 모르는 사람이 없다. 본부장은 그 시기에 흔히 겪는 슬럼프 정도로 인식하고 있다.

영업직으로 옮긴다고 해서 모든 고민이 일시에 해결될 수 없다.

신입으로 다시 입사해 처음부터 일을 배워야 하는데, 개방성이 높은 성격도 아니고 전두리가 또 거기서 헤매고 있을 것 같아 걱정이다.

전두리가 원한다면 언제든 이동을 통해 전두리의 경력 관리에 적극적으로 도움을 줄 생각이다. 하지만, 직장 생활에 잔뼈가 굵은 본부장은 현재 전두리가 충동적 의사 결정을 하려 든다고 판단하고 있다.

눈앞에 힘든 일이 매일 펼쳐지고 그 안에서 헤매고 있다면 시선을 멀리 둘 필요가 있다. 바둑이나 장기를 둘 때 게임에 참여하는 사람은 좋은 수가 보이지 않지만, 훈수 두는 사람에게는 묘수가 쉽게 눈에 띄는 법이다. 훈수 두는 사람이 게임에 참여하는 사람보다 고수여서가 아니다. 그저 한 발짝 떨어져 있으니 가능한 일이다. 본부장은 전두리에게 그런 여유를 제공하고 싶었다. 너무 현재에 매몰되지 않고 먼발치에서 자신의 고민을 바라보길 바랐다. 본부장은 전두리에게 차 한잔 마시자며 짧은 면담을 요청했다. 그러고는 시선을 멀리 두는 방안으로 버킷리스트를 제안했다.

전두리도 자신의 생활이 처음부터 힘들지 않았다는 사실을 잘 알고 있다. 초심으로 돌아갈 수 있다면 해결할 수 있을 것 같다는 생각도 든다. 전두리가 이수한 신입 사원 교육 프로그램 중 하나는 직장 생활 버킷리스트 작성이었다. 대다수 동기들은 흥미를 못 느끼고 인터넷 검색을 통해 찾거나, 다른 사람이 쓴 내용을 베끼는 방식으로 리스트를 작성했지만, 전두리는 달랐다. 30대, 40대, 50대,

60대 이후, 자신이 나이 들 세월을 상상하며 그 시점에 하고 싶은 일이 무엇일지 머릿속에 생생히 그려 보았다. 여러 목표를 떠올리는 것만으로도 전두리는 행복했다. 그중에서도 전두리의 머릿속에서 가장 먼저 떠오르는 목표는 '월터의 상상은 현실이 된다'의 주인공처럼 '바다 한가운데로 헬기에서 뛰어내리기'였다. 위험한 일이라면 시도할 엄두조차 못 내는 스스로에게 누가 봐도 평범한 직장인이었던 월터의 도전은 큰 감동이었기 때문이다.

당시에 적은 리스트는 몇 년 전 생일에 지갑을 선물 받고 지갑을 바꾸기 전까지 한동안 전두리의 지갑 안쪽에 있었다. 전두리는 집에 가 예전 지갑 속에 있는 리스트를 찾아볼 생각이다. 그러곤 그 리스트에 적혀 있는 목표를 신입 때의 마음으로 돌아가 도전해 볼 예정이다. 여러 다양한 목표를 그리며 가슴이 설렜던 그 마음으로 돌아가고자 한다. 분명 그 안에 지금의 고민을 해결할 수 있는 실마리가 있을 것 같다는 기대가 든다. 가장 먼저, 오늘 저녁 전두리는 가장 좋아하는 영화인 '월터의 상상은 현실이 된다'를 다시 볼 것이다.

나는 멀티태스킹 환경에 맞는 성격일까?

🔍 멀티태스킹 선호도(Polychronicity) 검사

여러 목표를 달성하기 위해 동시에 업무를 진행하는 것을 선호하는 성격이 있다. 멀티태스킹 선호도가 강한 성격이라면 한 번에 하나씩 처리하는 것을 불편하게 여길 수 있다. 선호도가 높다면 멀티태스킹의 위험성을 알고 업무를 수행해야 멀티태스킹으로 인한 부작용을 줄일 수 있다. 아래 문항들에 1~5점으로 응답해 자신의 멀티태스킹 선호도를 확인해 보자.

* 전혀 그렇지 않다: 1점, 대체로 그렇지 않다: 2점, 보통이다: 3점,
대체로 그렇다: 4점, 매우 그렇다: 5점

1. 나는 동시에 여러 업무를 병행하는 것을 좋아한다.
   ☐ 1점 ☐ 2점 ☐ 3점 ☐ 4점 ☐ 5점

2. 나는 여러 업무를 한 번에 주는 것이 더 낫다고 생각한다.
   ☐ 1점 ☐ 2점 ☐ 3점 ☐ 4점 ☐ 5점

3. 나는 한 번에 많은 업무를 시도하는 편이다.
   ☐ 1점 ☐ 2점 ☐ 3점 ☐ 4점 ☐ 5점

4. 나는 다른 업무를 시작하기 전에 하던 업무를 끝내는 것이 최선이라고 생각한다.
   ☐ 1점 ☐ 2점 ☐ 3점 ☐ 4점 ☐ 5점

5. 나는 한 번에 하나의 업무를 수행하는 것을 선호한다.
   ☐ 1점 ☐ 2점 ☐ 3점 ☐ 4점 ☐ 5점

6. 나는 하나의 업무를 완벽하게 끝내기보다 몇 가지 업무를 부분적으로 끝내는 것을 좋아한다.

☐ 1점   ☐ 2점   ☐ 3점   ☐ 4점   ☐ 5점

7. 나는 대체로 한 번에 하나의 업무에만 전념하는 편이다.

☐ 1점   ☐ 2점   ☐ 3점   ☐ 4점   ☐ 5점

출처: Oberlander, E. M. (2008). Understanding and Predicting Multitasking Performance Using Non-cognitive Variables: Addressing Issues in the Past Research and Developing a New Measure of Individual Polychronicity. ProQues.

총점이 25점 이상이면 멀티태스킹 선호도가 높은 성격이다. 자연스러운 선호에 따라 멀티태스킹을 수행하는 것은 문제가 없으나 과도한 멀티태스킹의 부작용을 염두에 두고 부정적 효과가 나타난다면 멀티태스킹을 멈추고 하나의 과제에 집중도를 높여야 한다.

나는 멀티태스킹 환경에 맞는 성격일까?

🔍 일터 멀티태스킹 환경(Multitasking in the workplace) 검사

멀티태스킹을 요구하는 업무 환경이 있다. 이런 환경이라면 부득이 멀티태스킹을 수행할 수밖에 없다. 마찬가지로 멀티태스킹의 부작용을 이해하는 것이 중요하다.

아래 문항들에 1~5점으로 응답해 자신의 처한 멀티태스킹 요구 환경을 확인해 보자.

* 전혀 그렇지 않다: 1점, 대체로 그렇지 않다: 2점, 보통이다: 3점,
  대체로 그렇다: 4점, 매우 그렇다: 5점

1. 나는 업무를 처리할 때 한 가지 업무에만 몰두하기보다는 몇 가지 업무를 동시에 처리해야 한다.

    ☐ 1점   ☐ 2점   ☐ 3점   ☐ 4점   ☐ 5점

2. 나는 일을 할 때 한 번에 한 가지 일을 끝까지 처리하기보다는 여러 업무를 전환하면서 일을 처리해야 한다.

    ☐ 1점   ☐ 2점   ☐ 3점   ☐ 4점   ☐ 5점

3. 나는 일을 할 때 다른 업무나 고객, 동료들 때문에 하던 일을 멈추어야 하는 경우가 종종 있다.

    ☐ 1점   ☐ 2점   ☐ 3점   ☐ 4점   ☐ 5점

출처: Woods, W. K. (2014). Multitasking in the workplace: a person-job fit perspective.

3장 원하는 것을 이루는 심리학

[점수 계산]

11점 이상이면 멀티태스킹을 과도하게 요구하는 업무 환경이라 할 수 있다. 멀티태스킹에 지나치게 매몰되어 일과 삶의 균형이 무너지는 일이 없도록 수시로 내면의 상태를 점검해야 한다. 멀티태스킹은 인지적 과부하를 가져오기 쉽기 때문에 적절한 휴식이 반드시 필요하다. 가급적 멀티태스킹을 줄일 수 있는 방식으로 업무를 계획하거나 환경을 바꾸는 시도를 해 보길 권한다.

한 번에 하나씩 실천하는 계획을 세워라

우리는 한꺼번에 계획할 때 가급적 다양한 것을 선택하려 한다. 미국 스탠포드 경영대학원의 이타마르 시몬슨Itamar Simonson 교수는 이처럼 우리가 계획할 때 가급적 다양하게 선택하려는 심리적 압박을 다양화 편향diversification bias이라고 불렀다. 언뜻 생각하면 다양한 게 좋은 것 같다. 어쨌든 '이왕이면 다홍치마'니까. 하지만 우리의 목표나 선호와 관련 없는 다양성은 실패하기 딱 좋은 조건이다. 다양화 편향을 연구하기 위해 시몬슨 교수는 하나의 실험을 계획했다. 학생들에게 간식을 함께 곁들일 수 있는 수업을 준비하면서 그때 먹을 스낵을 선택하라고 말했다. 스낵의 종류는 총 여섯 개, 그리고 수업은 4주에 걸쳐 매주 월요일 오후에 열린다고 공지했다. 이때 한 그룹의 학생들에겐 매주 월요일 수업이 시작되기 직전에 스낵을 고르도록 했고, 다른 그룹의 학생들은 4주간 먹을 스낵을 한꺼번에 결정하도록 했다.

그때그때 스낵을 고른 학생들의 선택은 거의 매주 동일했다. 원래 자신이 좋아했던 스낵을 수업이 시작될 때마다 선택했기 때문이다. 그런데 4주 수업에서 먹을 스낵을 한꺼번에 결정해야 했던 학생들은 달랐다. 그들은 서너 가지 다른 종류의 스낵을 선택했다. 오늘 점심에 먹은 김치찌개를 내일 점심 때 또 먹게 된다면 질릴 것이라고 생각한 우리와 다르지 않은 결정이다. 안타까운 점은 여러 스낵을 미리 선택한 학생들이 실제 수업에서 자신들이 선택한 스낵을 먹으며 그렇게 만족스러워 하지 않았다는 사실이다.

우리는 연초가 되면, 1년 계획을 한꺼번에 세운다. 자신이 좋아하고 실천할 수 있는 단 한 가지 계획이 아닌 다양한 계획을 동시에 떠올린다. 심리적 기제인 다양화 편향의 압박을 받으며 왠지 다양한 계획을 세워 두는 편이 매력적으로 느껴지기 때문이다. 공부도 해야 하지만, 운동도 해야 한다. 직장 내 관계도 소홀히 할 수 없다. 가족과 시간도 보내야 하고. 이런 식으로 계획을 만들다 보면 뿌듯하다. 모든 면을 놓치지 않은 매우 훌륭한 계획처럼 보이니까. 문제는 그러한 계획 중에 상당수는 소위 말하는 '구색 맞추기'에 가깝고 굳이 하거나 할 필요가 없는 계획이 많다는 데 있다. 이때 우리가 간과하는 것은 인간이 여러 계획을 동시에 실행하는 장면에선 지극히 비효율적으로 설계되었다는 점이다. 간단한 실험을 해 보자.

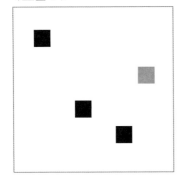 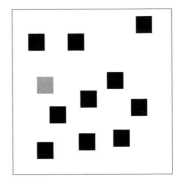

〈그림 1〉의 왼쪽에서 노란색 사각형을 찾아보자. 다음 오른쪽에서
도 노란색 사각형을 찾자. 어떤가? 사람들은 이 두 장면에서 노란색
사각형을 찾는 시간의 차이가 거의 나지 않는다. 왼쪽 그림은 방해자
가 셋이고, 오른쪽은 방해자가 열 개나 되지만 똑같은 속도로 노란
색 사각형을 찾아낼 수 있다.

〈그림 2〉

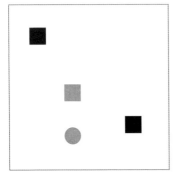 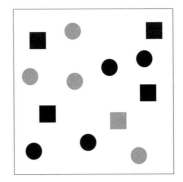

〈그림 2〉에서도 같은 실험을 해 보자. 역시 노란색 사각형을 왼쪽에서도 찾고, 다시 오른쪽에서도 찾으면 된다. 이번엔 오른쪽 그림이 약간 더 어렵게 느껴진다. 이번엔 방해자 수가 늘어나서 찾는 시간이 늘어났다고 볼 수 있다. 그런데 분명 〈그림 1〉에서 우리는 방해자 수가 늘어난 것에 방해받지 않았다. 유독 〈그림 2〉에서만 방해자 수가 힘들게 한다. 사실 본질은 방해자 수가 아니라, 방해자의 속성이다. 〈그림 1〉에서는 노란색 사각형을 찾으라고 했지만 사각형은 무시하고 그저 노란색만 찾으면 된다. 그런데 〈그림 2〉에서 노란색 사각형을 찾을 때는 노란색이면서 사각형 모양까지 찾아야 한다. 이때는 다른 모양의 노란색들이 노란색 사각형을 찾는 것을 방해한다.

계획에 따라 효율적으로 과제를 수행하려면 집중력이 필요하다. 이때 우리는 목표 대상에 집중하는 능력이 중요하다고 생각하지만, 실상은 방해자를 무시할 수 있는 능력과 환경이 훨씬 중요하다. 심리학이 정의하는 집중력이란 좀 과장해서 표현하면, 과제 자체에 집중하는 능력이 아니라 과제와 관련 없는 것을 억제하거나 무시하는 능력이다. 그런데 무시할 수 없는 과제들이 주변에 있다면 진짜 해야 할 과제에 집중하는 것이 아니라 다른 주변 과제가 주는 영향력을 억제하거나 무시하는 데 에너지를 다 쓰고 만다. 정작 해야 할 일은 시도조차 못 했는데, 과제와 관련 없는 것 때문에 우리의 인지적 자원이 바닥을 드러내기 쉽다.

중요한 프로젝트를 시작해야 하는데 갑자기 서랍 정리가 하고 싶고

3장 원하는 것을 이루는 심리학

사무실 책상 위 전화기를 닦거나 캐비닛이나 책장을 정리하고 싶다는 욕구를 느낄 때가 있다. 우리 마음이 집중해야 할 대상과는 전혀 관련 없지만 실행하기는 쉬운 방해자 쪽으로 끌리게 유도하기 때문이다. 계획을 실천할 때 쉬운 난이도의 방해자가 있으면 일단 그것부터 처리하고 싶도록 만드는 심리적 유인이다. 그래서 집중력에는 대상에 집중하는 능력보다는 방해자가 없는 환경이 더 중요하다고 할 수 있다.

따라서 계획은 한 번에 하나씩 실천하는 것이 최선이다. 버킷리스트 같은 환상은 현실 세계에서 실천하기 매우 어렵다. 버킷리스트를 50개씩 두고 50개 모두를 한꺼번에 생각하며 인생을 산다면 하나도 달성하지 못할 확률이 높다. 내가 좋아하고 잘할 수 있으면서 나에게 필요한 계획을 하나라도 실행하고 다음 계획을 생각해 보는 편이 현명하다.

계획할 때는 장애물을 반드시 확인하라

스크랜튼대학교 심리학과 교수인 존 노르크로스John Norcross는 미국 성인 두 명 중 한 명은 새해를 맞아 새로운 변화를 모색하며, 변화를 계획한 사람 중 절반은 6개월이 지나지 않아서 연초의 계획을 깨끗이 포기한다는 사실을 발견했다. 2년이 지나 조사했을 때, 포기하지 않았던 절반 중 단 20%만이 계획을 유지하고 있었다. 정리하면, 미국인의 절반은 새해에 변화를 계획하고, 그중 절반은 6개월 내에 계획을 포기하며, 포기하지 않은 절반 중 20%, 즉, 전체 인구의 5%만이 2년이 지난 시점까지도 계획을 유지했던 것이다. 노르크로스 교수는 실천을 지속한 사람들의 특성이 궁금했다. 그는 계획을 유지했던 사람들의 공통된 특징을 발견하고 정리했다. 노르크로스 교수가 발견한 가장 중요한 공통점은 실행을 지속한 사람들은 한꺼번에 여러 계획을 세우는 것이 아니라, 한 번에 하나씩 계획을 세운다는 사실이었다.

다음으로 중요한 공통점은 계획할 때 낙관적으로 목표가 완료된 모습만을 상상했던 것이 아니라, 목표 달성 과정에서 방해 요소가 되는 것이 무엇인지 현실적으로 생각했다는 점이었다. 막연하게 달라지면 좋겠다는 동기나 기대는 거의 도움이 되지 않았다.

우리가 목표를 달성하는 과정에서 목표에 집중하고 실행하는 일은 매우 중요하다. 그런데 이때 '우리 마음이 진짜 중요한 것을 놓치고 있구나!' 하고 생각해 보는 지혜가 필요하다. 목표 집중이 어려운 진짜 이유는 집중력 부족이 아니라 여러 목표가 동시에 방해자로서 경쟁하기 때문이다. 실천이 어려운 진짜 이유는 실천하는 효과적인 방법을 몰라서가 아니라 실천 과정에서 만날 장애물을 고려하지 않았기 때문이다. 집중력은 과제와 관련 없는 것을 억제하거나 무시하는 능력이 제대로 발현되거나 과제와 관련 없는 것이 제거된 환경이 구축됐을 때 비로소 드러난다.

3장 원하는 것을 이루는 심리학

심리학이 제안하는 슬기로운 직장 생활 팁

☀ 본부장의 조언은 부분적으로 옳다. 어떤 문제에 매몰되어 있을 때는 관점이 좁아져 좋은 답을 구하기 어렵다. 참고로 문제에 매몰되어 있는 것과 몰입은 정서 차원에서 다르다. 몰입은 긍정 정서를 기반으로 하지만, 문제에 매몰되어 있을 때는 짜증만 늘어날 뿐이다. 관점을 넓히기 위해 일을 하는 이유와 돈을 벌어서 하고 싶은 일을 떠올리는 것은 도움이 될 수 있다. 버킷리스트도 그런 일 중 하나가 될 것이다. 하지만, 버킷리스트는 목표가 동시에 너무 많은 것이 문제다. 따라서, 버킷리스트를 떠올리되, 가장 빨리 실현할 수 있는 일을 선택하는 편이 더 낫다.

☀ 많은 사람이 버킷리스트로 꼽는 영화 속 월터의 모험이나 에베레스트산을 오르는 것과 같은 목표는 실제 삶과 거의 무관하다. 자기 자신을 알기 위해 오지를 헤매고 모험을 떠나는 행위는 비용과 시간이 많이 들 뿐더러, 위험하고 힘들다. 자기 스스로를 감동시키고 싶은 욕구를 심리학에선 자기 신호화self-signaling라고 한다. 그런데, 자기 자신에 대해 확신을 갖기 위해 이렇게 무모할 필요가 있을까? 자신이 얼마나 강한지 확인하기 위해 거리의 불량배에게 싸움을 걸어야 하는 것은 아니다. 전두리는 자신의 도전 의식과 자신감을 확인하

기 위해 헬기에서 바다로 뛰어내릴 필요는 없다. 대가가 큰 모험보다는 목적에 부합하는 현실적인 목표를 실현하는 편이 낫다. 또한, 여러 목표가 동시에 매력적으로 그려질 때가 더 즐겁지만, 자신의 목표나 선호와 관련 없는 다양성은 의미 없는 도전일 뿐이다.

☑ 요약

☑ 우리는 한꺼번에 계획할 때 가급적 다양한 것을 선택하려 한다. 이처럼 우리가 계획할 때 가급적 다양하게 선택하려는 심리적 압박을 다양화 편향이라고 한다. 다양성이 항상 좋은 것은 아니다. 우리의 목표나 선호와 관련 없는 다양성은 실패하기 딱 좋은 조건이라는 점을 명심하자. 인간이 여러 계획을 동시에 실행하는 장면에선 지극히 비효율적으로 설계되었기 때문이다.

☑ 사람들은 대개 목표 대상에 집중하는 능력이 중요하다고 생각하지만, 실상은 방해자를 무시할 수 있는 능력과 환경이 더 중요하다. 심리학이 정의하는 집중력이란 좀 과장해서 표현하면, 과제 자체에 집중하는 능력이 아니라 과제와 관련 없는 것을 억제하거나 무시하는 능력이라 할 수 있다. 집중을 하려면 대상에 집중하는 능력보다는 방해자가 없는 환경이 더 중요하다.

☑ 계획은 한 번에 하나씩 실천하는 것이 최선이다. 버킷리스트 같은 환상은 현실 세계에서 실천하기 어렵다. 여러 목표를 동시에 실천하려 들지 말고 내가 좋아하고 잘할 수 있으면서 나에게 필요한 계획을 하나라도 실행하고 다음 계획을 생각해 보는 편이 현명하다.

☑ 연초의 계획을 지속해서 실행한 사람들의 공통점은 한꺼번에 여러 계획을 세우는 것이 아니라, 한 번에 하나씩 계획을 세운다는 사실이었다. 또한 그들은 계획할 때 낙관적으로 목표가 완료된 모습만을 상상했던 것이 아니라, 목표 달성 과정에서 방해 요소가 무엇인지 현실적으로 생각했다. 막연하게 달라지면 좋겠다는 동기나 기대는 거의 도움이 되지 않았다.

처음 생각은
바꾸는 편이 유리하다

[착각]

처음 생각이 답이다?

"팀장님, 이번 S 프로젝트 마케팅 기획안을 팀 내에서 결정해서 본부장님께 기안을 올려야 하는데요, 지난번 회의에서 결정된 안을 최종안으로 생각하고 작업해도 되겠죠?"

"네, 그렇게 하세요. 본부장님 성향상 어차피 한 번에 오케이하실 것 같지 않으니 초안에서 몇 번 더 수정한다고 생각하고 올리도록 합시다.

난 우리가 처음에 낸 아이디어가 아주 마음에 들었어요. 이번엔 초안대로 갈 가능성도 높으니 힘내서 작업해 봅시다."

최초 직감은 오류일 가능성이 더 크다!

다시 생각하기(think again),
즉 정신적 유연성(mental flexibility)을
갖춘다면 당신은 분명 직장에서
성공을 거두고 인생에서 행복을 누릴 것이다.

– 애덤 그랜트[Adam Grant] *–*

궁 금 해 , 심 리 학

답을 고쳐서 틀린 기억은 생생하다

학창 시절 우리가 한 번쯤은 경험했을 법한 상황이다. 당신은 지금 객관식 사지선다형 시험을 치고 있다. 한 문제가 잘 안 풀린다. 2번과 3번은 확실히 답이 아니라는 사실을 알고 있다. 정답은 분명, 1번과 4번 중 하나다. 다른 문제를 풀려면 더 지체할 수 없다. 이 순간, 1번이라는 직관적 확신이 든다. 어디선가 본 듯한 기억이 떠올랐기 때문이다. 그런데 4번을 다시 보니, 정답이 확실히 아니라고 배제할 수는 없다. 그래도 1번이 답이라는 생각이 먼저 떠올랐기 때문에 1번으로 일단 결정한다. 이제 모든 문제를 풀고, 선택한 답을 답안지에 옮겨야 하는 시간이 됐다. 아까 1번으로 결정한 문제의 답을 사인펜으로 마킹하려니 다시 헷갈린다. 이번엔 4번이라는 확신이 더 강하게 든다. 이때 당신은 어떤 선택을 했는가? 실제 경험을 떠올리며 답을 해 보자.

• 시험을 보면서 정답이 헷갈리는 문제가 있다. 당신의 경험을 토대로 더 유리한 쪽은 무엇인가?

❶ 최초의 답을 그대로 고수하는 편이 유리하다.

❷ 답을 바꾸는 편이 유리하다.

당신의 선택은 무엇인가? 그리고 확률적으로 더 유리한 선택이 있다면 무엇일까? 실제 이와 유사한 상황에서 대부분의 사람들은 처음 답을 고수했다. 연구에 따르면, 대략 75% 정도가 처음 생각을 끝까지 밀고 나가는 편이 유리하다고 답했다. 그렇다면 이 선택은 과연 옳은 선택이었을까? 과연 답을 고치는 편이 유리할까, 그대로 두는 것이 나을까?

결론부터 말하자면, 직감으로 찍은 첫 번째 답은 바꾸는 편이 유리하다. 사실 우리는 답을 바꿔서 오답이 된 경험보다 정답이 된 좋은 경험이 더 많다. 다만 답을 바꿔서 틀린 기억은 생생한 반면에, 답을 바꿔 정답을 맞혔던 기억은 그만큼 강렬하지 않기 때문에 잘 떠올리지 못할 뿐이다. 그렇다면 왜 우리는 답을 쉽게 바꾸지 못할까? 또, 왜 우리는 답을 고치면 틀릴 거라고 생각하는 믿음을 가지고 있을까?

[직장 속으로]

장철진은 이번에 새로 출시될 프리미엄 스마트폰의 마케팅 기획 담당자이다. 스마트폰 시장은 이미 고가 제품과 중저가 제품 간 양극화가 분명해졌다. 여기에 전 세계적 공급망 불안으로 인해 제조사들은 수익성 증가를 위해 프리미엄 제품 판매를 우선시하고 있다. 지난해 전 세계 시장에서 출시된 스마트폰 제품 중 프리미엄 스마트폰의 비중은 29%에 달한다. S사는 프리미엄 스마트폰 시장에서 점유율 확대를 위해 사활을 걸었다. 그리고 이번에 출시될 제품이 그 역할을 담당해야 한다. 전사적으로 신제품 S 프로젝트에 거는 기대가 매우 크며, 마케팅팀도 점유율 확대를 위한 전략 성공 여부가 주요 KPI^{Key Performance Indicator, 핵심성과지표} 항목 중 하나다. 시장·경쟁사·고객 분석 결과 하드웨어의 경쟁력보다 브랜드 이미지 제고가 더 중요한 요인으로 도출되었다. 내부 회의에선 전략을 달성할 다양한 아이디어가 쏟아져 나왔다. 아이디어의 효과성 분석과 투입될 자원 대비 편익 분석, 기한 내 달성 가능성 등을 따져 최종 3가지 서로 다른 프레임워크가 완성되었다. 3가지 안은 각각의 장단점이 분명하다. 이런 경우엔 평가 항목의 가중치를 달리해 최종안을 선택해야 하는데, 어떤 영역에 가중치를 높게 부여해야 할지에 대한 객관적으로 증명된 자료가 없어서 팀 내 합의를 거쳐 결정했다. 통합 브랜딩이 업계에 가장 큰 화두이기 때문에 관련 내용에 방점을 둔 a안이 상대적으로 높은 점수를 받아 최종 대안으로 선정되었다. 그렇다고, b안이나 c안이 a안에 비해 눈에 띄게 열등한 대안은 아니다. a안의 미흡한 부분을 보완할 수 있는 잠재력이 좋은 대안들이다. 따라서, 장철진은 a기획안으로 우선 기안을 하되, 상급자 논의 및 결재 과정에서 미흡한 점이 지적되면, b안이나 c안의 아이디어로 보완할 생각이다.

지금껏 중요도가 높은 프로젝트 기획안이 단 한 번에 통과된 적은 없었다. 장철진은 경험상 중요도가 높은 기획안이 분명한 몇 가지 속성을 포함한다고 믿는다. 첫째, 대개 사람들은 중요도가 높을수록 더 오랜 시간이 필요하다고 믿는다. 둘째, 중요도가 높은 프로젝트일수록 윗사람들은 자신의 의견이 어떤 형태로든 반영되길 원한다. 결국, 중요도가 높은 프로젝트는 시간으로 노력을 증명하는 것처럼 보이는 경우가 많고, 윗사람들은 자신들이 관여된 증거를 남기기 위해서라도 한 번에 기획안을 통과시키는 경우가 없다. 물론, 장철진의 시각이 잘못된 것일 수도 있지만, 본인의 경험상 항상 그렇게 해 왔기 때문에 이번에도 이런 경우에 대비해야 한다고 생각한다. 장철진은 팀장과 회의를 마친 뒤, 플랜 비를 준비해 본부장실에 방문할 생각이다. a안이 거부되거나 수정될 경우, b안 혹은 c안으로 대비할 계획이다.

나는 유연하게 사고하는 사람인가?

🔍 **인지적 유연성**(Cognitive Flexibility) **검사**

인지적 유연성은 여러 지식 범주를 넘나들면서 이들을 연결하여 다양한 상황에 탄력적으로 대처할 수 있는 능력을 말한다. 인지적 유연성이 높은 사람은 의사 결정 시 다양한 선택안을 고려하고 문제를 다른 관점에서 보려고 시도하며 다른 사람의 관점에 열린 시각을 지닌다.
아래 문항들에 1~5점으로 응답해 자신의 인지적 유연성을 확인해 보자.

* 전혀 그렇지 않다: 1점, 대체로 그렇지 않다: 2점, 보통이다: 3점,
대체로 그렇다: 4점, 매우 그렇다: 5점

1. **나는 결정을 할 때 여러 선택안을 고려한다.**
   ☐ 1점　　☐ 2점　　☐ 3점　　☐ 4점　　☐ 5점

2. **나는 어려운 상황을 마주하면 어찌할 바를 모르겠다.**
   ☐ 1점　　☐ 2점　　☐ 3점　　☐ 4점　　☐ 5점

3. **나는 어려운 상황을 다양한 각도로 보는 것을 좋아한다.**
   ☐ 1점　　☐ 2점　　☐ 3점　　☐ 4점　　☐ 5점

4. **나는 평소 다른 사람의 관점에서 보려고 노력한다.**
   ☐ 1점　　☐ 2점　　☐ 3점　　☐ 4점　　☐ 5점

5. **나는 어려운 상황을 다루는 서로 다른 많은 방식이 있다는 사실이 어렵게 느껴진다.**
   ☐ 1점　　☐ 2점　　☐ 3점　　☐ 4점　　☐ 5점

6. **나는 어려운 상황을 다양한 각도로 보는 것이 중요하다고 생각한다.**

☐ 1점　　☐ 2점　　☐ 3점　　☐ 4점　　☐ 5점

7. **나는 내가 마주한 삶의 어려움을 극복할 능력이 있다.**

☐ 1점　　☐ 2점　　☐ 3점　　☐ 4점　　☐ 5점

8. **나는 어려운 상황에서 무력감을 느낀다.**

☐ 1점　　☐ 2점　　☐ 3점　　☐ 4점　　☐ 5점

출처: Dennis, J. P., & Vander Wal, J. S. (2010). The cognitive flexibility inventory: Instrument development and estimates of reliability and validity. Cognitive therapy and research, 34(3), 241-253.

[점수 계산]

문항 1, 3, 4, 6, 7번은 점수 그대로를 활용하고 2, 5, 8번은 6점에서 해당 점수를 뺀 변환 점수를 구한다. 예를 들어, 2번에 4점을 기재했다면 변환 점수는 6-4=2점이다. 31점 이상이면 인지적 유연성이 높은 편이다. 26~30점은 보통, 25점 이하는 낮은 편이다. 인지적 유연성이 낮다면 최초 대안을 늘리는 연습을 꾸준히 하고 주변 동료에게 의견을 묻는 등 의도적으로 다른 관점으로 보려는 시도를 해야 한다.

후회스러운 기억은 좋았던 기억보다 강하고 오래간다

미국 일리노이대학교의 저스틴 크루거Justin Kruger 교수와 스탠포드 대학교의 데일 밀러Dale Miller 교수는 일리노이대학교의 1,561명남성 49%, 여성 51%의 심리학 개론 수강생들을 대상으로 중간 고사 시험 결과를 분석했다. 실험자들은 학생들이 객관식 시험을 치를 때, 최초의 답을 바꿀 경우 특별한 표시를 하게끔 안내했다. 답안지 내용을 분석한 결과, 25%는 처음의 답을 바꾸는 바람에 틀렸으나원래 정답인데 오답으로 수정한 경우, 51%는 답을 바꿨기 때문에 정답을 맞혔다는 사실을 발견했다. 나머지 23%는 처음 답도 오답, 바꾼 답도 오답이었다. 학생 단위로 분석해 보니 54%의 학생들은 답을 바꿔서 점수가 높아졌고, 19% 학생들만 답을 수정해서 점수가 깎였다. 처음의 직감을 포기하고 다른 답으로 바꾸는 것이 유리하다는 결론이다.

그런데, 실제 시험을 쳤던 학생들의 생각은 달랐다. 학생 중 무려 75%는 답을 바꾸면 불리하다고 응답한 것이다. 쿠르거 교수는 이러한 '잘못된 신념'의 원인이 궁금했다. 학생들에게 1번 문제는 답을 바꿔서 틀렸고, 2번 문제는 답을 고수해서 틀렸다는 상황을 제시한 뒤, 언제 더 후회스럽고 스스로가 바보처럼 느껴지는지 물었다. 대부분의 학생들은 답을 바꿔 틀린 1번 상황을 크게 후회했으며 자신의 결정이 어리석었다고 응답했다. 고쳐서 틀린 기억은 후회가 커서 기억에 오래 남는다. 반대로 고쳐서 맞혔던 좋은 기억은 평소 실력이라 생각하기 때문에 기억이 그렇게 강렬하지도 않고 쉽게 잊힌다. 이런 신념의 원인은 우리 뇌가 손실과 이득을 똑같이 처리하지 않기 때문이다. 돈을 날린 경험은 오래 기억하지만, 불필요한 비용을 아껴 통장에 그대로 둔 기억은 금세 사라지기 마련이다. 같은 금액이라도 손실은 이득보다 우리 마음에 더 큰 영향을 미친다. 답을 바꿔서 틀리면 손실이고, 답을 바꿔 정답을 맞히면 이득이다. 사람들은 최초의 답을 바꿔서 생기는 손실을 답을 바꿔서 얻을 이익보다 크게 생각한다.

'최초 직감의 오류first instinct fallacy'는 이처럼 최초로 떠오르는 답을 바꾸는 것이 충분히 유리할 수 있음에도 최초 선택을 고수하는 인지적 오류를 뜻한다. 우리 마음은 새로운 대안의 좋은 면을 고려하지 않고 기존 대안을 포기함으로써 생기는 손실만 크게 부각한다.

조직도 마찬가지다. 최초 직감의 오류에서 벗어나지 못하는 조직에서는 "잘된 결정이든, 잘못된 결정이든 결정했으니까 그냥 가자."라는 말이 자연스럽게 받아들여진다.

하지만 대부분의 경우 본능적으로 선택한 최초의 답을 다른 대안으로 바꿀 때가 더 유리하다. 객관적으로 더 유리한 선택이 있다는 말이다. 그렇다면 답을 바꾸는 편이 유리하다는 사실을 학습한 학생들은 다음 시험부터는 과감히 답을 바꿨을까? 안타까운 사실은 전혀 그렇지 못했다. 학생들에겐 여전히 답을 바꿔서 경험한 후회가 더 빠르고 쉽게 떠오르기 때문이다. 그렇다면 처음에 떠오르는 자연스러운 대안을 의심하고 새로운 대안의 장점을 탐색하기 위해서 우리에게 필요한 것은 과연 무엇일까?

최초 대안을 늘리고 다른 대안을 찾아라

'최초 직감의 오류'는 보통 하나 혹은 두 개의 대안만이 있을 때 쉽게 등장한다. 따라서 처음 대안을 셋 이상으로 늘리면 최초 직감의 오류에서 벗어날 수 있다. '블랙베리', '페브리즈', '펜티엄'의 공통점을 아는가? 우리에게 익숙한 브랜드인 이들의 공통점은 바로 브랜드 이름을 제작하는 렉시콘Lexicon이라는 회사의 작품이라는 점이다. 이러한 세계적인 브랜드는 단순한 브레인스토밍 같은 아이디어 발상을 통해서 나온 것이 아니다. 이들은 멀티트래킹multitracking이라는 이들만의 발상법을 활용한다. 멀티트래킹이란 브랜드 이름을 만들 때 2인 1조의 팀 세 개를 구성하고 세 팀의 대안을 동시에 검토하는 기법이다. 렉시콘은 경험적으로 알고 실천하고 있었던 것이다. 최초 대안을 세 개 이상으로 구성하는 것만으로 이미 생각의 범위가 넓혀진다는 사실을.

실제 이 기법이 효과가 있는지에 관해서 연구가 진행된 적도 있다. 실험은 그래픽 디자이너들을 대상으로 광고를 제작하라는 임무를 준 뒤, 두 그룹으로 나누어 프로세스를 달리 진행하는 것으로 설계되었다.

첫 번째 그룹은 광고를 한 번에 하나씩 만들어 피드백을 받게 했다. A라는 광고를 만들었다면 피드백을 통해 수정해서 A-1, 다시 피드백을 받아 A-2, 이런 식으로 다섯 번의 수정을 거쳐 여섯 개의 광고를 만드는 방식으로 진행했다. 두 번째 그룹은 처음에 세 개의 광고를 만든 뒤, 피드백을 받고 두 개를 만들고 다시 피드백을 거친 다음 최종 한 개를 완성하게 했다. 두 그룹 모두 동일하게 여섯 개의 광고를 만들었고 다섯 번의 피드백을 받았지만, 결과는 달랐다. 처음에 세 개를 만든 그룹은 처음 하나를 만든 그룹에 비해 광고 회사 간부들을 대상으로 한 시연에서 호평을 받았고, 실제 웹사이트에 게시했을 때 고객으로부터 반응도 더 좋았다.

[광고 제작 실험]

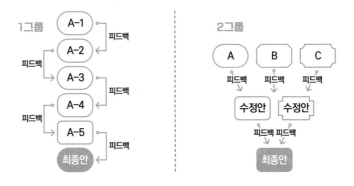

최초 대안을 늘리는 것은 무조건 유리하다. 하나의 대안밖에 없는 상황이라면 반드시 다른 하나를 생각해 보는 연습이 필요하다. 해외 출장이나 해외여행을 갈 때 반드시 챙겨야 할 물건이 있다. 여권이다. 여권을 어디에 뒀는지 잠시 생각해 보자. 맨 처음 떠오른 생각은 바로 책상 서랍 안이다. 그런데 찾아보니 없다. 다른 곳을 찾아볼 생각을 잠깐 해 보지만, 여전히 책상 서랍 안에 있을 것 같다. 조금 전에 분명 없는 것을 확인했는데도 다시 찾게 된다. 우리가 최초 직감의 오류 때문에 흔히 겪는 현상이다. 최초 직감의 오류에 빠져 있으면 여권을 찾는 시간은 점점 길어질 뿐이다. 여권이 있을 법한 다른 장소를 떠올릴 수 있어야 오류에서 탈출할 수 있다.

조직의 의사 결정도 마찬가지다. 처음 기획안에 꽂혀 있으면 다른 좋은 기획 기회를 놓치게 된다. 맨 처음 대안이 하나였다면 이후 다른 대안을 탐색하는 시도는 잠깐이고 다시 원점으로 돌아가는 경우가 비일비재하다. 최초 대안으로부터 기획안의 버전은 계속 달라지지만, 최종 선택되는 것은 원안과 크게 다르지 않은 경우가 많다. 이러한 오류에서 벗어나기 위해 최초 대안을 늘리고 다른 대안을 습관적으로 찾아보는 훈련이 필요하다. 퇴근하고 무엇을 할 생각인가? 대안이 하나라면 하나 더 생각해 보자. 이러한 작은 생각 훈련이 더 좋은 결정을 하게 만들어 줄 것이다.

장기적 관점에서 보면 바꾸지 않은 것을 후회한다

그렇다면 바꾼 것에 대한 후회는 바꾸지 않은 것에 대한 후회보다 항상 더 클까? 꼭 그렇지는 않다. 여기서 중요한 것이 바로 시간이다. 지금 당장은 무엇인가를 바꾸는 것에 대한 후회가 크게 느껴지지만 장기적 관점에서 보면 생각이 달라진다. 5년 전, 10년 전, 20년 전, 좀 더 먼 과거를 떠올려 보자. 어떤 후회가 가장 큰가? 대부분은 바꾸지 않은 것에 대한 후회다. 더 많은 경험을 쌓지 않은 것, 더 많은 공부를 하지 않은 것, 다른 취미를 시도해 보지 않은 것, 더 많은 사람과 친분을 쌓지 못한 것, 여행을 가지 않은 것 등 먼 과거의 일일수록 그 상태를 유지했던 것에 대한 후회가 크다.

그래서 우리가 처음 생각에 너무 집착하고 있다면, 의도적으로 먼 과거에 하지 않았던 행위를 돌아봐야 한다. 과거의 경험은 지금

3장 원하는 것을 이루는 심리학

우리에게 교훈이 되어 바꾸는 편이 더 낫다는 확신을 높여줄 것이다. 연초에 생각했던 일들이 잘 풀리지 않았다면, 1분기 말 정도에는 계획을 점검하며 다른 대안을 생각해 봐야 한다. 대안을 하나 더 늘리고, 과거를 돌아본다면 처음 생각에 매달리지 않고 더 좋은 선택을 할 수 있을 것이다.

심리학이 제안하는 슬기로운 직장 생활 팁

💡 사람들은 어떤 일에 실제 들인 시간과 노력이 클수록 중요도가 높다는 인지적 착각을 한다. 우리는 대개 중요도가 높은 일에 시간과 노력을 많이 들인다. 그런데, 시간과 노력을 많이 들였는데 그만큼 중요하지 않은 일이라는 사실을 알게 됐다면 어떨까? 자괴감과 스트레스가 몰려올 것이다. 다시 말해, 인지부조화cognitive dissonance 현상을 겪는 것이다. 생각과 일치하지 않은 상황이나 행동 때문에 마음이 불편한 경우, 마음은 무의식적으로 생각을 바꾼다. 그래서 사람들은 공을 많이 들인 일이 중요하다고 착각한다. 장철진이 중요한 프로젝트일수록 한 번에 통과된 적이 없다고 생각하는 것은 이런 이유로 옳을 수 있다.

💡 중요한 프로젝트일수록 리더가 개입되길 원하는 측면이 분명히

있다. 한 프로젝트의 성공과 실패는 수많은 조직 내적·환경적 요인이 복합적으로 작용한 결과다. 하지만 이 복잡한 모든 요인을 이해하거나 설명할 수 없기 때문에 가장 손쉽게 원인을 돌릴 수 있는 대상을 찾기 마련이다. 조직이라면 그 대상이 바로 리더다. 리더들은 스스로 성공의 원인이 되길 원하는 경향이 강하고, 구성원들은 실패했을 때 원인을 쉽게 돌릴 수 있는 대상을 찾길 바란다. 이런 욕구들이 모여 어떤 일에 있어 리더의 중요성을 과대평가하게 하는 리더십의 로망스 romance of leadership 현상을 만들어 낸다.

💡 인지 부조화나 리더십의 로망스는 좋은 조직의 전형이 될 수 없다. 장철진의 현실 인식이 잘못됐다고 단정할 수는 없지만, 그 믿음으로만 조직에서 일하는 것은 바람직하지 않다. 게다가 장철진은 리더가 되려는 야심이 있는 사람이다. 따라서, 장철진에게는 과학적으로 검증된 일 처리 방식을 시도해 보길 권한다. 최초 대안을 늘리는 것이 중요하다는 사실을 기억하자. a안을 대체하거나 보완할 대안으로 b안이나 c안을 준비하는 것이 아니라, 처음부터 a·b·c안을 들고 팀장, 본부장과 함께 논의하길 바란다. 불필요한 시간과 노력을 줄이고, 더 좋은 대안을 찾아낼 수 있을 것이다.

☑ 요약

☑ 직감으로 찍은 첫 번째 답은 바꾸는 편이 유리하다. 사실 우리는 답을 바꿔 오답이 된 경험보다 답을 바꿔 정답이 된 좋은 경험이 더 많다. 다만 답을 바꿔서 틀린 기억은 생생한 반면에, 답을 바꿔 정답을 맞혔던 기억은 그만큼 강렬하지 않기 때문에 잘 떠올리지 못할 뿐이다.

☑ '최초 직감의 오류'는 최초로 떠오르는 답을 바꾸는 것이 유리한데도 최초 선택을 고수하는 인지적 오류를 뜻한다. 우리 마음은 새로운 대안의 좋은 면을 고려하지 않고 기존 대안을 포기함으로써 생기는 손실만 크게 부각한다. 조직도 마찬가지다. 최초 직감의 오류에서 벗어나지 못하는 조직에서는 "잘된 결정이든, 잘못된 결정이든 결정했으니까 그냥 가자."라는 말이 자연스럽게 받아들여진다.

☑ '최초 직감의 오류'는 보통 하나 혹은 두 개의 대안만이 있을 때 쉽게 등장한다. 따라서 처음 대안을 셋 이상으로 늘리면 최초 직감의 오류에서 벗어날 수 있다.

☑ 바꾼 것에 대한 후회는 바꾸지 않은 것에 대한 후회보다 항상 클까? 여기서 중요한 것이 바로 시간이다. 지금 당장은 무엇인가를 바꾸는 것에 대한 후회가 크게 느껴지지만 장기적 관점에서 보면 생각이 달라진다. 5년 전, 10년 전, 20년 전, 좀 더 먼 과거를 떠올려 보자. 어떤 후회가 가장 큰가? 대부분은 바꾸지 않은 것에 대한 후회다. 따라서, 우리가 처음 생각에 너무 집착하고 있다면, 의도적으로 먼 과거의 하지 않았던 행위를 돌아봐야 한다.

절박해야
성공할까?

절박해야 성공한다?

"팀장님, 신규 거래처 뚫기가 쉽지 않을 것 같습니다. 시장이 어느 정도 포화 상태에 이르다 보니 고객들도 차별화된 무엇인가를 원하는 것 같은데 현재 우리 회사의 내부 역량이나 영업력으로는 한계가 있어서 목표 수준을 조금 조정하는 것이 어떨까요?"

"박수진 대리님, 내가 옛날이야기하고 이런 거 좋아하는 사람은 아니지만 지금 우리 영업팀 하는 것 보면 내가 대리 시절에 가졌던 투지가 없어요. 그때는 내가 못하면 회사 전체가 망한다는 각오로 뛰어들었는데 지금은 월급이 따박따박 나오고 하니까 절실함이 없어요. 목표 수준을 조정할 생각을 하지 말고 간절하고 절실하게 고객에게 다가갈 궁리를 하세요."

[진실]

절박하면 악수(惡手)를 둔다!

결핍은 우리의 정신을 사로잡는다.
결핍은 터널 시야(tunnel vision)를 유도해서 어쩌면
좀 더 중요할 수 있는 다른 것을 무시하게 만든다.

– 엘다 샤퍼^{Eldar Shafir} –

궁 금 해 , 심 리 학

궁즉통^{窮則通}은 사실이 아니다

• 여기 유사한 역량을 갖춘 두 사람이 있다. 다른 조건이 동일하다고 가정했을
때, 어떤 사람의 성공 확률이 높을까?

❶ 심리적으로 절박한 상황에서 도전하는 사람

❷ 심리적으로 안정적인 상황에서 도전하는 사람

사람들 대부분은 ①을 택했을 것이다. '궁즉통, 즉 궁하면 통한다'는 말이 있듯 뭔가 절박한 상황에서는 성공 확률이 높다는 것을 매체나 책 등에서 자주 접했기 때문이다. 그런데, 궁즉통은 현실적으로 맞는 말일까?

우리 모두는 절박함으로 인한 성공 경험을 어느 정도 갖고 있다. 학창 시절 시험 공부를 미루다 벼락치기를 한 경험, 마감일 하루 전에 놀라운 집중력을 발휘해 작성한 보고서, 아이디어를 짜내고 짜내다 섬광처럼 스쳐 간 좋은 생각, 우리의 경험 속에 절박함은 분명 성공 가능성을 높여 준 것 같다. 그래서 신체적·인지적 자원을 최대한 활용하기 위해 의도적으로 절박함을 활용하기도 한다.

조직도 마찬가지다. 조직을 안정적이고 평온한 상태로 유지하는 것이 바람직하지 못한 전략처럼 느껴진다. 위기의식을 불러일으켜야 조직이 가진 자원을 최대한 활용할 수 있을 것 같다. 그래서 많은 조직은 적어도 메시지로는 매년 역대 최악의 위기를 맞이하게 된다.

그런데, 위기와 절박함은 정말 우리의 성과를 높여 줄까? 절박함에 관한 우리 마음의 작동 방식을 알아야 보다 슬기롭게 절박함을 활용할 수 있다.

B 광고 대행사 박수진 대리는 김동규 팀장에게서 새로운 압박을 받는 중이다. 김동규 팀장은 S사 광고 수주에 실패한 원인을 박수진 대리의 적극성 부족으로 여기고 있다. 박수진 대리가 애사심이 강하거나 프로 의식이 있었다면 개인 성향을 넘어서 S사 지인들을 통해 정보를 확인했겠지만, 성격을 핑계로 일을 제대로 처리하지 못한 것이 내내 못마땅하다. 김 팀장 역시 입사 초기에 이런 갈등을 겪지 않았던 것은 아니다. 하지만, 선배들이 항상 부르짖는 '하면 된다'의 정신으로 밀어붙이니 안 될 것처럼 보이는 일도 결과적으로 성사되는 경우가 많았다. 김 팀장은 직장 경험을 통해 긍정적으로, 낙관적으로, 궁하면 통한다는 정신만 갖고 있다면 원하는 결과를 얻어 낼 수 있다고 확신한다. 무엇보다 박 대리가 성과를 최우선 순위에 두지 않은 것을 도무지 이해할 수 없다. 김 팀장은 영업 부서에서는 성과를 위해서라면 성격만이 아니라 사회 지위나 자존심도 내려놓을 줄 알아야 한다고 믿는다. 그런데 박 대리에게는 그런 헝그리 정신이 없다. 김 팀장은 박 대리가 생각을 고치고 태도를 바꾸기를 바란다. 또한, 박수진 대리가 S사 수주 실패에 대한 책임 차원에서라도 새로운 거래처를 발굴해 오기를 원한다.

한편, S사 광고 수주에 실패하고 신규 거래처를 발굴해야 하는 박수진 대리 입장은 억울하다. 수주 실패 원인이 니즈 분석의 잘못이라고 단정 지을 수 없기 때문이다. 사실, 경쟁사의 니즈 분석도 B

사와 유사했다. 박수진 대리는 수주의 성패는 솔루션의 차별화된 질적 요인에 달려 있지, 고객 니즈 분석에 있다고 생각하지 않는다. 그럼에도 불구하고 실패의 책임을 본인이 떠안고 신규 고객 발굴에 내몰리다 보니 스트레스가 이만저만이 아니다. 기존 거래처 담당자의 소개 혹은 거래처 담당자가 이직한 곳에 연락해서 성과를 몇 군데 정도는 낼 수 있을 듯하다. 하지만, 현재 목표는 지나치게 높다고 생각한다. 주변 동료들의 업무 지원을 받거나, 회사 차원에서 따로 활동비 지원이 있는 것도 아니다. 도무지 방안을 찾기 어려운 상태에서 활로를 찾아야 하니 그저 막막할 따름이다. 이처럼 불확실한 상황에서 리스크를 감내하는 일에 도무지 자신이 없다. 박수진 대리는 회사에서 일하면서 이처럼 좌절감을 느껴 본 순간이 없다.

이 상태로는 죽도 밥도 안 되겠다고 생각한 박수진 대리는 용기를 내 팀장에게 상황을 구체적으로 설명하기로 했다. 목표 수준만 조금 낮출 수 있다면 오히려 자신감 있게 업무를 추진할 수 있을 것 같다.

나는 리스크를 선호하는 사람인가?

🔍 위험 추구 경향(General Risk Propensity) 검사

사람마다 불확실성에 대한 경향과 태도에 차이가 있다. 개인이 특정 상황에 감내할 수 있는 위험의 크기가 다르기 때문이다. 불확실성에 대해 지나치게 회피적이라면 찾아온 기회를 제대로 활용하지 못할 것이고, 불확실성을 지나치게 선호한다면 자신과 주변 사람을 큰 위기 상황에 처하게 할 수 있다. 따라서, 위험 추구 경향이 매우 높다면 결정과 행동 전에 체크리스트를 두어 통제할 수 있어야 하고 위험 추구 경향이 매우 낮다면 위험 포트폴리오를 믿고 과감하게 하는 실행이 필요하다. 아래 문항들에 1~5점으로 응답해 자신의 위험 추구 경향을 확인해 보자.

* 전혀 그렇지 않다: 1점, 대체로 그렇지 않다: 2점, 보통이다: 3점,
  대체로 그렇다: 4점, 매우 그렇다: 5점

1. **리스크를 추구하는 것은 인생을 더 재미있게 한다.**
   ☐ 1점 ☐ 2점 ☐ 3점 ☐ 4점 ☐ 5점

2. **내 친구들은 나를 리스크 테이커라고 인정한다.**
   ☐ 1점 ☐ 2점 ☐ 3점 ☐ 4점 ☐ 5점

3. **나는 내 인생 전반에 걸쳐 리스크를 추구하는 것을 즐긴다.**
   ☐ 1점 ☐ 2점 ☐ 3점 ☐ 4점 ☐ 5점

4. **나는 리스크를 추구하는 것이 상처나 손실을 가져오더라도 리스크를 감수할 것이다.**
   ☐ 1점 ☐ 2점 ☐ 3점 ☐ 4점 ☐ 5점

5. 전반적으로 나는 리스크를 회피한다.

☐ 1점　　☐ 2점　　☐ 3점　　☐ 4점　　☐ 5점

6. 나는 안전을 지향한다.

☐ 1점　　☐ 2점　　☐ 3점　　☐ 4점　　☐ 5점

7. 나는 보통 리스크가 있는 선택을 한다.

☐ 1점　　☐ 2점　　☐ 3점　　☐ 4점　　☐ 5점

8. 나는 리스크가 두렵다기보다는 매력적이라고 느낀다.

☐ 1점　　☐ 2점　　☐ 3점　　☐ 4점　　☐ 5점

9. 리스크를 감수하지 않고는 어떤 위치에도 설 수 없을 것이다.

☐ 1점　　☐ 2점　　☐ 3점　　☐ 4점　　☐ 5점

10. 내가 내기를 할 때는 잃을 가능성보다 이길 가능성에 온전히 집중한다.

☐ 1점　　☐ 2점　　☐ 3점　　☐ 4점　　☐ 5점

출처: Zhang, D. C., Highhouse, S., & Nye, C. D. (2019). Development and validation of the general risk propensity scale (GRiPS). Journal of Behavioral Decision Making, 32(2), 152–167.

[점수 계산]

문항 1, 2, 3, 4, 7, 8, 9, 10번은 점수 그대로를 활용하고 5, 6번은 6점에서 해당 점수를 뺀 변환 점수를 구한다. 예를 들어, 5번에 4점을 기재했다면 변환 점수는 6-4=2점이다. 42점 이상이면 위험 추구 경향성이 매우 높은 편이다. 33~41점은 다소 높은 편이고 28~32점은 보통, 24~28점은 다소 낮은 편, 23점 이하는 매우 낮은 편이다. 자신의 위험 추구 경향을 알아야 불확실한 상황에서 자신의 태도를 예측할 수 있다.

절박하면 잘못된 수를 둔다

• 다음 세 가지 창업 방식이 있다고 가정해 보자. 당신은 어떤 방식을 택하겠는가?

❶ 성공 가능성 20%에 500만 달러 수익

❷ 성공 가능성 50%에 200만 달러 수익

❸ 성공 가능성 80%에 125만 달러 수익

세 가지 창업 방식은 모두 기대 가치가 100만 달러로 동일하지만, 성공 확률은 다르다. 미국 스탠포드대학교와 프린스턴대학교의 연구진은 실리콘밸리의 창업자들을 대상으로 실제 이런 조사를 진행한 바 있다. 성공한 창업자들은 어떤 방식을 선호했을까? 사실 이 연구는 성공한 창업자들이 'High Risk, High Return'에 대한 선호도가 높을 것이라는 일반 사람의 생각이 진실에 부합하는지 확인하기 위한 연구였다. 연구 결과, 성공한 창업자일수록 세 번째, 즉 안정성을 선택하는 비율이 높았고, 실패한 창업자일수록 위험도가 높은 첫 번째를 선택할 가능성이 높았다. 성공한 창업자들이 위험에 관한 선호도가 높을 것이라는 상식은 틀렸다.

대개 사람들이 위험에 대한 선호도가 높아질 때는 현재가 절박할 때다. 이때는 작은 가능성에 대해서도 높게 평가한다. 암 말기 환자들은 작은 생존 가능성을 대단히 높게 평가한다. 그래서 생존 확률이 낮은 대안 요법에 큰돈을 쏟아붓는 무모한 결정을 하게 된다. 도박장에서 '올인All-in'은 이미 돈을 많이 딴 사람이 쓰는 전략이 아니다. 도박장에 가져간 돈을 대부분 잃고 절박한 상태에서 작은 가능성이 크게 보일 때 선택하는 전략이다. 퇴직금을 모두 투자해서 '이 사업이 아니면 안 된다'는 절박한 심정에서 프랜차이즈에 뛰어드는 행위는 실패 확률을 높이는 전형적인 방식이다.

궁즉통은 진실이 아니다. 경영학자 조지프 라피Joseph Raffiee와 지에 펑Jie Feng은 1994년부터 2008년까지 미국 내 기업가가 된 5,000명을 추적 조사했다. 이들 중에는 창업할 때 직장을 계속 다녔던 사람도 있었고 직장을 그만두고 창업에 전념한 사람도 있었다. 회사를 다니면서 자신의 비즈니스 아이템이 시장성이 있는지 시험한 사람들과 회사를 그만두고 아이템으로 창업한 사람들 중에 어떤 집단이 창업 성공 가능성이 높았을까? 과연 직장을 그만두고 올인한 사람들이 보다 절박했기 때문에 성공 가능성도 높았을까? 결과는 그렇지 않았다. 직장을 계속 다닌 창업가들이 직장을 그만둔 사람들에 비해 실패 확률이 33% 낮았고 성공 확률은 높았다.

절박해야 성공하는 것이 아니다. 마감일을 앞두고 창의성이 높아지는 이유는 창의성을 발현하고자 하는 욕구가 크기 때문이 아니다. 마감일을 맞추겠다는 성취 욕구가 더 크게 작동해 부수적으로 결과물의 질이 일시적으로 좋아지기 때문이다. 그래서 마감일을 의도적으로 활용해 만들어 낸 결과물은 이후 창작물에서 더 큰 창의적 성과를 만들어 내지 못한다. 다시 말해, 마감일을 적극적으로 활용하여 스스로 압박하는 전략은 결과물의 질적 차원에서 지속적인 개선을 이루기 어렵다. 한 번은 창의적일 수 있지만, 지속적인 창의성을 발현하지는 못한다.

절박함이 성과로 이어지려면, 위험 포트폴리오가 필요하다

절박함이 성공으로 이어지려면 다른 조건이 필요하다. 《오리지널스 Originals》의 저자인 펜실베이니아 와튼 스쿨의 조직심리학자인 애덤 그랜트 Adam Grant 는 한 분야에서의 안정감이 다른 분야에서 자유로운 독창성을 유발할 수 있다고 주장한다. 그는 위험을 분산시킨 안정감이 창의성을 만들어 내기 때문에 위험 포트폴리오^{Risk} ^{Portfolio}가 무엇보다 중요하다고 강조한다. 위험 포트폴리오란 한 분야에서 엄청난 위험을 감수하는 대신, 다른 분야에서 신중을 기함으로써 위험을 상쇄한다는 뜻이다. 성공한 기업가들은 특정 영역에서 위험을 감수할 동안 다른 영역에서는 안전을 추구하는 경향이 강하다. 모든 것을 걸어야 성공할 수 있다는 격언은 적어도 과학적 사실은 아니다. 성공한 기업들의 후속 투자가 실패한 기업의 후속 투자보다 성공 확률이 높은 것도, 가난한 사람들의 사업 성공 확률에 비해 부잣집 자녀들의 사업 성공 가능성이 높은 것도 위험 포트폴리오 덕분이다. 해외로 진출한 스포츠 스타 중 결혼 뒤에 뛰어난 성과를 보이는 경우는 가정에서 주는 안정감이 중요한 역할을 했다고 볼 수 있다.

따라서, 위험 포트폴리오가 갖춰지지 않은 상태에서 갖는 위기의식은 오히려 독이 된다. 위험 포트폴리오가 없는 조직의 위기의식은 구성원들에게 불안감만 가중시킨다. 위기의식이 구성원들을 똘똘 뭉치게 만들어 성과를 창출할 것이라고 기대하지만, 엉뚱하게도 높은 역량을 갖춘 직원들의 이직률만 높일 뿐이다. 위기의식은 다른 여유 자원이 확보된 상태에서만 효과를 발휘한다. 조직에서 여유 자원은 꼭 물질적인 것만은 아니다. 신체적·심리적 여유 자원도 위험 포트폴리오 구성에 필요하다.

피아노, 바이올린 같은 악기 연주 실력이 세계적으로 탁월한 영재들만 모인 베를린음악학교에서 뛰어난 성과를 보인 학생들은 온종일 연주 생각에 시달리는 학생들이 아니었다.

오히려 충분한 휴식을 취하고 영양소가 풍부한 음식을 조금씩 자주 섭취한 학생들이었다. 그들은 집중이 필요한 순간에 효율성이 극대화되도록 평소 자신들의 신체를 안정적으로 유지하고 관리했다. 성과 개선 컨설팅 업체인 에너지프로젝트Energy Project의 창립자 토니 슈워츠Tony Schwartz는 하버드비즈니스리뷰HBR와 자신의 저서 《무엇이 우리의 성과를 방해하는가The way we're working isn't working》에서 성과를 내지 못하는 기업의 구성원들은 감정 에너지의 균형이 무너져 있다는 점을 지적한다. 그는 성과 모드와 휴식 모드 사이에서 균형이 최고의 성과를 내는 지점임을 강조한다. 직장에서 우리는 성과 모드와 휴식 모드 사이를 유연하게 오갈 때 자신에 대한 긍정적인 느낌을 유지할 수 있으며 스트레스 상황에 적절히 대처할 수 있다.

슈워츠는 성과를 개선하기 위한 컨설팅을 시작하면서 직원들의 신체적·심리적 자원을 다음과 같은 문항으로 측정했다.

- 적절하게 식사를 하고, 규칙적으로 운동을 하고, 충분한 수면을 취하고 있는가?
- 아침에 업무를 시작할 때 열정과 설렘을 느끼는가?
- 우선순위에 따라 하나씩 과제에 집중하고 있는가?
- 팀원들에게 긍정적인 에너지와 열정을 전달하고 있는가?

• 직장에서 급여를 넘어서는 목표가 있는가? 이를 통해 동기 부여를 받고 있는가?

　　슈워츠의 연구 결과 이 문항들에 평균적으로 높은 평가를 받은 조직은 그렇지 않은 조직에 비해 지속적으로 좋은 성과를 창출할 수 있었다. 신체적·심리적 자원이 충분해야 각각의 과제에 충분한 시간과 에너지를 쏟을 수 있고, 장기적이고 전략적으로 생각할 여유도 생기는 법이다.

　　국내 많은 조직에서 '패밀리 데이'를 도입하여 일주일에 하루 정도 일찍 퇴근하는 문화를 시행하고 있다. 일주일에 하루 일찍 퇴근하는 것이 대수냐며 제도를 비아냥거리는 사람도 있지만 일주일에 단 하루 저녁이라도 빨리 퇴근하는 제도를 6개월 지속하면 업무 만족도, 의사소통, 일과 삶의 균형 등의 영역이 개선된다. 물론 취지를 살려 제대로 휴식을 취했을 때 나오는 결과다.

　　슈워츠는 저녁 또는 주말 동안의 휴식, 정기 휴가, 90분 간격으로 취하는 짧은 휴식, 오후 시간의 짧은 낮잠, 하루 7~8시간 정도의 충분한 수면 등 다양한 형태의 재충전 습관은 우리의 건강과 업무 효율성을 높이는 최고의 방법이라고 주장한다.

우리만의 위험 포트폴리오를 준비하자

　　위기는 언제 찾아올지 모른다. 따라서 위험 포트폴리오를 미리 준비하지 않으면 위기 상황에서 최악의 결정을 하게 된다. 위험 포트폴리오가 없는 조직은 위기를 맞이할 때 위험 선호도가 높아진다. 사람들은 대개 최악의 상황일 때 카지노에서 마지막 올인으로 손해 본 금액을 복구하려는 어리석은 도박을 한다. 이들은 눈에 보이는 모든 것을 팔아 도박 자금으로 활용한다. 시계, 장신구, 신발, 옷뿐 아니라 자동차까지 팔아 원상 복귀를 시도한다. 위험 포트폴리오가 없을 때 이처럼 무모한 시도를 하기 마련이다. 이 방식은 성공하기도 어렵고 과정을 통해 뭔가 학습하는 것도 없다. 그래서 실패를 반복하기 쉽다.

위험 포트폴리오를 평소 잘 구축한 조직은 위기를 맞닥뜨리면 구축된 자원을 기반으로 보다 혁신적으로 사고하면서 동시에 실행력을 높일 수 있다. 한 가지 유념할 점은 조직의 위험 포트폴리오가 반드시 업무와 관련될 필요는 없다는 사실이다. 안정된 사업 아이템을 하나 확보하는 것이 다른 사업을 시도하는 데 도움은 되겠지만, 새로운 사업 시도를 하는데 반드시 안정된 사업이 있어야 한다는 의미는 아니다. 오히려 해당 분야를 제외한 다른 분야에서의 안정감이 더 큰 도움이 되기도 한다. "우리가 돈이 없지, 가오가 없냐!"라고 외친 영화 속 한 장면처럼 우리만의 심리적 지지 문화가 위험 포트폴리오에 필요하다. 팀원들 서로가 심리적 지지가 되고, 무언의 눈빛으로 신뢰를 느끼고 있으며, 각자의 장점을 잘 이해하고 있는 조직이라면 위기 상황에서 더욱 높은 성과로 이어질 수 있다. 팀원 각자의 장점이 팀의 성과에 어떻게 기여하고 있는지를 명확하게 설명할 수 있는 조직은 절박한 위기에서 똘똘 뭉치기 마련이다. 절박함만으로 성과를 창출하기는 어렵다. 구성원 서로가 심리적 자원이 되는 조직만이 위기에 더욱 빛을 발할 수 있다. 서로에게 심리적 지지가 될 수 있는 조직 내 전통은 위기 때 빛을 발하는 조직 문화의 근간이 될 것이다.

심리학이 제안하는 슬기로운 직장 생활 팁

💡 수주 실패가 곧 박수진 대리의 잘못이라고 여기는 것은 전형적인 한 가지 이유의 오류fallacy of the single cause다. 톨스토이가 《전쟁과 평화》에서 전한 지혜처럼 사과가 익어서 땅에 떨어진 것은 인력 때문만도 아니고, 가지가 시들어서도, 바람이 불어서도, 소년이 나무를 흔들어서도 아니다. 이 중 하나가 이유가 아니라 모든 것이 합해져서 이유가 된다. 한 가지 이유의 오류에 빠진 조직은 실패로부터 배울 수 없다. 다만, 권력으로 희생자를 만드는 일에 몰두할 뿐이다.

💡 박수진 대리가 속한 조직은 위험 포트폴리오 개념에서 바라보면, 합리적이지 못하다. 영업에서 위험을 감수하기 위해선 다른 분야에서 안정적인 영역이 있어야 한다. 캐시 카우cash cow가 확실한 조직은 위험 추구형 경영으로 성과를 내지만, 안정적인 캐시 카우가 없는 조

3장 원하는 것을 이루는 심리학

직은 위험을 추구하는 과정에서 망하기 쉽다. 박수진 대리를 과감하게 도전하게 만들려면 김동규 팀장은 절박함을 강조할 것이 아니라, 리스크 추구 과정에서 자원적·심리적 지원은 물론이고 실패에도 지원과 지지를 약속하는 리더십을 발휘해야 한다.

💡 박수진 대리가 처한 조직 내 상황은 불합리하지만, 박 대리는 이 상황을 헤쳐 나가야 한다. 그렇게 하려면 성과 모드와 휴식 모드 사이에서 균형점을 스스로 찾아야 한다. 성격에 맞지 않는 일을 하면서 뺏기는 심리적 에너지는 우리의 예상보다 훨씬 크다는 사실을 인지해야 한다. '할 수 있다'는 자신감이나 자신의 능력에 대한 낙관적인 믿음은 리스크 추구 경향이 높은 사람에게 아주 제한적으로 통하는 방식이다. 박수진 대리처럼 리스크 추구 경향이 낮은 사람은 영업 현장에서 고객의 거절 멘트에 어떤 마음가짐으로, 어떻게 대응할지에 관한 구체적 내용을 미리 시뮬레이션하는 것이 큰 도움이 된다. 무엇보다 중요한 것은 실패할 경우, 스스로 위로할 줄 아는 태도다. 자신답지 않은 모습을 보여야 하는 변화에 있어서는 자기 효능감self-effica-cy보다 수고한 자신을 위로할 줄 아는 자기 연민self compassion이 더 필요하다. 영업에 성공할 경우 스스로에게 주는 보상과, 실패할 경우 스스로를 위로할 방식을 미리 준비하고 영업 현장에 나가기를 권한다.

☑ 요약

☑ 성공한 창업자일수록 안정적인 사업 방식을 택하는 비율이 높았고, 실패한 창업자일수록 위험도가 높은 사업 방식을 선택할 가능성이 높았다. 성공한 창업자들이 위험에 관한 선호도가 높을 것이라는 상식은 현실과 맞지 않다. 절박해야 성공하는 것이 아니다.

☑ 마감일을 앞두고 창의성이 높아지는 이유는 창의성을 발현하고자 하는 욕구가 크기 때문이 아니다. 마감일을 맞추겠다는 성취 욕구가 더 크게 작동해 부수적으로 결과물의 질이 일시적으로 좋아지기 때문이다. 마감일을 적극적으로 활용하여 압박하는 전략은 결과물의 질적 차원에서 지속적인 개선을 이루기 어렵다.

☑ 절박함이 성공과 이어지려면 한 분야에서의 안정감이 다른 분야에서 자유로운 독창성을 유발할 수 있어야 한다. 위험을 분산시킨 안정감이 창의성의 원천이 되므로 위험 포트폴리오가 무엇보다 중요하다. 위험 포트폴리오란 한 분야에서 엄청난 위험을 감수하는 대신, 다른 분야에서 신중을 기함으로써 위험을 상쇄한다는 뜻이다. 성공한 기업가들은 특정 영역에서 위험을 감수할 동안 다른 영역에서 안전을 추구하는 경향이 강하다.

☑ 저녁 또는 주말 동안의 휴식, 정기 휴가, 90분 간격으로 취하는 짧은 휴식, 오후 시간의 짧은 낮잠, 하루 7~8시간 정도의 충분한 수면 등 다양한 형태의 재충전 습관은 우리의 건강과 업무 효율성을 높이는 최고의 방법이다.

☑ 위험 포트폴리오가 없을 때 무모한 시도를 하기 마련이다. 위험 포

트폴리오를 평소 잘 구축한 조직은 위기를 맞닥뜨리면 구축된 자원을 기반으로 보다 혁신적으로 사고하면서 동시에 실행력도 높일 수 있다.

쉬운 과제와 어려운 과제,
우리 마음의 선택은?

[착각]

어려운 과제보다는 쉬운 과제가 좋다?

"팀 업무 분장을 일부 조정해야 할 것 같은데, 한수원 님이 염두에 둔 업무가 있나요? 이번에 OJT^{On the Job Training, 현장 훈련}도 끝났으니, 앞으로 프로젝트 담당자가 될 경력을 고려해서 운영하는 게 좋을 듯한데, 평소 도전하고 싶었던 영역이 있으면 지금 얘기해 봐요."

"팀장님, 제가 입사한 지 얼마 되지 않아서요. 아무래도 난이도가 있는 업무보다는 쉬운 업무가 좋을 것 같다고 생각했는데요, 다시 생각해 보니 제 경력이나 발전에 도움이 될 것 같지 않아서 좀 헷갈립니다."

[진실]

때로는 호기심과 창의성을 자극하는 과제가 끌린다!

인간은 자연적인 호기심이 있기 때문에
새로운 발견과 감성을 좋아한다.

– 니콜라 테슬라^{Nikola Tesla} –

궁 금 해 , 심 리 학

본능적으로 끌리는 장소가 있다

• 당신은 커피숍에 들어가 자리를 잡으려 한다. 커피숍은 2층 건물인데 한쪽 면은 널찍한 통유리창이 있고 다른 면은 벽돌로 된 벽이다. 어디에 자리를 잡 겠는가?

❶ 음료를 가져오기도 편하고 계산도 가까운 카운터 바로 앞

❷ 외부 풍경이 보이지 않는 1층 벽면 구석

❸ 외부 풍경이 보이는 1층 통유리창 옆

(간혹 음료를 받기 위해 사람들이 좌석 뒤로 지나다님)

❹ 외부 풍경이 보이는 2층 통유리창 옆(사람들의 왕래가 거의 없음)

❺ 외부 풍경이 보이지 않는 2층 벽면 구석

당신의 답은 무엇인가? 흔한 심리 테스트처럼 보이지만 사실 이 질문은 인간이 보편적으로 좋아하는 장소의 특성이 무엇인지 알려 주는 문제다. 사람들은 대개 다른 사람에게 들키지 않고 바깥을 내다볼 수 있는 장소를 선호한다. 훔쳐보고 싶은 욕망이 아니라 선사 시대부터 이러한 장소가 인간의 생존에 도움이 되었기 때문이다. 우선 탁 트인 시야는 물이나 음식 같은 자원을 찾거나 포식자나 적이 다가오는 것을 재빨리 알아차리기에 유리하다. 누군가 위에서 노려볼 수 없도록 위는 막혀 있고 등 뒤에서 공격할 수 없는 구석 자리는 포식자나 적에게서 보호해 준다. 따라서 이 두 가지 조건이 모두 갖춰져 있는 장소는 인간의 생존에 훨씬 유리하며 우리의 DNA는 특별히 학습하지 않고도 이러한 장소를 선호하도록 설계되어 있다.

커피숍 2층 통유리창 옆 공간처럼 바깥을 볼 수 있는 전망prospect과 자신의 뒤를 벽으로 은폐할 수 있는 피신refuge이 동시에 제공된 환경에 본능적으로 끌리는 심리적 현상을 전망과 피신prospect and refuge 이론이라 한다. 그렇다. 풍수지리의 배산임수背山臨水는 우리나라 사람만 선호하는 독특한 위치가 아니라 인류가 보편적으로 좋아한다고 할 수 있다. 그렇다면 우리에게 커피숍에서 가깝고 편한 위치에 앉지 않고 굳이 2층으로 올라가 자신의 뒤를 숨긴 채 바깥을 볼 수 있는 장소를 찾는 심리적 기제는 왜 필요했을까? 그리고 이러한 심리적 기제가 조직 생활에 주는 지혜는 무엇일까? 우리가 본능적으로 끌리는 장소를 아는 것이 어떻게 조직 생활을 보다 슬기롭게 할 수 있도록 돕는지 살펴보자.

[직장 속으로]

한수원은 이제 팀 내에서 전문성을 구축하기 위한 단계에 들어섰다. 팀 내부에선 한수원이 팀 내에서 젊은 층에 속하므로 디지털 마케팅 담당 역할을 해 주리라고 기대한다. 사실 SNS 문화에 익숙하지 않은 팀 내 고참 사원들이 디지털 마케팅 담당을 기피한 탓이 크기도 하다. 현재 해당 업무의 담당자는 김기주이지만, 김기주는 후배에게 업무를 넘기겠다고 늘 입버릇처럼 말해 왔다. 그렇다고, 한수원의 의견을 전혀 고려하지 않고 일방적으로 배정할 수는 없는 일이다. 박봉주 팀장은 업무 분장을 조정하는 타이밍에 자연스럽게 한수원에게 디지털 마케팅 담당을 맡길 생각이다.

한편, 한수원은 OJT를 거치며 마케팅팀의 다양한 업무를 경험했다. OJT를 거치며 제품 또는 서비스 기획도 매력적이었지만, 한수원에게 대학 때부터 관심 있었던 분야는 광고 및 홍보였다. 소비자들이 제품과 서비스를 한 번에 인식하게 만드는 광고 문구나 이미지를 창조하는 작업은 업무가 아니라 하나의 예술처럼 생각됐다. 다른 분야와 달리 광고는 프랑스의 칸 라이언즈 국제 크리에이티브 페스티벌^{Cannes Lions International Festival of Creativity}을 비롯한 세계 3대 광고제가 있을 만큼 예술적 성격을 띠고 있다. 그런데 막상 마케팅팀에 입사하고 보니, 카피나 광고 제작은 전문 광고 대행사에서 진행하고, 마케팅팀에서 하는 일은 프로젝트의 전반적인 기획과 예산 집행을 포함한 운영이 다였다. 물론, 중요도가 높지 않거나 소규모의 경우 따로 대행사를 쓰지 않고 자체적으로 실행하는 경우도 있다. 주로 디지털 마케팅의 경우가 그러했다.

그래서 한수원은 디지털 마케팅 업무에 끌린다. 이젠 디지털 마케팅이 대세인 시대다. 오프라인 위주의 비즈니스도 온라인, 그중에서도 모바일로 방향을 틀고 있고, 디지털 마케팅 시장의 규모 역시 급성장하고 있는 추세다. 이런 분야에 전문성을 확보할 수 있는 기회라면 충분히 도전적이면서도 매력적이다. 하지만 동시에 두려움도 있다. 다른 업무는 팀 내 선배들의 도움을 받아 실행할 수 있고, 혹시 업무가 잘못됐을 경우 모든 책임을 다 짊어지지 않아도 된다. 한수원은 본인의 경력을 위해선 디지털 마케팅 업무가 확실한 정답이라고 믿고 있지만, 현실의 어려움이 발목을 잡는다고 고민하고 있다.

나는 호기심이 강한 사람인가?

🔍 **호기심의 5차원(the five-dimensional curiosity) 검사**

호기심은 타고난 지능을 강화하고 업무 몰입도를 높여 좋은 성과를 내게 한다. 호기심을 느꼈던 순간을 묘사하는 것만으로도 행복감을 느끼고 신체 및 심리적 에너지가 향상된다. 호기심은 다양한 이점이 있지만, 사람마다 호기심을 느끼는 차원이 다르다. 당신은 당신 내면의 무엇 때문에 호기심을 느끼는가?

아래의 서술을 읽고 자신에 대한 설명과 일치하는 정도에 따라 1~7점까지 점수를 매겨 당신이 호기심을 느끼는 경로에 대해 확인해 보자.

* 전혀 그렇지 않다: 1점, 대체로 그렇지 않다: 2점, 약간 그렇지 않다: 3점,
  보통이다: 4점, 대체로 그렇다: 5점, 거의 그렇다: 6점, 확실히 그렇다: 7점

1. **까다로운 개념 문제를 해결하는 방법을 고민할 때면 밤잠을 이루기 힘들다.**

   ☐ 1점   ☐ 2점   ☐ 3점   ☐ 4점   ☐ 5점   ☐ 6점   ☐ 7점

2. **문제 하나를 놓고 몇 시간이고 고민할 수 있다. 답을 모른다는 사실은 도저히 참을 수 없기 때문이다.**

   ☐ 1점   ☐ 2점   ☐ 3점   ☐ 4점   ☐ 5점   ☐ 6점   ☐ 7점

3. **어떤 문제의 해결책을 찾지 못하면 답답하다. 그래서 해결책을 찾기 위해 더 열심히 고민한다.**

   ☐ 1점   ☐ 2점   ☐ 3점   ☐ 4점   ☐ 5점   ☐ 6점   ☐ 7점

4. 꼭 해결해야 할 것 같은 문제에 악착같이 매달린다.
 □ 1점 □ 2점 □ 3점 □ 4점 □ 5점 □ 6점 □ 7점

5. 필요한 정보를 모두 갖고 있지 않으면 답답하다.
 □ 1점 □ 2점 □ 3점 □ 4점 □ 5점 □ 6점 □ 7점

6. 어려운 상황은 나에게 성장과 배움의 기회를 준다고 생각한다.
 □ 1점 □ 2점 □ 3점 □ 4점 □ 5점 □ 6점 □ 7점

7. 나는 자 자신과 세상을 바라보는 관점에 도전하는 경험을 늘 찾고 있다.
 □ 1점 □ 2점 □ 3점 □ 4점 □ 5점 □ 6점 □ 7점

8. 곰곰이 생각할 만한 고민거리를 던져주는 상황을 찾아다닌다.
 □ 1점 □ 2점 □ 3점 □ 4점 □ 5점 □ 6점 □ 7점

9. 익숙하지 않은 주제에 대해 배우기를 좋아한다.
 □ 1점 □ 2점 □ 3점 □ 4점 □ 5점 □ 6점 □ 7점

10. 새로운 정보를 배우는 일은 대단히 매력적이다.
 □ 1점 □ 2점 □ 3점 □ 4점 □ 5점 □ 6점 □ 7점

11. 다른 사람의 습관에 대해 알고 싶어 한다.
 □ 1점 □ 2점 □ 3점 □ 4점 □ 5점 □ 6점 □ 7점

12. 사람들의 행동을 보고 왜 그런 행동을 하는지 알고 싶어 한다.
 □ 1점 □ 2점 □ 3점 □ 4점 □ 5점 □ 6점 □ 7점

13. 다른 사람이 대화하고 있으면 무슨 이야기를 하는지 알고 싶어 한다.
 □ 1점 □ 2점 □ 3점 □ 4점 □ 5점 □ 6점 □ 7점

14. 다른 사람과 함께 있을 때 그들의 대화를 듣는 것을 좋아한다.
 □ 1점 □ 2점 □ 3점 □ 4점 □ 5점 □ 6점 □ 7점

15. 사람들이 언쟁하고 있으면 무슨 일인지 알고 싶어 한다.
 □ 1점 □ 2점 □ 3점 □ 4점 □ 5점 □ 6점 □ 7점

16. 새로운 경험을 시도하다가 아주 작은 의심이라도 생기면 시도를 멈추기도 한다.

☐ 1점　☐ 2점　☐ 3점　☐ 4점　☐ 5점　☐ 6점　☐ 7점

17. 불확실한 상황으로 인해 생기는 스트레스를 감당할 수 없다.

☐ 1점　☐ 2점　☐ 3점　☐ 4점　☐ 5점　☐ 6점　☐ 7점

18. 내 능력에 자신감이 없으면 새로운 곳을 탐험하기가 힘들다.

☐ 1점　☐ 2점　☐ 3점　☐ 4점　☐ 5점　☐ 6점　☐ 7점

19. 어떤 새로운 경험이 안전하다고 확신하지 못하면 일을 할 수 없다.

☐ 1점　☐ 2점　☐ 3점　☐ 4점　☐ 5점　☐ 6점　☐ 7점

20. 갑자기 놀라는 상황이 발생할 수 있다면 집중하기 어렵다.

☐ 1점　☐ 2점　☐ 3점　☐ 4점　☐ 5점　☐ 6점　☐ 7점

21. 새로운 것을 할 때 느끼는 불안 때문에 오히려 즐겁고 활력이 생긴다.

☐ 1점　☐ 2점　☐ 3점　☐ 4점　☐ 5점　☐ 6점　☐ 7점

22. 위험을 감수하는 일을 할 때 신이 난다.

☐ 1점　☐ 2점　☐ 3점　☐ 4점　☐ 5점　☐ 6점　☐ 7점

23. 자유 시간이 생기면 약간 겁 나는 일을 하고 싶어 한다.

☐ 1점　☐ 2점　☐ 3점　☐ 4점　☐ 5점　☐ 6점　☐ 7점

24. 잘 계획된 모험보다는 발길이 닿는 대로 만들어 가는 모험에 더 끌린다.

☐ 1점　☐ 2점　☐ 3점　☐ 4점　☐ 5점　☐ 6점　☐ 7점

25. 어디로 튈지 모르는 유쾌한 친구들이 더 좋다.

☐ 1점　☐ 2점　☐ 3점　☐ 4점　☐ 5점　☐ 6점　☐ 7점

출처: Kashdan, T. B., Stiksma, M. C., Disabato, D. J., McKnight, P. E., Bekier, J., Kaji, J., & Lazarus, R. (2018). The five-dimensional curiosity scale: Capturing the bandwidth of curiosity and identifying four unique subgroups of curious people. Journal of Research in Personality, 73, 130-149.

[점수 계산]

• 1~5번: **결핍 민감성**

결핍 민감성은 문제를 해결하지 못하면 답답함을 느껴 해결을 위해 집착하는 특성을 말한다. 항상 기분 좋게 만드는 호기심은 아니지만 이런 호기심을 가진 사람들은 문제를 해결하려 악착같이 매달린다. 총점 30점 이상은 결핍 민감성이 높은 편이다. 19~29점은 중간 정도이며 18점 이하는 결핍 민감성이 낮은 사람이다.

• 6~10번: **유희적 탐구**

유희적 탐구는 세상의 다양한 특성에 궁금증을 느끼는 것이다. 유희적 탐구 상태일 때 즐거운 기분이 유지되고 행복한 삶을 즐길 수 있다. 총점 32점 이상은 유희적 탐구가 높은 편이다. 20~31점은 중간, 19점 이하는 유희적 탐구가 낮은 사람이다.

• 11~15번: **사회적 호기심**

사회적 호기심은 다른 사람의 생각과 행동을 이해하기 위해 말하고 듣고 관찰하는 특성을 의미한다. 사회적 호기심이 높은 직원은 동료와의 갈등을 해결하는 능력이 높고 사회적 지지를 더 받는다. 또한 사회적 호기심은 팀 내 유대 관계나 신뢰, 헌신하는 분위기를 구축하는 기반이 된다. 총점 29점 이상은 사회적 호기심이 높은 편이다. 16~28점은 중간, 15점 이하는 낮은 편이다.

• 16~20번: **스트레스 내성**

스트레스 내성은 새로운 것에 대한 불안을 받아들이고 더 나아가 이를 동력으로 활용하는 의지를 말한다. 스트레스 내성이 부족한 사람은 궁금증과 흥미가 있어도 실제로 나서서 탐구하려 들지 않는다. 스트레스 내성이 부족한 직원은 도전적 과제를 찾지 않고 과제 참여에도 소극적 태도를 보일 가능성이 높다. 총점 29점 이상은 스트레스 내성이 낮은 편이다. 16~28점은 중간, 15점 이하는 스트레스 내성이 높은 사람이다. 조직 내에서 사회적 호기심이 29점 이상으로 높으면서 동시에 스트레스 내성이 15점 이하로 낮은 직원이나 집단은 혁신적이고 창의적이다.

• 21~25번: **자극 추구**

자극 추구는 다양하고 복잡하고 강렬한 경험을 얻기 위해 물리적·사회적·금전적 위험을 감수하려는 의지를 말한다. 자극 추구가 높은 사람은 불안을 완화하기보다 증폭시키려 한다. 총점 26점 이상은 자극 추구가 높은 편이다. 14~25점은 중간, 13점 이하는 자극 추구가 낮은 편이다.

조직에도 전망과 피신 이론이 적용된다

인간은 기본적으로 전망prospect이 가능해야 안심할 수 있다. 한치 앞을 볼 수 없는 경영 환경은 그 자체로 우리를 불안하게 만들고 업무 효율을 떨어뜨린다. 예측하기 힘든 환경일수록 명확한 목표를 담은 비전과 리더십이 큰 힘을 발휘하는 법이다. 단순히 현재 어떤 일을 해야 하는지를 알려 주는 것만으로는 부족하다. 사람들은 지금 당장 해야 할 일이 무엇인지 알기를 원하는 것이 아니라 앞을 볼 수 있기를 원하기 때문이다. 따라서 미래가 불투명할수록 우리 사업에 무슨 일이 벌어지고 있고 앞으로 어떻게 펼쳐질 것인지 더 자주 정보를 공유해야 업무에 집중할 수 있다.

조직 내 지위에 따른 공간적 위치에도 전망과 피신 이론이 적용된다. 직장에서 우리는 자신보다 높은 직위의 사람들에게 쉽게 뒤가 노출된다. 우리는 우리보다 직급이 높은 윗사람의 모니터를 관찰하기 어렵지만, 우리의 보스는 우리의 모니터를 쉽게 볼 수 있다. 우리 인간은 뒤가 노출된 위치에서 두려움을 크게 느낀다. 그래서 사람들은 회의장이나 면접장에서 자신의 바로 뒤에 출입문이 있을 때 긴장을 더 하게 되어 의견을 마음 편히 제시하기 힘들어한다. 현명한 리더라면 회의를 할 때 이런 자리에 있는 사람들에게는 의견 내기를 강요하기보다는 나중에 따로 의견을 들을 것이다. 흔히 얘기하는 '자리가 사람을 만든다'에서 자리는 지위가 아니라 물리적 위치일 수도 있다.

공간적 위치에 대한 선호에는 남녀 차이도 있다. 일반적으로 여성은 위치에 관한 기억이, 남성은 이동에 관한 기억이 상대적으로 더 발달되어 있다. 냉장고 문을 열고 물건을 눈앞에 두고도 못 찾는 일은 남편한테 주로 일어난다. 눈앞에 두고도 못 찾는 이유는 여자에 비해 남자가 위치에 관한 지각에 취약하기 때문이다. 하지만 쇼핑몰에서 헤매지 않고 출입구를 잘 찾아 빠져나오는 것은 남자가 잘하는 일이다. 성 역할에 관한 학습이 충분하지 않은 나이의 아동에게 레고 블록을 주고 무엇인가를 만들어 보라고 하면, 남자아이들은 자동차, 배와 같은 이동 수단을 주로 만드는 반면, 여자아이들은 집, 정원 같은 장소나 위치에 관한 무엇인가를 상대적으로 더 많이 만든다.

위치에 관한 여성의 민감성을 감안한다면 사무실, 회의장, 회식 등에서 여성은 남성에 비해 자리에 따른 심리적 안정감이 다를 것이라고 예측할 수 있다. 따라서 사무실에서 위치는 남자보다 여자에게 배려가 더 필요하다. 불안한 자리에 앉게 한 상태에서 편안하게 의견을 제시하라고 하고, 마음껏 즐기라고 한다면 제대로 될 리가 없다.

그렇다고 조직 생활을 하면서 항상 피신할 수 있는 위치에만 숨어 있을 수는 없다. 인류의 조상은 사냥과 채집을 하면서 생존을 유지할 수 있었다. 사실 전망과 피신 이론은 생존을 위해 항상 피신할 장소에 숨어 있어야 한다고 말하는 것이 아니라 피신 장소에서 편하게 휴식을 취한 인간이 다음 날 사냥과 채집을 보다 활발하게 할 수 있다는 점을 강조한다. 우리 모두에게는 마음 편히 쉴 수 있는 공간이 필요하다. 이러한 공간의 필요성은 성격에 따른 차이와는 거의 상관이 없다. 아무리 외향적인 사람이라도 온종일 치열하게 사람들을 만나고 설득하고 다녔다면 퇴근 뒤 혼자만의 공간과 시간에 자연스럽게 끌리기 마련이다. 집 안에 있는 자신만의 공간, 집 근처 카페, 공원 등도 심리적 피신이 될 수 있다.

심리적 피신의 공간에서 축적된 에너지가 중요한 이유는 다음 날 업무 성과와 관계, 창의성에 영향을 미치기 때문이다.

구불구불한 길에 더 끌린다

당신 앞에 그림 두 장이 있다. 하나는 산이나 들판 사이로 직선으로 뻗은 길이 있는 그림이고, 다른 하나는 들판과 산모퉁이를 돌아가는 구불구불한 길이 있는 그림이다. 당신은 어떤 그림에 더 끌리는가? 동서양을 막론하고 대부분의 사람은 이런 질문에 직선으로 뻗은 길보다 구불구불한 길을 선호한다고 답한다. 심리학자 스티븐 카플란 Steven Kaplan의 길 찾기 way finding 이론은 사람들이 단순한 길보다는 적당히 복잡한 지형을 선호하는 이유를 설명해 준다. 구불구불 흐르는 시냇물, 모퉁이를 돌아가는 길은 우리에게 무엇인가를 탐색하고자 하는 호기심을 자극한다는 것이다. 호기심이 있어야 인간이 채집과 사냥에 유리한 것은 물론 문명의 발전도 이룩했을 것이다. 즉, 호기심은 인류의 생존을 위해 발달된 심리적 기제다. 직선으로 뻗은 길은 너무 뻔해 매력을 느낄 수 없지만, 산수화의 부드러운 곡선 모양의 길은 신비로움을 주면서 호기심을 자극하고 무엇인가를 찾아보게끔 유도한다.

우리가 조직에서 하는 일 중에는 정확성과 속도가 중요한 일이 있고, 호기심과 창의성이 필요한 일이 있다. 창의성이 필요한 일에 너무 직선적인 사고와 프로세스만이 강조된다면 흥미를 느낄 리가 없다. 너무 정형화된 업무 프로세스는 속도에서는 유리할 수 있지만, 구성원들의 호기심과 집단 지성에는 독이 될 수도 있다. 명확한 목표와 절차가 늘 유리하지도 않고 돌아가는 것처럼 보이는 경우가 항상 낭비는 아니다. 마냥 쉬워 보이는 길이나 과제보다는 적당히 구불구불한, 그래서 호기심을 자극하는 과제를 우리는 더 좋아한다. 인간은 무조건 쉽고 편한 것만을 선호하지 않는다. 우리 인간의 마음은 전망과 피신이 있는 곳과 적당한 난이도의 과제를 선호하도록 설계되어 있다. 만일 조직이 전망과 피신 이론, 그리고 길 찾기 이론에 부합하지 못한 환경이라면 심리적 안정과 창의성을 기대하기 힘들다.

일하는 방식과 업무 환경의 변화에서 성장의 답을 찾자

코로나 이후 일하는 방식이 이전과는 많이 달라졌다. 그간 직선으로 빠르게 달리던 방식에서 약간 돌아가는 것처럼 보이는 일 처리를 해야 할 때도 있다. 예전에는 사무실에서 바로 회의를 소집해 대면할 수 있었는데 이제는 일정을 정하고 아젠다를 배포한 뒤 화상 시스템으로 대화를 나눠야 한다. 불편하게 돌아가는 것 같지만 의외로 이런 방식에 길 찾기 이론의 지혜가 있을 수 있다. 돌아가는 것처럼 보이는 그 방식에서 그동안 발견하지 못했던 솔루션을 발견했다면 구불구불한 길이 우리의 호기심을 자극했기 때문일 것이다. 이전과 달리 코로나 때문에 우회하는 일 처리를 하다 발견한 지혜를 함께 공유할 수 있다면 코로나 덕에 한층 더 성장할 수 있다.

사무실에 모여 일할 때도 심리학이 주는 지혜를 활용할 수 있다. 몽골의 넓은 초원을 여행하고 있다고 생각해 보자. 기념사진을 찍고 싶은데 옆에 자동차 같은 게 있으면 어떻게 하겠는가? 사람들 대부분은 여행지에서 사진을 찍을 때 자동차와 같은 인공물이 눈에 띄면 그 사물을 피해서 다시 구도를 잡는다. 인간은 인공 환경보다는 자연환경을 훨씬 선호하는 심리적 기제를 타고 났기 때문이다. 그런 까닭에 어린아이의 방에는 평생 한 번도 보지 못할 가능성이 높은 아프리카 초원이나 공룡 그림들로 가득하다. 성인도 복잡한 대도시의 인공물로 가득 찬 사진보다는 빌딩 사이로 나무나 꽃이 함께 있는 사진을 더 좋아한다. 스웨덴 예테보리-칼머스공과대학의 로저 울리히[Roger Ulrich] 교수는 스트레스가 심한 상황에 놓인 사람들에게 자연 풍경 사진이 실제로 생리적 고통을 줄이는 효과가 있음을 밝혀내기도 했다.

위치와 풍경은 우리의 심리와 생리에 큰 영향을 미친다. 백화점이나 쇼핑몰의 분수대도 고객들의 소비에 영향을 미칠 수 있다. 분수대에 물이 펑펑 샘솟을 때 고객의 씀씀이도 함께 커진다. 세계적으로 인기 있는 쇼핑몰이 강변에 있거나 인공 운하를 끼고 있는 것은 결코 우연이 아니다. 인공 하천인 청계천에서 점심시간에 잠깐 산책하는 직장인의 행복감은 우리의 예상보다 클 수 있다. 푸르른 초목, 열매, 꽃도 우리의 긍정 정서 회복에 도움을 준다. 꽃은 먹을 수는 없지만 얼마 지나지 않아서 꽃이 있는 곳에서 열매를 얻을 수 있다는 신호이고, 꽃이 있는 곳에 고기를 제공할 수 있는 초식 동물이 찾아올 것이기 때문에 우리는 꽃에도 큰 매력을 느낀다. 꽃 자체가 사람들의 심리 상태에 희망과 기대감일 수 있다. 작은 화분 하나, 꽃 한 송이, 나무 한 그루가 우리에게 주는 심리적 이익은 기대 이상이다. 사무실에 자연을 조금씩 가미하는 변화는 반드시 필요하다.

심리학이 제안하는 슬기로운 직장 생활 팁

💡 한수원은 유희적 탐구 영역이 강한 호기심 유형으로 보인다. 이러한 유형은 유희적 탐구 상태, 즉 자신이 관심 있는 분야에 궁금증을 느끼고 학습할 때 즐겁고 행복하다. 한수원은 호기심이 끌리는 분야에서 자신의 잠재력을 발견할 수 있고, 더 큰 성과를 낼 수 있다. 직장인에게 즐겁게 일하면서 성과를 내는 것만큼 보람 있고 좋은 일은 없다. 용기를 내서 도전해 보길 바란다.

🔆 호기심도 일종의 심리적 에너지다. 따라서 번아웃 상태 혹은 스트레스가 과도한 상태에선 호기심 자체가 발현되지 않는다. 만사가 귀찮고 지겹게 느껴질 뿐이다. 한수원이 만약 심리적 에너지가 충만하고 주변으로부터 심리적 지지를 받고 있다면 호기심도 활발하게 작동하겠지만, 그렇지 못할 경우엔 실패 가능성이 낮은 안전 지역으로 이동하고 싶어질 것이다.

🔆 호기심은 우리 뇌의 디폴트 모드 네트워크^{Default Mode Network}와도 관련 있다. 디폴트 모드 네트워크는 컴퓨터를 리셋하면 초기 설정으로 돌아가는 것처럼 뇌가 아무런 활동을 하지 않을 때 활성화되는 부위다. 놀랍게도 알츠하이머병 환자는 디폴트 모드 네트워크가 멈춰있다. 알츠하이머병은 뇌를 쉬게 만들지 못한다. 명상에 몰입한 상태 혹은 몽상을 즐기거나, 아무 생각 없이 멍때릴 때, 낮잠을 자는 등의 외부 자극이 없을 때 디폴트 모드 네트워크가 작동하기 시작한다. 그리고 무의식 중에 집중력이 높아지고 주변에 호기심이 생기기 시작한다. 다른 스트레스의 경우는 운동이 특효약이지만, 스트레스로 인해 호기심이 줄어든 경우엔 멍때리는 편이 낫다. 한수원이 대학 시절부터 갖고 있었던 호기심이 직장 생활을 하면서 점점 줄어든다고 생각한다면, 디폴트 모드 네트워크를 활용하길 바란다.

☑ 요약

☑ 커피숍 2층 유리창 옆 공간처럼 바깥을 볼 수 있는 전망과 자신의 뒤를 벽으로 은폐할 수 있는 피신이 동시에 제공된 환경에 본능적으로 끌리는 심리적 현상을 전망과 피신 이론이라 한다. 인간은 기본적으로 전망 할 수 있어야 안심할 수 있다. 단순히 현재 어떤 일을 해야 하는지 알려 주는 것만으로는 부족하다. 사람들은 지금 당장 해야 할 일이 무엇인지 알기를 원하는 것이 아니라 앞을 볼 수 있기를 원하기 때문이다. 미래가 불투명할수록 우리 사업에 무슨 일이 벌어지고 있고 앞으로 어떻게 펼쳐질 것인지 더 자주 정보를 공유해야 업무에 집중할 수 있다.

☑ 우리 모두에게는 마음 편히 쉴 수 있는 피신 공간이 필요하다. 심리적 피신 공간에서 축적된 에너지가 중요한 이유는 다음 날 업무 성과 및 창의성에 영향을 미치기 때문이다.

☑ 우리가 조직에서 하는 일 중에는 정확성과 속도가 중요한 일이 있고, 호기심과 창의성이 필요한 일이 있다. 창의성이 필요한 일에 너무 직선적인 사고와 프로세스만 강조한다면 흥미를 느낄 수 없고 너무 정형화된 업무 프로세스는 속도에서는 유리할 수 있지만, 구성원들의 호기심과 집단 지성에는 독이 된다.

☑ 인간은 무조건 쉽고 편한 것만을 선호하지 않는다. 우리 인간의 마음은 전망과 피신이 있는 곳과 적당한 난이도의 과제를 선호하도록 설계되어 있다. 만일 조직이 전망과 피신 이론 그리고 길 찾기 이론에 부합하지 못한 환경이라면 심리적 안정과 창의성을 기대하기 힘들다.

커피 한 잔도
타이밍이 있다고?

[착각]

회의를 언제 하든지 회의 성과에 큰 영향이 없다?

"박 팀장, 부문장님 참석하실 이번 연도 사업 보고 일정을 우리 본부와 바꿨으면 하는데, 우리가 오전 첫 시간에 하고 당신네 본부가 오후에 하는 걸로 말이야.

우리 본부장님이 당일 오후 CEO 동반 해외 출장 일정이 급하게 잡혀서 이렇게 부탁하네."

"그래? 관련 내용을 본부장님께 다시 보고드리고, 배포 자료 수정을 해야 해서 좀 번거롭지만, 동기 좋다는 게 뭔가, 이럴 때 도와야지. 내가 한번 알아볼게. 우리야 언제 보고해도 크게 상관없으니."

회의 타이밍이 성과에 결정적이다!

모든 일에는 타이밍이 중요하다.

– 레이먼드 커츠와일^{Raymond Kurzweil} –

궁 금 해 , 심 리 학

언제가 최적의 타이밍일까?

당신은 회사의 중역으로 중요한 의사 결정을 다루는 분기 임원 회의에 참석해야 한다. 회의에선 각 사업부 실적 발표와 더불어 향후 회사의 매출액, 영업 이익, 당기 순이익 등 다음 분기 실적에 대한 예상과 신규 사업 진출 및 사업 환경에 관한 내용을 다룰 예정이다. 그 어떤 회의보다 중요한 만큼 당신은 만반의 준비를 다하고 회의에 참석해야 한다.

이때, 당신은 언제 회의가 열려야 자신의 역량을 최대한 발휘하면서 참석자들을 설득하고 결과적으로 회의 성과를 높이는 데 도움이 된다고 생각하는가? (정답은 317쪽에)

① 오전 9시

② 오전 11시

③ 오후 1시

④ 오후 3시

[직장 속으로]

박봉주 팀장과 안병진 팀장은 대학 때부터 절친한 사이다. 졸업 시점에 S사 공채에 함께 지원해서 입사 동기가 되어, 입사 이래 줄곧 디지털 디바이스 부문에서 동고동락해 왔다. 학창 시절, 둘의 생활 방식은 너무도 달랐다. 박봉주 팀장이 전형적인 아침형 인간이라면, 안병진 팀장은 다른 사람 눈에는 게으르기 짝이 없는 저녁형 아니 야밤형 인간이었다. 학창 시절, 술자리와 같은 모임에 둘은 항상 함께 다녔는데 안병진 팀장의 인기는 하늘을 찔렀다. 아침형 인간인 박봉주는 밤 10시만 넘어가면 졸기 시작했고 자정을 넘겨 버티는 경우는 거의 없었다. 반면에 올빼미형 인간인 안병진은 밤에 더욱 활력을 찾았다. 지칠 줄 모르는 에너지로 주변 사람을 즐겁게 만들며 모임을 주도했다.

그런데, 입사 시점부터 둘의 입장은 정반대로 바뀌었다. 조직 생활은 전형적인 아침형 패턴이다. 연수원 입소 때부터 박봉주는 재입대한 이등병처럼 새벽 운동부터 시작된 연수원 교육 일정을 아주 모범적으로 이수했다. 반면에, 안병진은 아침 기상이 늦어 거의 매

3장 원하는 것을 이루는 심리학

일 지적을 받았고 신입 사원 교육 중 가장 중요한 일정인 CEO 간담회 때도 맨 앞자리에 앉아 조는 바람에 연수원장의 등골을 싸늘하게 만들었다.

안병진은 생활 패턴때문에 조직 생활 적응이 쉽지 않았다. S사에서 처음 스마트폰이 출시되었을 당시에는 야근을 마치고 아침 회의를 준비해야 하는 일이 거의 일상이었다. 잔꾀에 능하고 상황 대처 능력이 좋은 안병진은 출퇴근 시간을 줄이기 위해 회사 근처 고시원 같은 원룸에 방을 잡고, 주중에는 원룸에서 생활했었다. 신입부터 시작된 원룸 생활은 안병진이 결혼한 뒤에야 끝났다. 그리고 그 기간 동안 안병진은 아침형 인간으로 서서히 변신에 성공할 수 있었다.

S사의 사업 보고 시즌이 다가왔다. 부문장 주관으로 전 본부장과 팀장들이 한 자리에 모여 실적 및 사업 계획을 보고하는 시간이다. 이 회의에선 부문장의 본부별 사업 계획 승인이 가장 중요한 이슈다. 조정이 필요한 경우는 그나마 다행이지만, 사업 계획의 재검토나 전면 수정 같은 경우는 지금껏 준비한 자료가 물거품이 될 수 있다. 박봉주가 속한 마케팅 본부는 박봉주의 주도로, 안병진이 속한 영업 본부는 안병진의 주도로 사업 계획서가 작성되었기 때문에, 두 사람 모두 부담이 큰 상황이다. 비서실로부터 마케팅 본부의 보고가 첫 일정이고, 영업 본부는 마지막 보고인 오후 3시로 보고 일정이 잡혔다고 통보받은 상태다. 하지만, 영업 본부장의 개인 사

정으로 인해 안병진은 박봉주에게 일정을 바꿀 것을 요청하고 있다. 박봉주는 흔쾌히 응해야 할까? 응할 수밖에 없다면, 박봉주가 반드시 피해야 할 최악의 타이밍은 언제일까?

나는 아침형 인간인가, 저녁형 인간인가?

🔍 **아침형 인간, 저녁형 인간**(morningness-eveningness) **검사**

사람마다 타고난 생체 리듬이 있다. 아침형 인간은 오전에 활동적이고 집중력이 필요한 업무를 잘해 낼 수 있고 저녁형 인간은 아침엔 피로감을 느끼지만, 오후부터 점차 집중력이 높아져 오후 6시경에 정점을 찍는다.

아래의 서술을 읽고 자신에 대한 설명과 일치하는 정도에 따라 1~5점까지 점수를 매기시오.

* 전혀 그렇지 않다: 1점, 대체로 그렇지 않다: 2점, 보통이다: 3점,
  대체로 그렇다: 4점, 매우 그렇다: 5점

1. **나는 몇 시에 깨어날 때 컨디션이 최상인가?**
   - 오전 5시~6시 30분　☐ 5점
   - 오전 6시 30분~7시 45분　☐ 4점
   - 오전 7시 45분~9시 45분　☐ 3점
   - 오전 9시 45분~11시　☐ 2점
   - 오전 11시~오후 12시　☐ 1점

2. **아침에 일어나서 30분 동안 어느 정도로 피로를 느끼는가?**
   - 매우 피곤함　☐ 1점
   - 상당히 피곤함　☐ 2점
   - 상당히 활기참　☐ 3점
   - 매우 활기참　☐ 4점

3. 저녁 몇 시경부터 피곤함과 자야 할 필요성을 느끼는가?

   – 오후 8시~9시   ☐ 5점

   – 오후 9시~10시 15분   ☐ 4점

   – 오후 10시 15분~12시 30분 ☐ 3점

   – 오전 12시 30분~1시 45분   ☐ 2점

   – 오전 1시 45분~3시   ☐ 1점

4. 하루 중 컨디션이 최상인 시간은 언제인가?

   – 오전 5시~8시   ☐ 5점

   – 오전 8시~10시   ☐ 4점

   – 오전 10시~오후 5시   ☐ 3점

   – 오후 5시~10시   ☐ 2점

   – 오후 10시~오전 5시   ☐ 1점

5. 아침형 인간, 저녁형 인간 중 스스로 어떤 타입에 속한다고 생각하는가?

   – 완전한 아침형   ☐ 6점

   – 저녁형보다는 아침형   ☐ 4점

   – 아침형보다는 저녁형   ☐ 2점

   – 완전한 저녁형   ☐ 0점

출처: Adan, A., & Almirall, H. (1991). Horne & Östberg morningness-eveningness question-naire: A reduced scale. Personality and Individual differences, 12(3), 241-253.

[점수 계산]

- 22~25점: **확실한 아침형 인간**
- 18~21점: **적당한 아침형 인간**
- 12~17점: **아침형 인간과 저녁형 인간의 중간형**
- 8~11점: **적당한 저녁형 인간**
- 4~7점: **확실한 저녁형 인간**

미국 메사추세츠공과대학^{MIT} 주디스 워트만^{Judith Wortman} 교수는 단백질 섭취를 통해 각성과 집중력을 높일 수 있다는 연구 결과를 발표한 바 있다. 각성과 집중력에는 신경 전달 물질 '도파민'과 '노르에피네프린'이 필요한데, 단백질을 섭취했을 때 잘 분비되기 때문이다. 따라서 아침형 인간이 집중력이 떨어지는 오후에 중요한 업무가 있다면 점심에 단백질이 많은 음식을 섭취하면 좋고 저녁형 인간이 아침에 집중력을 높이고 싶다면 아침 식사 시 단백질 위주로 먹는 게 좋다.

회의 효과를 높이려면 타이밍을 고려하라

뉴욕대학교 스턴비즈니스스쿨의 바루크 레브^{Baruch Lev} 교수를 비롯한 세 명의 연구진은 2001년부터 2007년까지 7년간 미국 내 상장된 2,113개 회사의 26,585건의 회의를 분석했다. 이들이 분석한 회의는 컨퍼런스 콜conference calls로 사내 중역뿐 아니라 투자자, 경제 관련 기자, 애널리스트들이 함께 참여하는 회의였는데 분석 결과 흥미로운 점은 언제 회의가 열렸는가에 따라 회의 성과는 물론이고 향후 회사 주가의 향방까지 달라졌다는 사실이었다. 회의가 다른 일정보다 앞서 가장 먼저 열릴 때 활기차고 긍정적인 분위기가 조성되었던 반면에 회의를 여는 시간이 늦어질수록 참석자들의 말투는 부정적으로 변하고 결단력도 부족해졌다. 점심시간 이후에 다소 회복되긴 했으나 오후에 접어들수록 부정적인 상황은 급격하게 심화되었다. 늦은 오후에 회의를 한 회사의 회의 내용을 분석해 보니 아침에 회의를 한 회사에 비해 확실히 더 부정적이며 비판적인 어조가 많았고 심지어 시비조의 말도 쉽게 관찰되었다. 상대를 설득해야 하는 CEO나 임원들도 오후 시간이 될수록 답변이 더 어정쩡했으며 설명하는 어휘도 적절치 못했고 태도의 확신은 더 떨어졌다. 가장 놀라운 결과는 늦은 오후에 컨퍼런스 콜을 한 회사의 주가가 오전에 컨퍼런스 콜을 한 회사에 비해 15거래일 동안 더 떨어졌으며 50거래일이 지나서도 원상태로 회복하지 못했다는 사실이다.

310쪽 질문의 답은 오전 9시다. 레브 교수의 연구에 따르면, 설득과 합의가 필요한 회의는 참가자들의 긍정적인 태도를 높이기보다는 부정적 태도를 줄이는 것이 관건인데, 부정적 어조가 가장 적은 시간이 바로 출근 직후였다.

3장 원하는 것을 이루는 심리학

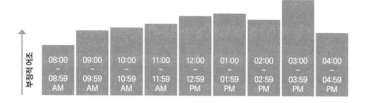

'최악의 **타이밍**을 피하라'

아침형 인간과 저녁형 인간은
집중력이 좋은 시간대가 서로 다르다

어떤 일을 하는데 있어 더 좋은 시간대가 있다는 사실에 관해
우리가 잘 알고 있는 표현은 아마 아침형 인간, 저녁형 인간일 것이
다. 당신은 아침형 인간인가, 저녁형 인간인가? 이 질문에 답하기 전
에 아래 문제에 관한 답을 먼저 생각해 보자.

• '린다'라는 인물에 관한 아래의 진술을 읽고 린다에 대한 당신의 생각은 ①번
  과 ②번 중 어디에 가까운가?

린다는 31살인 활달하고 영리한 독신 여성이다. 그녀는 철학을
전공했으며 항상 직설적인 화법을 구사한다. 대학 시절에는 사회
정의와 특히 여성 차별 문제에 관심을 가졌고 반핵 운동 단체에도

참여한 적이 있다. 그렇다면 현재 린다는 어떤 쪽에 더 가까울까?

> ❶ 린다는 은행원이다.
>
> ❷ 린다는 여성 운동에 적극적인 은행원이다.

　사실 이 문제는 단순한 논리 문제다. 어떤 부분 집합도 전체 집합보다 클 수 없다. 모든 은행원은 전체 집합이고 여성 운동에 적극적인 은행원은 부분 집합이다. 따라서 ①이 맞는 답이다. 그런데 이 질문에 많은 사람이 ②가 린다를 잘 표현하는 것 같다는 생각을 한다. 린다에 관해 읽는 동안 린다에 대한 고정 관념이 형성되고 고정 관념은 논리적 사고보다 빠르게 작동하기 때문이다. 이 질문을 고안한 아모스 트버스키[Amos Tversky]와 대니얼 카너먼[Daniel Kahneman]은 이러한 생각의 오류를 대표성 휴리스틱[representative heuristic] 혹은 결합 오류[conjunction fallacy]라고 불렀다.

　그런데 이 실험을 재현하던 또 다른 실험자들은 흥미롭고 중요한 사실 하나를 발견했다. 참가자들이 실험에 참여한 시간대에 따라 정답이 달랐다는 점이다. 이른 아침에 참가한 실험 대상자들은 늦은 시간대에 참가한 사람들보다 정답을 더 잘 맞혔다. 이와 유사한 또 다른 연구에서 하버드비즈니스스쿨의 프란체스카 지노[Francesca

^{Gino} 교수는 덴마크 학생 200만 명을 대상으로 4년 동안 학생들의 시험 결과와 시험 시간을 대조해 보았다. 연구 결과, 대개 오전에 시험을 본 학생들의 성적이 오후에 본 아이들의 성적보다 높았다. 시험 시간이 늦어질수록 성적은 조금씩 떨어졌다. 시간대, 즉 타이밍은 성과에 중요한 영향을 미친다.

우리 사회에서 아침형 인간이 저녁형 인간에 비해 성공 확률이 높은 이유는 조직과 사회, 교육 시스템 등이 아침형 인간에 맞게 설계되어 있기 때문이다. 그런데 아침형·저녁형 인간을 노력으로 바꾸거나 선택할 수 있는 것이 아니라 그냥 타고난다. 게다가 아침형·저녁형 인간을 가르는 가장 중요한 요소는 나이다. 유아기의 어린아이는 부모가 아직 잠든 이른 아침에 일어나 혼자 노는 경우도 흔하다. 이러했던 아이들이 사춘기로 접어들수록 점점 저녁형으로 바뀌고 스무 살쯤에는 저녁형의 극단을 보이다가 다시 저녁형의 모습이 약해지고 50대 이후로 넘어가면 젊은 시절 저녁형 인간도 어느새 아침형 인간으로 변모해 있다.

유전적으로 아침형·저녁형 인간이 정해지고 나이대의 영향도 크다 보니 노력으로 아침형 인간이 되는 것은 결코 쉽지 않다.

대부분의 사람들은 알고 보면 아침형도 저녁형도 아닌 중간형이다. 통계로 볼 때 확고한 아침형이 15%, 확고한 저녁형은 20% 정도지만 중간형은 무려 65%다. 그런데 확고한 저녁형인 사람들은 조직 생활을 대개 오래 지속하지 못하는 경향이 있기 때문에 조직에 남아 있는 사람 중 대부분은 아침형과 중간형이다.

아침형과 중간형 사람들은 분석적·논리적 업무나 회의를 오전에 진행하는 것이 성과를 높일 수 있다. 그러나 모든 업무가 오전에 유리한 것은 아니다. 통찰이나 창의성은 분석이나 논리의 수준이 낮아질 때 서서히 높아지기 때문이다. 아침형이나 중간형에게 정보가 무의식적으로 조합되고 통합되어 아이디어로 발전하는 시간대는 늦은 오후나 초저녁 시간대다. 저녁형 인간들은 밤을 새고 새벽에 좋은 아이디어를 떠올리지만, 아침형·중간형이 아침부터 혁신적 아이디어를 떠올리기는 쉽지 않다. 이들은 오히려 지치고 컨디션이 좋지 않을 때 아이디어가 더 잘 생각나기도 한다. 에너지가 빠져 지쳐 있거나 다소 이완될 때 아이디어가 잘 떠오르는 현상을 영감의 역설inspiration paradox이라고 부른다. 연구자 마레이케 위스Mareike Wieth와 로즈 잭스Rose Zacks는 수학과 같은 분석이 필요한 과목은 아침에, 예술이나 창의적 글쓰기와 같이 창의성이 필요한 과목은 오후나 저녁 시간에 공부하는 것이 효과적이라는 사실을 밝혀내기도 했다.

커피 한 잔도 타이밍이 있다

동료들과 점심 식사 뒤에 갖는 커피 타임은 많은 직장인에게 사막의 오아시스다. 오전 바쁜 업무에 말 한마디 나누기도 힘들었는데 동료들과 짧게 담소를 나눌 수 있어서 좋고 또 커피 한잔이 오후 업무의 나른함을 깨울 수 있기 때문이다. 실제 커피에 함유된 카페인은 기분을 고양시키고 정신을 깨우고 신체적으로 활기를 준다. 커피뿐 아니라 홍차, 녹차, 콜라 등 카페인이 들어간 음료는 다 그렇다. 커피는 지나치지만 않으면 우리에게 유익한 기호 식품이다.

그런데, 점심 직후의 커피는 해롭다. 에너지 효용 측면에서는 카페인의 양보다 '언제 마셨는가' 하는 타이밍이 더 중요하기 때문이다. 중간형은 일반적으로 오전 9~11시 피크 타임이 지나면 에너지 수준이 다운 상태로 접어들고 식후 잠깐 반등했다가 오후 2~4시경에 최저점을 찍고 다시 올라간다. 그런데 점심 식사 뒤 1시쯤 섭취한 카페인의 효과는 3시 이후에 발현되기 때문에 다운 상태로 접어드는 신체 리듬을 억지로 흥분 상태로 끌어올린다. 실제 신체 에너지는 떨어져 가는데 자극제에 의해 가동되는 상태라 할 수 있다. 하지만 정작 중요한 점은 신체의 기능이 쉬어야 할 때 쉬지 못하면 회복도 그만큼 어렵다는 사실이다. 카페인으로 버티며 밤을 새서 일한 경험이 있는 사람들은 신체적 에너지 회복이 얼마나 더딘지 잘 알 것이다. 그런 식으로 일하다 몸이 망가지면 신체적 컨디션이 정상화되기까지 긴 시일이 소요된다.

또한, 음용한 카페인 효과의 반감기가 대략 6시간이기 때문에 9시 전의 모닝커피는 에너지 고조기에 효능을 높이고 오후 2시가 지나면 약한 각성 효과를 발현하지만, 오후 4시의 커피는 밤 10시까지 남아서 잠을 방해한다. 따라서 아침엔 커피를, 점심엔 식사량을 조금 줄이고 과일 음료와 같은 당분을 섭취하는 편이 신체 리듬을 깨지 않고 활기를 더할 수 있다. 오후 나른한 시간대에는 커피보다는 차가운 물이나 탄산수, 스트레칭, 간단한 통화, 다른 부서를 방문하거나 잡일을 하면서 계단을 오르내리는 등의 신체적 활동이 더 낫다. 오전에 모닝커피를 마시며 의사 결정이나 집중력이 필요한 회의를 하고, 오후엔 달콤한 과일 주스나 탄산수와 함께 아이디어 미팅을 시도하는 것은 우리의 신체 리듬을 효율적으로 활용하는 업무 방식이다.

심리학이 제안하는 슬기로운 직장 생활 팁

💡 박봉주는 보고 일정에 따라 사업 보고 성패가 좌우될 수 있음을 분명히 인식해야 한다. 안병진의 요청을 흔쾌히 수락하기보다는 안병진이 비서실을 통해 일정을 조율하도록 조언하는 편이 낫다. CEO 동반 일정에 참석하는 건이면, 일정을 바꿀 수 있는 명분은 충분하다. 그럼에도 불구하고 안병진이 극구 부탁하고 부탁을 들어줄 수밖에 없는 상황이라면 최악의 타이밍은 피해서 일정을 잡는 것이 좋다.

💡 안병진이 소속된 영업 본부의 최초 보고 일정인 오후 3시는 보고 시간으로는 최악이다. 이 시간대에 참석자들의 부정적 어조가 가장

높아지기 때문이다. 박봉주는 영업 본부의 일정과 맞바꾸는 일을 끝까지 거부해야 한다.

💡 최악의 경우, 영업 본부의 보고 시간인 오후 3시로 회의 일정을 바꾸기로 결정했다면, 보고 환경과 참석자의 상태를 변화시키려는 시도가 필요하다. 보고 시점 전에 창문을 열어 회의장 공기를 환기하거나, 짧은 휴식 시간을 가져 회의장 밖으로 이동할 수 있도록 하거나, 간단한 음료나 간식을 제공하는 등의 분위기 전환을 시도한 뒤에 보고를 진행하는 것이 좋다.

☑ 요약

☑ 언제 회의가 열리는가에 따라 회의 성과가 달라질 수 있다. 회의가 다른 일정보다 앞서 가장 먼저 열릴 때 활기차고 긍정적인 분위기가 조성되지만, 회의를 여는 시간이 늦어질수록 참석자들의 말투는 부정적으로 변하고 결단력도 부족해진다. 타이밍은 시험 성적에도 영향을 미친다. 오전에 시험을 본 학생들의 성적이 오후에 본 아이들의 성적보다 높다. 시험 시간이 늦어질수록 성적은 전반적으로 조금씩 떨어진다.

☑ 아침형과 중간형 사람들은 분석적·논리적 업무나 회의를 오전에 진행해야 성과를 높일 수 있다. 그러나 모든 업무가 오전에 유리한 것은 아니다. 통찰이나 창의성은 분석이나 논리의 수준이 낮아질 때 서서히 높아지기 때문이다. 아침형이나 중간형의 아이디어가 무의식적으로 조합되고 통합되어 아이디어로 발전하는 시간대는 늦은 오후나 초저녁 시간대다.

☑ 음용한 카페인 효과의 반감기는 대략 6시간이기 때문에 오전 9시 전의 모닝커피는 에너지 고조기에 효능을 높이고 오후 2시가 지나면 약한 각성 효과를 발현하지만, 오후 4시의 커피는 밤 10시까지 남아서 잠을 방해한다. 따라서 아침엔 커피를, 점심엔 식사량을 조금 줄이고 과일 음료와 같은 당분을 섭취하는 편이 신체 리듬을 깨지 않고 활기를 더할 수 있다.

리더의
심리학

나는 믿을 만한
리더인가?

리더십은 탁월한 역량을 통해 발현하는 것이다?

"이번 리더십 다면 평가 결과가 충격적이야. 내색은 안 했지만 나름 최선을 다했는데, 팀원들은 나에 대해 여전히 불만이 많은가 봐. 이 시점에 면담을 해서 내가 부족한 점을 구체적으로 확인하는 것도 애매하고…… 뭘 어떻게 다시 시작하면 좋을까?"

"리더가 가진 다양한 파워 중 가장 영향력이 큰 것이 바로 레퍼런트 파워referent power, 즉 준거 권력이야. 준거 권력은 존경감에서 나오지. 내 생각엔 존경을 얻을 수 있는 전문성에서 차별화된 모습을 보이는 것이 필요할 것 같아."

[진실]

신뢰를 위해선 인간미가 전제되어야 한다!

어떤 사람을 내 사람으로 만들려면
먼저 당신이 그의 진정한 친구임을 확인시켜야 한다.

– 에이브러햄 링컨^{Abraham Lincoln} –

궁 금 해 , 심 리 학

리더에게 가장 필요한 자질은?

리더에게 요구되는 가장 중요한 자질은 무엇일까? 먼저 관련 기사를 보자.

"시장 조사 전문 기업 엠브레인트렌드모니터가 전국 만 19~59살 직장인 남녀 1천 명을 대상으로 포스트코로나 시대의 '리더십' 관련 인식 조사를 실시한 결과, 코로나의 확산 속에 조직 내 '리더'의 역량이 중요하다는 것을 체감하는 직장인들이 많아졌다. 조직의 리더라면 응당 여러 가지 자질을 갖춰야만 하는데, 그중에서도 가장 중요한 자질로는 책임감(53.6%, 중복 응답)이 꼽혔다. 신뢰도(49.4%)와 소통 능력(48.5%), 실무 능력(48.4%)의 중요성도 많이 강조했다. 하지만 좋은 리더를 만나는 것은 생각보다 훨씬 어려운 일이다. 직장인의 84.3%가 직장 생활을 하면서 정말 믿고 의지할 만한 리더를 만나기는 쉽지 않은 것 같다고 응답했다. "현재 직장 생활을 하면서 존경하거나 따르는 대상이 있는가?"라는 물음에도 "없다."고 말하는 직장인이 더 많은 비중(없음 48.8%, 있음 38.7%)을 차지했다." (산업종합저널, 2020.12.05.)

본 기사에 인용된 설문에 응답한 직장인들은 코로나 시대에 가장 필요한 리더의 자질로 책임감, 신뢰도, 소통 능력, 실무 능력을 꼽았다. 그런데 책임감은 신뢰감을 기반으로 하기 때문에 우리는 신뢰하지 못하는 리더를 책임감 있다고 여기지 않는다. 따라서 조사 결과를 해석하면, 코로나 시대에 리더에게 가장 중요한 자질 하나를 꼽으라고 하면 단연코 '신뢰'를 택할 수 있다. 그렇다면, 어떻게 하면 리더의 신뢰감을 높일 수 있을까?

[직장 속으로]

박봉주 팀장과 안병진 팀장은 최근 리더십 다면 평가 결과를 받았다. 박봉주는 상사의 평가나 동료 평가와 같은 항목은 수긍이 쉬웠으나, 부하 직원들이 자신에 대해 평가한 내용은 사실상 납득하기 힘들었다. 박봉주는 스스로 단기 성과에 집착해 구성원들을 닦달하는 스타일이 아니라고 믿고 있다. 일도 일방적으로 지시하기보다는 대화, 타협, 설득과 같은 커뮤니케이션 스킬을 최대한 활용하려 애썼고, 무엇보다 장기적 관점에서 구성원 육성과 경력 개발을 함께 고민하며 같이 일하는 플레이어 겸 코치라고 자신을 규정하고 있었다. 하지만, 구성원들이 자신을 평가한 결과는 가히 충격적이었다. 자식을 키워 본 경험이 있는 박봉주는 특히 사람 사이의 관계가 자신의 마음처럼 되지 않는다는 사실을 잘 알고 있다. 그럴 수도 있겠다고 생각하고 넘어가려 해도 조직 내 다른 리더들과 비교되는 자료가 눈앞에 있으니 서운하고 억울하기까지 하다.

다면 평가에 기재된 원인만으로는 왜 이런 결과가 나타났는지 이해하기 어렵다. 구체적인 상황이나 맥락을 확인하고 싶지만, 팀원들이 자신을 좀스럽게 생각할까 두렵다. 평가를 나쁘게 준 사람들을 색출하기 위한 목적이 아니라, 정말 순수하게 이유를 알고 변화하기 위해서라고 말할 방법도 모르겠다. HR에서는 다면 평가를 하는 목적이 보상^{reward}이 아닌 개발^{development}에 있다고 하지만, 전적으로 믿을 수 없다. 평가 결과가 나쁜 리더가 고과나 배치, 임원 후보자군에 드는 경우가 흔치 않기 때문이다.

결국, 박봉주는 안병진과 상의하기로 결심한다. 자신이 리더로서 좋지 못한 평가를 받았다는 사실을 누구에겐들 편히 얘기할 수 있겠는가? 가족에게는 절대 얘기를 꺼내지 못한다. 회사에서는 개같이 고생하더라도 가정에서는 존경받는 가장이고 싶다. 박봉주의 머릿속에 회사 내 다른 사람은 잘 떠오르지 않았다. 본부장을 찾아가 볼까 고민했지만, 직속 상사에게 본인 리더십의 흠결을 드러내는 짓 같아 생각을 접었다. 비슷한 위치의 다른 동료들도 마찬가지다. 박봉주를 경쟁 대상으로 생각하고 있을 텐데 괜히 견제의 빌미를 던져 주고 싶지 않다. 그래도 대학 동기인 안병진은 안심이다.

안병진은 얼마 전 우연히 장철진을 만났다. 친구가 팀장으로 있는 팀의 팀원이라 그저 지나가는 말로 팀장이 좋지 않냐고 물었다. 장철진 역시 가볍게 팀장의 성품은 훌륭하지만, 트렌디함이 부족한 것 같다는 모호한 답변을 했다. 안병진은 박봉주의 리더십 결과 자료를 보면서 문득 장철진과 나눈 대화가 떠올랐다. 마케팅 팀장이라면 시장의 흐름에 잘 대응해야 하는데, 박봉주가 그런 면이 부족하다고 생각한다. 그리고 얼마 전 팀장 리더십 과정에서 들었던 리더의 파워에 여러 가지 원천이 있다는 말이 생각났다. 리더에게 존경감을 갖는 준거 권력^{reference power}이 가장 효과적이고 이를 위해서는 당연히 전문성이 필요한데, 박봉주가 그런 면이 부족하다고 얘기했다. 안병진은 나름, 교육에서 배운 근거와 수집한 정보를 잘 활용해 박봉주에게 도움이 될 만한 피드백을 줬다고 생각한다.

고정 관념 내용 모델에서 나의 위치는

🔍 고정 관념 내용 모델(stereotype contents model for leader) 검사

내가 리더로서 역량과 인간미를 어느 정도 갖추고 있는지 평가해 보자. 자가 진단보다는 주변 동료나 부하 직원의 도움을 받아 평가해야 보다 정확한 결과를 얻을 수 있다.

아래 문항들에 1~5점으로 응답해 확인해 보자.
* 전혀 그렇지 않다: 1점, 대체로 그렇지 않다: 2점, 보통이다: 3점,
  대체로 그렇다: 4점, 매우 그렇다: 5점

1. 나는 주어진 자원과 시간을 매우 효율적으로 관리한다.

☐ 1점　　☐ 2점　　☐ 3점　　☐ 4점　　☐ 5점

2. 나는 리더로서 성과 창출 역량을 잘 갖추고 있다.

☐ 1점　　☐ 2점　　☐ 3점　　☐ 4점　　☐ 5점

3. 나는 리더로서 자신감이 넘친다.

☐ 1점　　☐ 2점　　☐ 3점　　☐ 4점　　☐ 5점

4. 나는 전문성을 기반으로 팀을 이끈다.

☐ 1점　　☐ 2점　　☐ 3점　　☐ 4점　　☐ 5점

5. 나는 친절한 사람이다.

☐ 1점　　☐ 2점　　☐ 3점　　☐ 4점　　☐ 5점

6. 나는 팀원들 각자의 요구를 잘 파악하고 있다.

☐ 1점　　☐ 2점　　☐ 3점　　☐ 4점　　☐ 5점

7. 나는 성품이 좋다는 평을 듣는다.

☐ 1점   ☐ 2점   ☐ 3점   ☐ 4점   ☐ 5점

8. **팀원들은 나를 친근하게 여긴다.**

☐ 1점   ☐ 2점   ☐ 3점   ☐ 4점   ☐ 5점

출처: Falvo, R., Capozza, D., Di Bernardo, G. A., & Manganelli, A. (2016). Attributions of Competence and Warmth to the Leader and Employees' Organizational Commitment: The Mediation Role of The Satisfaction of Basic Needs. TPM: Testing, Psychometrics, Methodology in Applied Psychology, 23(2).

[점수 계산]

- **유능함**^{competence} **점수**: 1~ 4번 점수의 평균을 구한다.
- **인간미**^{warmth} **점수**: 5~8번 점수의 평균을 구한다.

    유능함^{competence} 점수를 X축으로 인간미^{warmth} 점수를 Y축으로 하여, 아래 그래프에 본인의 위치를 표시해 고정 관념 내용 모델 상 나의 위치를 확인해 보자. 중간 선의 점수가 2.5점이 아닌 점에 주의하자. 중간 점수가 2.5점이 아닌 이유는 평가에서 관대화 경향으로 인한 것이다.

[고정 관념 내용 모델에서 나의 위치]

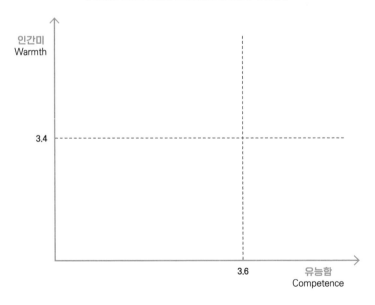

신뢰는 유능함과 인간미의 조합이다

심리학자들은 신뢰감 형성을 위해 두 가지 중요한 요인을 꼽는다. 하나는 인간미^{따뜻함; warmth}고 다른 하나는 유능함^{역량; competence}이다. 예를 들어, 여러 직업 가운데는 신뢰도가 높은 직업이 있고 그렇지 못한 직업이 있다. 미국 성인들은 자신이 가장 신뢰하는 직업을 의사, 간호사라고 응답했고 상대적으로 신뢰도가 낮은 직업을 영업직이라고 꼽았다. 신뢰하는 직업의 특징은 전문성을 요구할 뿐만 아니라 자기희생과 같은 따뜻한 인간미를 느낄 수 있는 직업이었다.

[고정 관념 내용 모델]

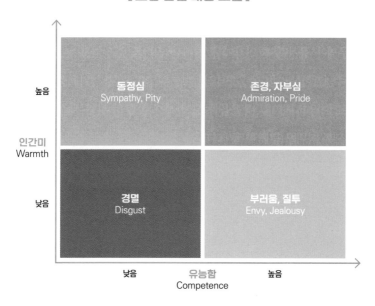

우리가 누군가에게서 신뢰받기 위해서는 자기희생을 기반으로 한 인간미와 전문성을 기반으로 한 능력이 필요하다. 그리고 조직 내 사람들은 이 두 가지의 조합에 따라 리더에 대한 정서를 형성한다. 이것이 고정 관념 내용 모델^{Stereotype Content Model}이다.

고정 관념 내용 모델은 리더가 신뢰를 형성할 때 무엇이 중요한지 잘 알려 준다. 먼저 모델에 관해 간략히 살펴보자.

X축인 유능함은 리더의 업무 수행 장면에서 드러나는 지적 특성을 의미한다. 전문성을 기반으로 지적이고 자신감 넘치며 독립적으로 자신의 일을 수행해 나가는 특성이다. Y축인 인간미는 자기희생을 보이며 온정감과 좋은 성품으로 진정성 있는 모습을 보이는 것을 의미한다. 즉, 인간미는 타인과 교류 장면에서 나타나는 리더의 사회적 특성이다.

우리는 유능함에 인간미를 겸비한 리더를 존경하고 누군가에게 자랑하고 싶을 정도로 자부심을 느낀다. 또한, 구성원들은 자발적으로 이러한 리더의 성공을 돕고 함께 성장하려 한다. 한마디로 세상 모든 리더들의 지향점이라 할 수 있다.

반면에 유능하지도 않은데 인간미도 없는 사람에게 우리는 경멸감을 느낀다. 경멸감을 주는 리더가 있다면 리더가 가진 권한 때문에 관계를 맺고 있긴 하지만 구성원들은 리더를 떠날 기회를 끊임없이 모색하고, 한 번 떠나면 두 번 다시 돌아오고 싶어 하지 않는다. 경멸감이라는 정서는 가장 회피하고 싶은 대상에게 경험하기 때문에 경멸감이 한 번 느껴지면 그 사람에게 새로운 기회를 부여하려 들지 않는다. 경멸감으로 인식된 리더는 이미지 쇄신의 기회를 갖기가 매우 어렵다.

유능하지만 인간미가 없는 리더에게는 부러움이나 질투심을 느낀다. 리더가 가진 능력이 구성원에게 도움을 주기 때문에 리더 곁에 머물러 있지만, 리더의 성공을 바라지는 않는다. 이 영역의 리더가 보이는 인간미가 크게 문제가 될 정도가 아니라면 구성원들은 리더의 능력이나 사회적 위치에 대해 부러움을 느끼게 된다. 하지만 이 영역의 리더에게 인간미나 인성에 문제의식을 느낀다면 부러움이 질투심으로 변질된다. 이때, 구성원들은 리더의 성공을 위해 자신들이 이용당한다는 생각을 하게 된다. 리더에게 질투심을 느낀다면 구성원들은 리더를 그 위치에서 내리기 위해 의도적으로 낮은 평가를 내리거나 험담을 퍼뜨리는 등의 부정적 행위를 감행할 수도 있다.

마지막으로 인간미는 넘치지만, 능력이 없는 리더에 대해 우리는 안타까움을 느끼며 이렇게 말하곤 한다. "사람은 참 좋은데……." 이 영역의 리더는 구성원의 심리적 지지에도 불구하고 조직 내에서 큰 성공을 거두지는 못한다.

신뢰 형성은 인간미에서 시작된다

리더의 유능함과 인간미가 구성원에게 인식되어야 구성원은 리더를 신뢰한다. 그런데 둘 중 어떤 측면이 상대적으로 더 중요할까?

해답을 얻기 위해서 유능함과 인간미의 서로 다른 심리학적 특성을 이해해야 한다. 유능함은 영역에 따라 다르게 인식되는 영역 특정적domain-specific인 특성인 반면, 인간미는 특정 영역과 관련 없이 일관된 인식을 보이는 영역 일반적domain-general 특성이다. 유능함은 영역에 따라 다르게 인식되기 때문에 어떤 직무를 수행할 때는 유능함을 인정받지 못할 수 있으나 다른 직무에서는 유능함을 인정받을 수도 있다. 하지만 인간미는 그렇지 않다. 어떤 장면에서 인성에 문제가 있다고 한번 인식된 사람이 있다면 다른 상황에서 그 사람이 한 선행은 위선으로 느껴질 뿐이다. 다시 말해, 유능함에 관한 인식은 이후 얼마든지 보완할 수 있지만, 인간미는 다시 보완되기 어렵다는 사실에 유념해야 한다.

따라서 리더는 유능함이 낮게 인식되는 것보다 인간미가 낮게 인식되는 태도나 행동을 경계해야 한다. 이를 위해서 인간미의 작동 원리를 이해하는 것이 중요하다. 인간미는 한 사람과 다수의 관계가 아닌 개인적 관계에서 효과적으로 발현된다. 우리는 흔히 어디에도 치우치지 않고 공평무사한 리더가 좋은 리더라고 생각하는 경향이 있다. 하지만 당신이 존경하는 리더가 있다면 그 사람을 한 번 떠올려 보자. 그 사람을 존경하는 이유가 당신과 타인을 똑같이 대했기 때문인가, 아니면 그 리더가 나에게만 특별한 어떤 행동이나 태도를 보였기 때문인가? 존경받는 리더는 따뜻함을 보일 때 구성원 전체를 대상으로 하지 않는다. 비록 이끄는 대상은 전체지만 따뜻함은 개별적으로 공유되어야 한다. 개별적인 배려를 보이지 않는 리더는 존경받기 어렵다.

따뜻함이 없는 상태에서 업무 지시를 받은 구성원은 리더의 진심을 왜곡하기 마련이다. 리더가 구성원의 성장을 고려하여 업무를 할당하더라도 구성원은 믿지 않는다. 과일을 파는 사람이 과일 섭취가 건강에 도움이 된다면서 과일을 많이 사라고 설득하는 것과 같은 이치다. 메시지는 옳지만 전달하는 사람의 의도에 색안경을 낄 수밖에 없다. 구성원들의 다양한 기대에 대해 듣고 이해하려고 노력하는 데 리더 자신의 시간과 자원을 투자해야 한다. 시간과 자원 투자가 없는 말뿐인 값싼 신호로는 신뢰가 형성되지 않는다.

리더의 신뢰감은 비단 코로나 시대에만 요구되는 자질이 아니다. 어느 시기에 설문을 해도 신뢰는 리더십의 가장 중요한 자질로 꼽힌다. 신뢰 형성을 위해 시간을 할애해 구성원 각자가 품은 조직 생활에 관한 기대를 분명히 파악하는 것부터 시작해 보기 바란다. 개별적 배려가 쉽지 않다고 누구나 인식하고 있을 시기에 리더의 시도는 진정성 있는 노력으로 받아들여질 것이다.

심리학이 제안하는 슬기로운 직장 생활 팁

💡 다면 평가의 목적은 리더로서 자기 인식을 돕는 데 있다. 다면 평가를 통해 자신이 모르는 나의 모습을 인식함으로써 성장을 위한 중요한 요인을 발견할 수 있다. 적절한 피드백은 모든 성장의 기반이기 때문이다. 그런데, 피드백이 가치가 있으려면 피드백하는 사람의 전문성이 중요하다. 하지만, 대부분의 조직에서 평가를 하는 구성원들은 단 한 번도 평가자 교육을 받아 본 적이 없다. 소위 말해 비전문가에게 평가를 받는 셈이다. 이 점이 다면 평가를 비판하는 많은 학자가 동의하는 부분이다. 물론, 다수가 평가하면 이런 오류를 줄일 수 있다는 견해도 있다. 그러나 단순히 평가자가 많아진다고 정확성이 높아지지는 않는다. 오히려 평가 능력이 부족한 다수의 평가는 정확한 한 사람의 평가보다 신뢰성이 떨어질 수 있다. 좋은 평가는 항상 3가지 기준을 충족해야 한다. 첫째, 명확한 평점 기준이 있어야 하고, 둘째, 훈련된 평가자에 의해 실시되어야 하며, 셋째, 평가자의 사명감이 전제되어야 한다.

💡 박봉주 팀장을 비롯한 대부분의 리더들은 예상치 못한 평가를 받을 때, 처음엔 충격^{Shock}을 받고, 분노^{Anger}하다가, 부정^{Rejection}하고, 회피^{Avoid}하다 결국은 상처^{Hurt}로 이어지는 SARAH의 감정 변화를

겪는다. 박봉주가 현실을 받아들이려면, 우선 다면 평가의 단점에 대한 이해가 필요하다. 만일, 박봉주가 평가 구조를 이해하고 자기 인식이 높으면서 자신에 대한 믿음이 확고하다면, 평가 결과에 크게 휘둘리지 않고, 결과를 담담히 받아들일 수 있을 것이다.

💡 안병진은 두 가지 측면에서 잘못된 피드백을 전달했다. 존 프렌치John French와 버트람 레이븐Bertram Raven이 제시한 5가지 권력 원천은 합법적 권력legitimate power, 보상적 권력reward power, 강압적 권력coercive power, 전문적 권력expert power, 준거적 권력referent power이다. 이 중 합법적·보상적·강압적 권력은 조직상의 직위에서 나오기 때문에 직위 권력position power이라고 하고, 전문적 권력과 준거적 권력은 개인의 특성 혹은 자질에서 나오는 것이어서 개인적 권력personal power이라고 한다. 안병진은 전문적 권력과 준거적 권력을 혼동하고 있다. 준거적 권력은 리더의 전문성이 아니라 인품, 도덕성, 진정성에서 나온다. 장철진에게 들은 얘기를 여과 없이 전달한 점 역시 잘못되었다. 팀 내 한 사람의 의견이 그것도 특별한 의도 없이 한 발언이 팀원 전체의 종합된 의견일 수 없다. 안병진이 좋은 친구이자 동료라면, 부정확한 지식과 정보를 전달하기보다는 박봉주를 공감하는 편이 더 나았을 것이다. 나는 안병진이 전문적 권력과 준거적 권력을 혼동한 것은 관련 전

문가가 아닌 이상, 그럴 수 있다고 생각한다. 준거적 권력이 존경심의 원천이라고 하지만, 조직에서는 전문성 없이 인품만 훌륭한 사람을 존경하지 않기 때문이다. 이 때문에 나는 권력 원천 이론보다 고정 관념 내용 모델이 조직에 더 합당하다고 생각한다. 마지막으로 박봉주가 평가 결과에 의문을 품었다면, 팀원들에게 직접 확인하기보다는 HR을 통해 간접적으로 듣는 편이 좋다. HR은 다면 평가 결과와 후속 조치에 책임과 의무가 있는 조직이다.

☑ 요약

☑ 심리학자들은 신뢰감 형성을 위한 중요한 요인을 두 가지 꼽는다. 하나는 인간미고 다른 하나는 유능함이다. 유능함은 리더의 업무 수행 장면에서 드러나는 지적 특성을 의미한다. 전문성을 기반으로 하는 지적이고 자신감 넘치며 독립적으로 자신의 일을 수행해 나가는 특성이다. 인간미는 자기희생을 보이며 온정감과 좋은 성품으로 진정성 있는 모습을 보이는 것을 의미한다. 즉, 인간미는 타인과 나누는 교류 장면에서 나타나는 리더의 사회적 특성이다. 구성원들은 유능함에 인간미를 겸비한 리더를 존경하고 누군가에게 자랑하고 싶을 정도로 자부심을 느낀다. 또한, 이러한 리더의 성공을 자발적으로 돕고 함께 성장하려 한다.

☑ 유능함은 영역에 따라 다르게 인식되기 때문에 어떤 직무를 수행할 때는 유능함을 인정받지 못할 수 있으나 다른 직무에서는 유능함을 인정받을 수도 있다. 하지만 인간미는 그렇지 않다. 어떤 장면에서 인성에 문제가 있다고 한번 인식된 사람이 있다면 다른 상황에서 행한 선행은 위선으로 느껴질 뿐이다.

☑ 리더는 유능함이 낮게 인식되는 것보다 인간미가 낮게 인식되는 태도나 행동을 경계해야 한다. 이를 위해서 인간미의 작동 원리를 이해하는 것이 중요하다. 인간미는 한 사람과 다수의 관계가 아닌 개인적 관계에서 효과적으로 발현된다.

칭찬은 나누고,
비판은 합치고

[착각]

칭찬은 공개적으로, 비난은 개별적으로?

"팀장님, 본부장님이 오늘 이동리 님 칭찬하는 거 들었어요? 공개적으로 기를 살려 주겠다는 의도라면 모를까, 전 좀 납득이 안되던데요. 사실 이동리 님 혼자 일을 다 한 것도 아니고 우리도 함께했잖아요. 이동리 님 태도도 이해하기 어려운 것이 그렇게 공개적으로 칭찬을 받으면 자기가 나서서 함께한 일이라고 한 마디 해 줘야 하는 거 아닌가요?"

"지난번에 이동리 님이 본부장님 방에 따로 불려 가서 한 소리 들은 것 같아요. 그게 마음에 걸려서 오늘 그렇게 말씀하신 것 같기도 하고. 본부장님 입장에선 리더십을 발휘해야 하니까. 그렇게 이해해 주면 좋겠어요."

칭찬과 비판의 적절한 방식은 따로 있다!

모든 것을 칭찬하는 평론가는
그것들 중 어떤 것도 사랑할 수 없다.

– 맥스 비어봄^{Max Beerbohm} –

궁금해, 심리학

좋은 것도 쉽게 나빠질 수 있다

당신이 생각하는 이상적인 휴가는 무엇인가? 그 이상적인 휴가를 떠올려 보자. 아름다운 경치, 맑은 공기, 꽃향기, 따스한 햇볕, 상쾌한 바람, 맛있는 음식, 근사한 침실과 욕조…… 당신은 그곳에서 무척 행복할 것 같다고 생각한다. 그런데 그 이상적인 휴가를 즐기는 당신 옆에 당신이 정말 싫어하는 직장 상사나 동료가 있다. 그래도 나머지 조건이 완벽하기 때문에 휴가를 행복하게 보낼 수 있을까? 모든 조건이 완벽해도 단 하나의 요인 때문에 휴가는 최악이 될 수 있다.

347   **4장 리더의 심리학**

우리는 늘 더 나은 방향으로 자신과 조직의 변화를 만들고자 한다. 그런데 간혹 단 하나의 어처구니없는 요인으로 원하는 변화가 망가지기 쉽다. 리더가 구성원과 맺었던 좋은 관계가 망가지는 것도 시작은 단순한 비판이나 의도치 않은 비난에서 비롯되는 경우가 많다.

[직장 속으로]

오늘 마케팅팀 팀원들이 불만이 많다. 본부장이 마케팅팀의 이동리를 공개적으로 칭찬했기 때문이다. 공개 칭찬이 문제될 것은 없지만, 팀원 여럿이 함께한 일임에도 이동리가 공을 독차지하는 것처럼 보였기 때문에 불만이 터져 나왔다. 사실상 이동리가 해당 프로젝트에 결정적 역할을 담당했던 것도 아니다. 외려 프로젝트 시작 시점부터 가장 불만이 많았던 사람이고, 프로젝트 진행 중에도 협력사와 불필요한 갈등을 일으키는 바람에 여러 번 문제를 일으키기도 했다. 프로젝트가 성공적으로 끝난 것은 사실이지만, 그 공이 이동리에게 있다고 생각하는 사람은 마케팅팀 내에 아무도 없다.

이런 상황이 박봉주 팀장 입장에서도 난감하다. 본부장이 공개적으로 칭찬한 정황은 이해할 수 있다. 본부장은 이동리의 성과나 태도 등 여러 면에서 불편한 기색을 박봉주에게 내색한 적이 있다. 그렇다고 팀장인 박봉주가 본부장 말에 맞장구 치며 이동리를 함께 비난할 수는 없는 일이다. 박봉주 역시 본부장의 생각에 상당

부분 동의하지만, 팀장으로서 책임감을 느꼈기 때문에 본인이 책임지고 본부장이 불편하게 생각할 일이 없게 만들겠다고 대답하곤 했다. 박봉주는 트레이닝 삼아 본부 위클리에 이동리를 배석시켰다. 팀의 업무만이 아니라 본부가 어떻게 돌아가는지 이동리에게 보여 주고 싶었기 때문이다. 그런데, 회의 말미에 돌발 상황이 벌어졌다. 본부장이 갑자기 이동리에게 회의 내용과 관련한 의견을 묻는 것이었다. 내용 파악을 전혀 못 했던 이동리는 답변을 제대로 하지 못했고, 회의가 끝나고 이동리와 본부장의 독대가 이어졌다. 본부장실에서 나오는 이동리의 표정은 어두웠고, 박봉주는 자신의 좋은 의도가 또 이렇게 무너지는구나 싶었다. 그래도 그나마 본부장이 여러 사람 면전에서 부정적 피드백을 하지 않고 따로 지적한 점은 다행이다 싶었다. 칭찬은 공개적으로, 부정적 피드백은 일대일로 하라는 원칙을 본부장은 잘 지키고 있다고 생각했다.그런데, 이렇게 원칙을 잘 지키는 본부장이 왜 우리 팀원들은 불만인지 갑자기 헷갈린다, 리더십 교육 때 받은 피드백의 원칙이 문제인 건지, 팀원들이 예민한 건지, 또 다른 뭔가를 놓치고 있는 건지 다면 평가 결과에 이어 박봉주는 칭찬의 방법에 대해 혼란을 느낀다.

구글의 상향 피드백으로 본 나의 리더십은?

🔍 **구글의 상향 피드백**(Google's upward feedback) **설문**

부하 직원의 입장에서 당신의 리더십을 평가해 보자. 구글에서 사용하는 설문을 기반으로 강점과 개선점을 찾아보자.

아래 문항들에 부하 직원의 입장에서 1~5점으로 응답해 관리 역량 수준을 확인해 보자.

* 전혀 그렇지 않다: 1점, 대체로 그렇지 않다: 2점, 보통이다: 3점,
　대체로 그렇다: 4점, 매우 그렇다: 5점

1. **나는 내 리더를 다른 사람에게 기꺼이 추천할 것이다.**

   ☐ 1점　　☐ 2점　　☐ 3점　　☐ 4점　　☐ 5점

2. **나의 리더는 나의 경력 개발을 위한 다양한 기회를 제공한다.**

   ☐ 1점　　☐ 2점　　☐ 3점　　☐ 4점　　☐ 5점

3. **나의 리더는 우리 팀의 명확한 목표를 전달한다.**

   ☐ 1점　　☐ 2점　　☐ 3점　　☐ 4점　　☐ 5점

4. **나의 리더는 정기적으로 실행 가능한 피드백을 제공한다.**

   ☐ 1점　　☐ 2점　　☐ 3점　　☐ 4점　　☐ 5점

5. **나의 리더는 내가 자율적으로 직무를 수행할 수 있도록 한다.**

   ☐ 1점　　☐ 2점　　☐ 3점　　☐ 4점　　☐ 5점

6. **나의 리더는 나를 인간적으로 대하며 배려한다.**

   ☐ 1점　　☐ 2점　　☐ 3점　　☐ 4점　　☐ 5점

7. 나의 리더는 혼란스러운 환경에서도 우리 팀이 우선순위에 초점을 맞출 수 있도록 한다.

   ☐ 1점   ☐ 2점   ☐ 3점   ☐ 4점   ☐ 5점

8. 나의 리더는 정기적으로 차상위 레벨의 리더로부터 얻은 관련 정보를 공유한다.

   ☐ 1점   ☐ 2점   ☐ 3점   ☐ 4점   ☐ 5점

9. 나의 리더는 지난 6개월 내에 나의 경력 개발과 관련해 의미 있는 대화를 나눈 적이 있다.

   ☐ 1점   ☐ 2점   ☐ 3점   ☐ 4점   ☐ 5점

10. 나의 리더는 나를 효과적으로 코칭하기 위해 필요한 기술적 전문성을 갖추고 있다.

   ☐ 1점   ☐ 2점   ☐ 3점   ☐ 4점   ☐ 5점

11. 나의 리더는 내가 가진 관점이 비록 다른 팀원과 다를지라도 존중한다.

   ☐ 1점   ☐ 2점   ☐ 3점   ☐ 4점   ☐ 5점

12. 나의 리더는 어려운 의사 결정을 효과적으로 해낸다.

   ☐ 1점   ☐ 2점   ☐ 3점   ☐ 4점   ☐ 5점

13. 나의 리더는 팀 간, 조직 간 경계를 넘어 효과적으로 협업한다.

   ☐ 1점   ☐ 2점   ☐ 3점   ☐ 4점   ☐ 5점

출처: https://rework.withgoogle.com

[점수 계산]

- 당신이 평가한 문항 중 특별히 높거나 낮은 항목이 있는가?
- 해당 문항이 높거나 낮게 평가된 원인은 무엇이라고 생각하는가?
- 낮은 항목을 개선하기 위해 구체적인 행동 계획을 수립한다면 어떻게 시도해 볼 수 있을까?

우리는 손실이 너무 싫어서 위험을 감수한다

간단한 실험을 해 보자.

당신은 게임 A와 B 중 하나의 게임을 선택해야 합니다.

- **게임 A**: 1/2 확률로 200만 원을 딸 수 있지만 1/2의 확률로 아무것도 얻지 못한다.
- **게임 B**: 100% 100만 원을 가져갈 수 있다.

결정이 되었다면 이번에는 다음 게임으로 넘어가 보겠습니다.

- **게임 C**: 1/2의 확률로 아무것도 잃지 않을 수 있지만 1/2의 확률로 200만 원을 잃을 수 있다.
- **게임 D**: 무조건 100만 원을 내놔야 한다.

아마 이 글을 읽고 있는 많은 사람이 첫 번째 게임에서는 B를, 두 번째 게임에서는 C를 선택할 것이다.

사람들은 이득 상황일 때는 확실한 이득을 취하고 싶어 하지만 손실 상황에서는 모험을 강행한다. 손실이 너무 싫기 때문에 손실을 피할 수 있는 모험을 선택하는 것이다. 손실감은 우리에게 모험을 하라고 부추긴다.

만일 당신이 여러 주식에 투자하고 있고 그중에 이득을 보고 있는 종목도 있고 손실을 보고 있는 종목도 있다고 가정해 보자. 급하게 현금이 필요하다면 어떤 주식을 팔겠는가? 현재 이득을 보고 있는 주식인가? 아니면, 손실 중인 주식인가? 당신의 선택은 아마 이득을 보고 있는 주식은 팔되, 손실은 계속 놔둘 것이다. 이득을 보고 있는 종목의 향후 성장세가 크다고 하더라도 손실을 보고 있는 주식을 팔아서 현금화하지 않는다.

손실을 보고 있는 주식은 파는 순간 손실을 확정하게 되기 때문이다. 그래서 우리는 더 큰 돈을 벌 수 있는 상황을 포기하고 손실을 확정하지 않은 상태에서 모험을 지속한다. 우리는 손실이 너무 싫다.

• 이번엔 당신이 공연을 보러 가는 장면을 상상하면서 아래 질문에 답을 생각해 보자.

4장 리더의 심리학

❶ 당신은 공연을 보러 가고 있다. 공연 입장권은 5만 원인데 이동하는 도중에 입장권을 잃어버렸다. 공연장에 도착해서 그 사실을 알게 되었고 입장권을 다시 구매할 수 있는 현금은 지갑 속에 있다. 입장권을 다시 구매하겠는가?

❷ 당신은 공연을 보러 가고 있다. 아직 티켓을 구매하지는 않았다. 공연을 보러 가는 도중 현금 5만 원을 잃어버렸다. 공연장에 도착해서 그 사실을 알게 되었고 다행히 입장권을 구매할 수 있는 여분의 현금은 있다. 입장권을 구매하겠는가?

실제 연구에서는 상황 A에서 입장권을 다시 사겠다는 비율은 46%인 반면에, 상황 B에서는 88%가 입장권을 사겠다고 응답했다. 두 상황 모두 5만 원이라는 경제적 손실은 같지만 거의 2배에 가까운 차이를 보인 것이다. 손실이 5만원인 똑같은 상황에서 우리가 다르게 행동하는 이유는 인간이 소비 행위를 할 때, 마음에 가상의 회계 장부를 만들기 때문이다.

입장권을 사는 순간 우리는 마음의 회계 장부에 공연 관람비라는 항목을 설정하고 5만 원이라고 이미 기입했다. 그런데 입장권을 잃어버려 다시 사야 한다면 공연 관람비라는 항목에 10만 원을 기입해야 하는 상황이 벌어지게 된다. 입장권의 가격은 5만 원으로 명확한데, 거기에 10만 원을 쓴다는 것이 왠지 억울하게 느껴진다. 잃어버린 김에 그냥 본 셈 치자고 생각하는 편이 낫다. 그런데 현금을 잃어버린 상황은 전혀 다르다. 지갑에 있는 현금에 공연 관람비라는 마음의 회계 장부를 만들고 기입한 적이 없기 때문이다. 별다른 마음의 회계 장부가 존재하지 않았기 때문에 운이 없어 현금을 잃어버린 것이고 공연을 보러 왔는데 그냥 돌아갈 수는 없는 일이다. 5만 원이라는 손실은 같지만, 우리가 어떻게 마음의 회계 장부를 만드는가에 따라 다르게 인식하고, 또 다르게 행동한다.

손실은 합치는 편이, 이득은 나누는 편이 심리적으로 더 유리하다

앞에서 살펴본 것처럼 우리는 손실이 너무 싫은데, 손실을 계속 경험해야 한다면 그 괴로움은 단순한 손실의 합산이 아니다. 손실이 더해질수록 괴로움은 점점 커진다. 따라서 손실이라고 느껴지는 항목은 나눠서 여러 번 연속 경험하는 것보다 한 방에 경험하는 것이 총량은 같더라도 심리적 건강에 더 이롭다. 손실은 마음의 회계 장부에 한 방에 기록하고 넘겨야 한다. 이러한 마음의 작동법을 너무 잘 알고 있는 놀이공원은 자유 이용권을 판매한다. 만일 당신이 놀이공원에서 놀이 기구를 이용할 때마다 매번 돈을 내야 한다면, 놀이 기구를 탈 때의 즐거움과 돈을 지불해야 하는 고통을 동시에 경험해야 한다. 재미는 반감되고 다음번에 이 놀이공원을 다시 찾을 가능성도 낮아질 것이다. 놀이공원 입장에선 손실을 한 방에 고객의 마음속에 기록하게 만드는 방법을 찾아야 한다. 바로 자유 이용권이다. 고객은 입장권을 구매할 때 괴로울 수 있으나, 놀이 기구를 이용할 때는 즐거움만이 남으며 그런 이유로 다음번에 다시 놀이공원을 찾는다. 물론 합쳐서 경험하는 손실의 크기는 우리가 감당할 수 있어야 한다. 손실을 한 번에 경험하도록 합쳤는데, 그 괴로움의 무게를 견디지 못한다면 즉시 무너지고 말 것이다.

반면에, 이득은 나눠서 경험하는 편이 낫다. 우리 인간은 이득을 나눠서 경험해야 생존 가능성이 높다는 사실을 본능적으로 알고 있다. 인간의 조상에게 멧돼지와 같은 고칼로리 음식이 주어졌다고 생각해 보자. 한 방에 다 먹어 치우는 행위는 생존 확률을 떨어뜨린다. 나눠서 섭취해야 오래 생존할 수 있다. 우리가 느끼는 행복도 마찬가지다. 큰 행복을 한 번에 경험하는 것은 고칼로리 음식을 한 번에 다 먹어 없애는 것과 같다. 같은 양의 행복이라면 한 번에 크게 경험하는 것보다 나눠서 경험하는 편이 행복을 오랫동안 지속할 수 있다. 그래서 일확천금의 로또보다는 매달 꼬박꼬박 현금이 나오는 연금이 전체 금액은 같더라도 길게 행복해질 수 있는 대안이 된다. 출장 뒤에 가족에게 선물을 해야 하고 100만 원의 예산이 있다면, 한 번에 100만 원을 다 소진하는 것보다 다녀올 때마다 조금씩 나눠서 선물하는 편이 낫다. 그렇다고 선물이라고 생각하는 기대 금

액에 못 미치는 선물을 해서는 안 된다. 받는 사람 입장에서 선물이라고 인식될 수 있는 수준보다 낮으면 선물이라고 마음의 회계 장부에 기입하지 않기 때문이다. 그래서 일용직 근로자는 건강한 소비를 하기 힘들다. 매일 받는 일당은 마음의 회계 장부에 급여라고 기입되지 않아 우리가 일반적으로 급여에서 지출하는 저축, 투자 등으로 이어지지 못할 가능성이 높기 때문이다.

정리하면, 손실은 합쳐서 한 번에 경험하는 편이 낫고, 이득은 나눠서 경험하는 것이 유리하다. 물론 손실 상황을 합쳤을 때 그 괴로움은 견딜 수 있는 크기여야 하고, 이득 상황에서는 마음의 회계 장부가 만들어질 수 있는 최소 수준은 넘겨야 한다.

피드백과 프로젝트 관리에도 이득과 손실의 원리가 작동한다

손실은 합쳐서 한 번에, 이득은 나눠서 경험하라는 교훈이 조직에 주는 조언은 부정적인 피드백은 한 번에 끝내고 칭찬은 나눠서 하라는 것이다. 최악의 조직 관리는 비난은 여러 번에 걸쳐 잔소리처럼 하고, 칭찬은 특정한 날을 정해서 한 방에 끝내는 것이다. 손실로 느끼는 비난은 한 방에 끝내고, 이득으로 느끼는 칭찬은 나눠서 해야 한다. 물론 비난을 통해 행동을 지속적으로 개선하기는 어렵기 때문에 부정적 피드백을 적극적으로 활용하는 것 자체는 효과적 리더십 발현에 큰 도움이 되지 않는다. 그럼에도 불구하고 잘못이 반복되는 것을 막기 위해 부정적 피드백을 꼭 해야 하는 상황이 있다. 이럴 때는 잘못을 한 번에 지적한 뒤, 스스로 개선책을 찾게 하고 개선 행동을 약속하게 해야 한다. 이때 리더도 책임을 나눠 가진다면 효과는 커진다. 리더가 개선 행동을 함께하거나 부정적 결과에 대해 책임을 나눠 가질 때 원하는 결과를 보다 빠르게 얻을 수 있다.

칭찬과 비난을 섞어서 하는 피드백은 마음의 회계 장부에 이득으로 기록해야 할지, 손실로 기록해야 할지 헷갈리게 만든다. 마음의 회계 장부를 구분할 수 있도록 서로 다른 장면에서 하는 편이 좋다. "이런 점은 참 좋은데, 이 점만 고치면 좋겠어."라는 피드백보다는 칭찬은 여러 번에 걸쳐 다양한 경로를 통해서 하되, 교정적 피드백은 별도의 공간에서 일대일로 한 번에 교정 행동의 약속까지 얻어 내는 편이 낫다.

또한, 어떤 프로젝트에 실패했다면 마음의 회계 장부를 손실로 마감시키지 않도록 주의해야 한다. 손실이 너무 싫기 때문에 손실로 기록된 프로젝트는 회피의 대상이지, 도전의 대상이 되기 어렵다. 만약 프로젝트가 실패했다면, 프로젝트를 통해 얻은 교훈이나 학습을 성찰하게 하여 큰 손실로 마감되지 않게 관리하는 것이 중요하다. 그리고 프로젝트를 시작하는 시점에서는 이득 경험을 빠르게 경험하게 만드는 것이 필요하다. 프로젝트 과제를 세분화하여 초반에 작은 성공 상황들을 자주 경험할 수 있도록 해야 한다. 이득 경험은 우리에게 심리적인 자원이 되어 이어지는 과제를 긍정적으로 바라보고 도전하게 하는 원동력이 되기 때문이다. 분명 같은 크기의 이득과 손실이지만 나눠서 보느냐, 합쳐서 보느냐에 따라 다르게 해석하는 우리 마음을 리더가 잘 이해해야 조직의 성과를 높일 수 있다.

심리학이 제안하는 슬기로운 직장 생활 팁

💡 다면 평가로 흔들린 박봉주는 리더십을 발현하는 어떤 장면에서도 자신감을 갖기 어려운 것처럼 보인다. 다면 평가는 리더로서 자기 인식을 하기 위한 하나의 방식일 뿐이다. 결함이 있는 방식이기 때문에 제한점을 알고 활용하는 것이 좋다. 리더의 자기 인식을 돕는 다른 방식이 바로 앞서 소개한 구글의 상향 피드백 설문 같은 것이다. 박봉주는 자가 진단을 통해 자신이 개선해야 할 점을 스스로 찾아보길 바란다. 넓은 영역에서 많은 것을 바꾸려 시도하기보다 자신이 자율적으로 실천할 수 있는 영역에서 성공 경험을 구축하고 서서히 영역을 넓혀 가는 전략을 써야 한다.

💡 부하 직원의 신뢰를 얻기 위해 피드백 스킬을 기르는 일은 매우 중요하다. 칭찬은 공개적으로, 비판은 개별적으로 하라는 말을 무슨 진

리인 양 받아들이지 않았으면 한다. 조직에서 칭찬은 칭찬을 주고받는 당사자들 외에 주변 사람들에게 영향을 미치기 때문에, 신중을 기해야 한다. 구성원 모두가 동의할 수 있는 수준에서 공개적으로 하는 칭찬은 좋은 방식이지만, 이동리에게 하는 칭찬처럼 구성원이 동의할 수 없는 칭찬이라면 공개적으로 하는 것이 오히려 독이 될 수 있다. 본부장은 칭찬은 공개적으로 부정적 피드백은 개별적으로 하라는 원칙만 생각할 뿐, 구성원들에게 미치는 영향은 충분히 고려하지 못했다.

💡 박봉주가 본부장의 칭찬이나 부정적 피드백에 관여할 여지는 없다. 따라서, 이번 일은 일종의 해프닝으로 넘어가는 편이 낫다. 팀원들이 불만을 표현했다고 해서, 본부장을 찾아가 실상을 바로잡아 줄 테니까 걱정하지 말라는 얘기를 할 필요도 없다. 이런 일이 계속 반복된다면 모를까, 일회성 사건에 너무 과민하게 반응하지 않는 편이 좋다. 이동리보다 팀원들의 기여가 높다는 사실은 성과 평가에 반영하면 될 일이다. 본부장의 리더십에 관여하기보다는 본인 스스로 긍정 및 부정적 피드백을 조직 내에서 어떻게 하면 좋을지 고민해 보길 바란다. 팀원의 행위에 대해 구체적으로 묘사하고 그 행위가 갖는 영향에 대해 언급하고 자신의 느낌을 담백하게 표현하는 연습을 해보길 바란다.

☑ 요약

☑ 우리는 늘 더 나은 방향으로 자신과 조직의 변화를 만들고자 한다. 그런데 간혹 단 하나의 어처구니없는 요인으로 원하는 변화가 망가지기 쉽다. 리더가 구성원과 맺었던 좋은 관계가 망가지는 일도 시작은 비판이나 비난에서 비롯되는 경우가 많다.

☑ 손실이 너무 싫은데, 손실을 계속 경험해야 한다면 그 괴로움은 단순한 손실의 합산이 아니다. 손실이 더해질수록 괴로움은 점점 커진다. 따라서 손실이라고 느껴지는 항목은 나눠서 여러 번 연속 경험하는 것보다 한 방에 경험하는 편이 총량은 같더라도 심리적 건강에 이롭다. 반면에, 이득은 나눠서 경험하는 편이 낫다. 같은 양의 행복이라면 한 번에 크게 경험하는 것보다는 나눠서 경험하는 편이 행복을 오랫동안 지속할 수 있다.

☑ 최악의 조직 관리는 비난은 여러 번에 걸쳐 잔소리처럼 하고, 칭찬은 특정한 날을 정해서 한 방에 끝내는 방식을 취하는 것이다. 손실로 느껴지는 비난은 한 방에 끝내고, 이득으로 느껴지는 칭찬은 나눠서 해야 한다.

☑ 어떤 프로젝트에 실패했다면 마음의 회계 장부를 손실로 마감시키지 않도록 주의해야 한다. 프로젝트를 통해 얻은 교훈이나 학습을 성찰하게 하여 큰 손실로 마감되지 않게 관리하는 것이 중요하다. 그리고 프로젝트를 시작하는 시점에서는 이득 경험을 빠르게 경험하게 만드는 것이 필요하다. 프로젝트 과제를 세분화하여 초반에 작은 성공 상황들을 자주 경험할 수 있도록 해야 한다.

더 큰 관심을 보이는 것보다
무관심을 철저히 경계하라

[착각]

더 큰 관심이 더 큰 성과를 낳는다?

"사실 요즘 팀장은 예전 같지 않아. 실무도 하고 리더로서 관리 업무부터 코칭까지 책임져야 하니까. 내 일이 바쁘다고 잠깐 관심을 놓으면 바로 성과에 나타나니 말이야.

옛날엔 팀장만 돼도 좋았던 것 같은데, 지금은 회사에서 가장 힘든 직책이 됐어."

"임원이 되면 차라리 숨 좀 쉴텐데, 이건 압박이 여간 심한 게 아니지. 특별히 관리나 관심 없어도 잘하는 직원만 있으면 얼마나 좋아. 그런데 다 그렇지는 못하니까. 지나 보면 성과를 만드는 것은 결국 팀장의 관심이야."

더 큰 관심을 기울이기보다 무관심을 더욱 철저히 경계하라!

사랑의 반대는 미움이 아니고,
예술의 반대도 추함이 아니며,
삶의 반대 역시 죽음이 아니다.
이 모든 것의 반대는 무관심이다.

– 엘리 위젤Elie Wiesel –

궁금해, 심리학

의미는 인간의 삶에 매우 중요하다

지그문트 프로이트Sigmund Freud의 정신 분석과 알프레드 아들러Alfred Adler의 개인 심리학에 이어 정신 요법의 제3 학파라 불리는 의미 요법Logotheraphy, 로고테라피은 빅터 프랭클Victor Frankl이 나치의 강제 수용소에서 겪은 체험을 바탕으로 창시한 분야다. 프랭클은 사랑하는 가족을 잃고 자신의 모든 소유물을 빼앗긴 채로 죽음의 공포만이 있었던 강제 수용소에 갇혀 있었다. 지옥과 같은 날들을 보내며 살아남을 수 있었던 이유는 그가 매 순간 삶의 의미를 찾았기 때문이다. 프랭클이 수용소에서 다양한 사람을 관찰하며 발견한 사실은 인간은 죽음을 포함한 극단적 상황에서도 의미를 찾을 수 있다는 점이었다. 기존 심리학이 인간은 유전과 환경, 두 가지의 영향에 의해 결정된다는 관점이었다면 프랭클은 주어진 유전과 환경에서도 인간 스스로 태도를 선택할 수 있다고 강조한다.

그렇다면 의미감은 조직 성과에도 큰 영향을 미칠까? 프랭클이 1959년 《죽음의 수용소에서^{Man's search for meaning}》에서 로고테라피를 소개한지 50년이 흐른 2008년 미국 듀크대학교의 심리학자이자 행동경제학자인 댄 애리얼리^{Dan Ariely}와 동료들은 프랭클의 책과 똑같은 제목인 〈Man's search for meaning: The case of Legos〉라는 논문을 발표한다. 프랭클의 책과 같은 제목을 쓰고 로고를 레고로 바꿔 레고를 활용해 의미감에 관한 실험을 진행한 재치는 단연 독보적이다.

[직장 속으로]

박봉주 팀장과 안병진 팀장은 요즘 들어 팀장으로서 자괴감이 들 때가 있다. 팀장으로 승진했을 때만 해도 세상을 다 가질 것처럼 행복했는데, 팀장으로서 권한은 점점 줄고 책임만 늘어가는 현실이 견디기 힘들 때가 있다. 박봉주와 안병진이 신입 사원일 때 팀장은 그야말로 하늘과 같았다. 당시 팀장은 지금처럼 어디에 쫓기는 느낌이 아니라, 마치 구름 위에서 내려보듯이 직장 생활을 하는 사람처럼 보였다. 매사에 권위 있게, 느긋하게, 여유 있게 때로는 날카로운 지시로, 때로는 따뜻한 배려로 팀원들을 리딩하는 모습은 멋지고도 부러웠다.

그런데, 지금의 현실은 전혀 그렇지 못하다. 오히려 실무자보다 실무를 더 많이 하고 책임질 사안은 날이 갈수록 늘어나고 있지만, 권위를 누리거나 권한을 행사하는 일은 손에 꼽을 정도다. 그마저도 구성원들 눈치를 봐 가며 행사해야 하니, 권한이라 부르기도 민망할 정도다. 사실, 박봉주와 안병진이 예전 팀장에 대한 로망만 있는 것은 아니다. 소위 말해 꼰대 상사를 겪으며, 나중에 내가 팀장이 되면 '저러지 말아야지!' 하고 생각한 적도 많았다. '탈권위'를 대놓고 말한 적은 없지만, 팀원들이 팀장의 권위를 느끼지 못하도록 스스로 절제하고 배려해 왔다고 자부한다. 옛 시절을 겪지 못한 지금 팀원들에겐 당연해 보일 수 있지만, 연차 휴가를 눈치 보지 않고 쓰게 한 것만 해도 그렇다. 박봉주와 안병진은 이만큼이나 희생하고 배려했으면 감사하다는 말까지 기대하는 것은 아니지만, 자신들을 대하는 태도라도 밝고 공손하기만을 바라고 있다.

팀장의 역할에 의미감을 못 느끼고 있는 현실이지만, 조직에선 팀장에게 코치형 리더가 되라고 은연중에 요구하고 있다. HR에서는 팀장에게 목표 달성을 위해 구성원을 동기 부여해서 스스로 문제를 해결하도록 돕는 역할을 하는 것은 물론 지속적인 관심을 보이라고 종용한다. 그런데, 박봉주와 안병진의 생각은 좀 다르다. 좋은 리더란 자신이 앞장서서 눈에 띄게 역할을 하는 것이 아니라, 팀원들이 알아서 잘하도록 뒤에서 돕는 것이라고 생각한다. 게다가 요즘은 팀장이 관심을 갖는 것 자체를 간섭으로 생각하는 팀원도 있다. 결국, 리더가 어떤 사람이나 사안에 특별히 관심을 갖지 않아도 알아서 잘 돌아가도록 하는 것이 최상의 리더의 모습이 아닐까 하고 박봉주와 안병진은 생각한다

나는 일과 삶에 적절한 의미감을 느끼고 있는가?
🔍 **자기 결정성**(The self-determination) **진단**

의미감은 내적 동기에 매우 중요한 요인이다. 당신이 현재 적절한 의미감을 토대로 일하며 살고 있는지 진단해 보자.

각 문항은 두 개의 진술로 구성되어 있다. 두 개의 진술 중 자신을 더 잘 묘사한 쪽에 표시하면 된다. 만약 둘 다 비슷하다면 3점을 주면 된다.

1. A. 나는 내 스스로 일을 선택하는 것이 아니라고 생각한다.
   B. 나는 항상 내가 하는 일을 스스로 선택한다.
   A가 맞다 ☐ 1점 ☐ 2점 ☐ 3점 ☐ 4점 ☐ 5점 B가 맞다

2. A. 내 감정이 때때로 이질적으로 느껴진다.
   B. 내 감정은 항상 나의 것이다.
   A가 맞다 ☐ 1점 ☐ 2점 ☐ 3점 ☐ 4점 ☐ 5점 B가 맞다

3. A. 나는 가끔 내 신체가 어색하게 느껴질 때가 있다.
   B. 내 몸의 주인은 나 자신이라고 생각한다.
   A가 맞다 ☐ 1점 ☐ 2점 ☐ 3점 ☐ 4점 ☐ 5점 B가 맞다

4. A. 나는 내가 해야만 하기 때문에 일을 한다.
   B. 나는 내가 하는 일이 재미있기 때문에 한다.
   A가 맞다 ☐ 1점 ☐ 2점 ☐ 3점 ☐ 4점 ☐ 5점 B가 맞다

5. A. 내가 어떤 일을 완수할 때 종종 내가 한 일이 아니라고 느낀다.
   B. 내가 어떤 일을 완수할 때 나는 항상 그 일을 내가 했다고 느낀다.
   A가 맞다 ☐ 1점 ☐ 2점 ☐ 3점 ☐ 4점 ☐ 5점 B가 맞다

4장 리더의 심리학

6. A. 내가 현재 하고 있는 일은 내가 선택한 것이 아니다.

   B. 내가 하기로 결정한 것은 무엇이든지 자유롭게 할 수 있다.

   A가 맞다   ☐ 1점   ☐ 2점   ☐ 3점   ☐ 4점   ☐ 5점   **B가 맞다**

7. A. 나는 가끔 거울 속의 내가 낯선 사람처럼 느낀다.

   B. 내가 거울을 볼 때, 나 자신을 본다.

   A가 맞다   ☐ 1점   ☐ 2점   ☐ 3점   ☐ 4점   ☐ 5점   **B가 맞다**

출처: Sheldon, K. M., Ryan, R. M., & Reis, H. (1996). What makes for a good day? Compe-
tence and autonomy in the day and in the person. Personality and Social Psychology Bulletin,
22, 1270-1279.

[점수 계산]

18점 이하라면 자기 결정성에 문제가 있는 상태다. 의미감, 자율감, 유능감을 경험할 수 있는 업무 환경 구축이 필요하다. 지시나 상황에 따라 어쩔 수 없이 해야 하는 일이라도 일을 수행하는 방식과 시간 등에 있어 스스로 선택할 수 있는 요소를 발견해 적극적으로 계획하고 실행해야 한다.

22점 이상은 적절한 의미감, 유능감, 자율감을 지니고 인생을 살고 있다. 지금의 환경을 계속 유지할 수 있도록 해야 한다.

의미감은 크기가 아니라 유무다

애리얼리 교수는 실험에 참가한 학생들에게 40개의 레고 블록으로 '바이오니클'이라는 로봇을 조립하게 했다. 학생들은 조립된 로봇의 숫자만큼 보상받게 되는데 연구진은 첫 번째 조립 작품엔 2달러를, 두 번째는 1달러 89센트를, 세 번째 조립엔 1달러 78센트를, 작품이 늘어날 때마다 11센트씩 깎아서 총액을 마지막에 지급했다. 이런 식이면 스무 번째 조립에 대해서 학생들은 단 2센트만 받게 되는 구조다. 몇 개를 조립할 것인지에 관해서는 학생 스스로 선택할 수 있다. 기존 경제학의 전제에 따르면 학생들은 자신이 투입한 노동의 가치 대비 보상이 크다고 느끼는 순간까지 조립을 지속했을 것이다.

이때, 애리얼리 교수는 실험에 한 가지 조건을 추가했다. 학생들은 두 가지 조건 중 하나에 무작위로 할당되었는데, 첫 번째는 조립한 레고 작품을 눈앞에 하나씩 쌓아서 자신의 작품을 모두 볼 수 있는 조건이었고, 다른 하나는 블록을 제출하자마자 눈앞에서 실험자가 해체하는 조건이었다.

학생들은 어떤 조건에서 더 많은 레고 작품을 만들었을까? 눈앞에서 자신이 조립한 작품이 해체되는 장면을 목격한 학생들은 갑자기 의미감을 상실했다. 작품이 쌓이는 모습을 본 학생들은 평균 11개까지 만들었지만, 제작과 동시에 해체된 모습을 본 학생들은 평균 7개에 그쳤다. 블록 조립 같은 단순 작업이라 하더라도 의미감 상실이 대략 36% 정도의 생산성 감소를 유발했다고 할 수 있다. 의미감은 일을 자발적으로 지속하고자 하는 동기에 지대한 영향을 미친다.

애리얼리 교수의 의미감에 관한 다른 실험을 하나 더 보자. 이번엔 여러 문자가 무작위로 나열된 종이를 나눠 준 뒤, 같은 문자를 찾아 표시하는 과제다.

실험 대상자는 미국 명문대 학생들로 이들에겐 이 일이 매우 따분한 과제라 할 수 있다. 한 장의 A4 용지에서 같은 문자로 이뤄진 열 개의 단어 조합을 찾으면 55센트를 지급한다. 두 번째 종이부터는 보상을 5센트씩 깎는다. 이번에도 역시 몇 장의 종이까지 과제를 수행할지는 학생 스스로 선택할 수 있다. 학생 입장에선 이번에도 투자한 시간과 노력 대비 보상 수준이 합리적일 때까지 작업할 것이다. 그런데, 여기에 실험자는 한 가지 조건을 더 추가한다.

실험은 세 집단으로 나누어 진행됐는데, 첫 번째 집단은 감독관이 학생들이 제출한 종이에 학생들의 이름을 쓰게 하고 내용을 훑어본 뒤 고개를 끄덕이는 반응을 보이는 인정 반응 그룹이다. 두 번째 집단은 학생들이 제출함과 동시에 감독관이 무시하듯 종이 뭉치 위에 던져 놓는 장면을 목격하게 되는 무시 그룹이다. 세 번째 집단은 완성된 종이를 제출하자마자 감독관이 파쇄기에 넣는 모습을 목격하게 되는 파쇄 그룹이다.

보상은 동일했으나, 감독관의 반응이 다른 것이 이번 실험의 핵심이다. 그렇다면 어떤 집단의 작업량이 가장 많았을까? 그리고 어떤 집단에서 가장 적었을까?

실험 결과 인정 반응 그룹의 학생들은 평균 9장을 제출한 반면, 파쇄 그룹은 평균 6장을 제출하여 레고 실험과 유사한 대략 33% 정도의 차이를 보였다. 그런데 이 실험에서 가장 흥미로운 집단은 두 번째 무시 그룹이었다. 왜냐하면, 무시 그룹이 파쇄 그룹과 큰 차이가 없었기 때문이다. 작업 결과에 대해 무시하는 것과 결과 자체를 없애 버리는 일은 적어도 의미감 차원에서는 큰 차이가 없다는 것이 이 실험의 결론이다.

업무 지시 스킬의 중요성을 잘 알고 있는 리더는 업무를 부여하면서 목적, 목표, 의미감을 강조하고 결과에 대해서는 건설적 피드백을 통해 성과 향상을 도모한다. 이때 리더가 흔히 간과하는 점은 업무의 계획과 시작에는 많은 관심과 노력을 보이나 업무 수행 결과에 대해서는 그만큼의 시간과 노력을 쓰지 않는다는 것이다. 열심히 작업한 부하 직원의 보고서를 "책상 위에 놓고 가. 나중에 검토하고 피드백 줄게." 하고 보내는 일은 눈앞에서 보고서를 파쇄하는 행위와 큰 차이가 없다. 일에 있어서 의미감은 의미감이 얼마나 크냐가 아니라, 의미감이 있느냐 없느냐가 더 중요하다. 의미감은 크기가 아니라 유무라는 점을 명확히 인지하고 있어야 리더십의 효과성을 높일 수 있다.

무관심한 반응은 지적 능력조차 떨어뜨린다

네덜란드 흐로닝언대학교[University of Groningen] 심리학과 폰투스 리앤더[N. Pontus Leander] 교수와 미국 듀크대학교[Duke University] 심리학과 제임스 샤[James Y. Shah] 교수 및 연구진은 무관심한 반응이 만연한 환경에서는 지적 능력이 떨어질 수 있다고 주장한다.

실험은 미국 대학원 수학 능력 평가인 GRE 시험을 컴퓨터 기반으로 테스트하는 장면에서 시작된다. 실험에 참가한 학생 중 일부는 GRE 시험을 보기 직전, 컴퓨터 대기 화면에 무관심한 표정을 짓는 사진에 잠깐 노출되고 나머지 학생은 이러한 대기 화면 없이 컴퓨터로 시험을 치른다.

무관심한 표정을 짓는
사진 노출 뒤 시험

시험 결과는?

대기 화면 없이 시험

시험 결과는?

놀랍게도 실험 결과, 무관심한 반응 사진에 노출된 집단은 평범하게 시험을 친 집단에 비해 통계적으로 유의미하게 점수가 낮았다. 이 점을 반드시 기억하자. 누군가의 지적 잠재력을 높이는 일은 어렵지만 떨어뜨리는 것은 쉽다. 이 실험에서처럼 단순히 무관심한 표정만 짓고 있어도 되기 때문이다. 구성원들의 지적 잠재력을 떨어뜨리고 싶다면 회의나 보고 장면에서 무관심한 반응을 적극적으로 표현하면 된다. 마찬가지 방법으로 당신 자녀의 잠재력 또한 쉽게 떨어뜨릴 수 있다. 아이들의 대화에 무관심한 반응만 보이면 된다.

이 글을 읽고 관심이 중요하니 '누군가에게 관심을 더 보여야 한다'고 생각한다면 꼭 그렇지만은 않다. 관심의 크기에 대해서는 사람마다 반응이 다를 수 있기 때문이다. 현재 수준보다 더 큰 관심은 누군가에게는 부담이 될 수 있다. 관심을 받는 장면에서는 개인차가 크기 때문에 대상에 따라 관심의 크기는 세심하게 표현해야 한다. 하지만 무관심한 반응에 관해서는 개인차가 크지 않다. 관심은 크기보다는 유무라는 사실을 다시 기억하자. 일에 있어 의미감은 MOT^Moment of Truth 즉, 짧은 결정적 순간에 형성될 수 있다. 바로 자신과 상대의 일이나 생각에 관심과 호기심을 보이는 순간이다. 리더는 관심의 크기가 아니라 아무런 호기심과 관심이 없는 상태를 경계해야 한다.

심리학이 제안하는 슬기로운 직장 생활 팁

💡 박봉주와 안병진은 바람직한 팀장의 모습에 관해 고민이 많다. 자신들이 신입이던 시절 팀장의 모습에도 명암이 있었고, 그 시절 팀장들이 부럽다고 해서 현시점에서 예전 팀장들의 리더십을 재현하는 일은 시대착오적인 꼰대를 자처하는 행위다. 무엇보다 역할에 대한 의미감을 상실해 가고 있는 현실이 무척 안타깝다. 우선, 팀장으로서 스스로 의미감의 중요성을 깨닫고, 자신의 일과 삶의 의미감부터 챙기길 바란다.

💡 빅터 프랭클의 경험과 연구에서 알 수 있듯이, 인간은 아주 끔찍한 상황에서도 삶의 목적을 찾는다. 최근 조직 연구자들은 일의 의미가 임금, 보상, 승진 기회, 작업 환경 등 그 어떤 요인보다 중요하다는

사실을 밝혀내기도 했다. 의미감은 업무 성과는 물론, 일에 대한 헌신, 직무 만족에도 큰 영향을 미친다. 사람들은 일이 자신이 중요하게 생각하는 방식으로 누군가에게 선한 영향을 미칠 때, 자신의 일을 의미 있다고 느낀다. 박봉주와 안병진은 리더로서 자신의 말이나 행동이 팀원에게 어떤 영향을 주는지 명확히 이해해야 한다.

💡 박봉주와 안병진은 관심을 두지 않고 알아서 잘 돌아가게 두는 편이 낫다고 생각하지만, 세상에 그런 조직은 없다. 조직 연구를 보면 리더의 관심이 갖는 영향력은 상상 이상으로 크다. 리더의 관심이 곧 의미감과 직결되기 때문이다. 그런데, 관심은 크기가 아니라, 유무가 중요하다는 사실을 알아야 한다. 관심을 더 많이 두기보다는 무관심한 반응을 더욱 경계해야 한다. 사람들은 대개 스스로 의미를 찾는 경향이 있지만, 리더들의 무관심으로 인해 쉽게 짓밟히는 경우가 있다. 일이 무의미하게 느껴지는 순간은 매우 급격히 찾아오고 그 파급효과 또한 강력하다. 팀원의 수고를 당연히 생각해서 넘어가거나, 무의미한 일을 지시하거나, 부당한 처우를 했는데 알아차리지 못하거나, 팀원 상호 간의 협력 관계를 무심히 차단하거나 하는 행위 등도 대표적인 리더의 무관심한 행동이다.

☑ 요약

☑ 블록 조립 같은 단순 작업이라 하더라도 의미감 상실은 대략 36% 정도의 생산성 감소를 유발한다. 의미감은 일을 자발적으로 지속하고자 하는 동기에 지대한 영향을 미친다.

☑ 작업 결과를 무시하는 것과 결과 자체를 없애 버리는 일은 적어도 의미감 차원에서는 큰 차이가 없다. 일에 있어서는 의미감이 얼마나 크냐가 아니라, 의미감이 있느냐 없느냐가 더 중요하다. 의미감은 크기가 아니라 유무라는 점을 명확히 인지하고 있어야 리더십의 효과성을 높일 수 있다.

☑ 관심을 받는 상황에서는 사람마다 반응이 다르기 때문에 대상에 따라 세심하게 관심을 표현해야 한다. 하지만 무관심한 반응에 관해서는 개인차가 크지 않다. 일에 있어 의미감은 짧은 결정적 순간에 형성될 수 있다. 바로 자신과 상대의 일이나 생각에 관심과 호기심을 보이는 순간이다. 리더는 관심의 크기가 아니라 아무런 호기심과 관심이 없는 상태를 경계해야 한다.

외로운 리더를 위한
처방전

"본부장님, 최근에 언짢은 일 있으세요? 표정이 예전 같지 않아요. 저희 팀장님이셨을 때는 저희와 가깝게 지냈는데 승진하신 뒤론 확실히 거리감이 생겼어요. 바쁘시겠지만 저희와도 자주 시간을 보내요."

"그래 보여요? 특별한 것은 없는데 혼자 고민하는 일이 많아서 그래 보였나 봐요. 리더라는 자리가 본래 외로운 법이니 스스로 잘 이겨 내야죠. 조만간 자리 한 번 마련할 테니 다 같이 간만에 뭉쳐 봅시다."

외로움은 즐기거나 회피하는 정서가 아니라 관리해야 할 정서다!

> 외로움을 느끼는 뇌는
> 신체 고통을 느끼는 뇌와 똑같다.
> 외로움은 관심과 치료의 대상이다.
>
> - 나오미 아이젠버거^{Naomi Eisenberger} -

궁 금 해 , 심 리 학

외로움이 리더를 만드는 것은 아니다

'리더는 외롭다.'는 말은 조직에서 상식에 가까운 명제다. 실제 많은 리더가 리더가 된 뒤에 외로움을 이전보다 많이 느낀다고 고백한다. 리더가 된 뒤에는 물리적 공간도 구분되고, 부하 직원과 나누는 감정 교류도 쉽지 않을 뿐더러 인지 측면에서 보더라도 생각은 함께 나눌 수 있을지언정 최종 의사 결정은 오롯이 리더의 몫이다. 그래서 리더는 본디 외로울 수밖에 없는 자리니 외로움을 즐길 줄 알아야 한다고 충고하는 글이나 말을 책이나 방송 매체에서 쉽게 접할 수 있다.

그런데 리더가 되면 외로워지는 것은 사실이지만 외로움이 리더를 만들지는 않는다. 사회심리학과 뇌 과학의 융합 학문인 사회신경과학의 창시자인 미국 시카고대학교의 심리학자 존 카시오포[John Cacioppo]의 연구 결과에 따르면 외로움은 우리의 사고 능력을 30% 정도 떨어뜨리고 스트레스 수치를 50% 정도 높이며 사회생활의 만족도는 35% 정도 낮춘다. 이런 결과로 보아 외로움이 리더가 되기 위한 필요조건이라고는 볼 수 없다. 오히려 조직에서 외로움을 느끼지 않았기 때문에 리더가 될 수 있었다고 보는 편이 타당하다.

결국 '외로움을 느끼지 않아서 리더가 됐지만, 외로움은 리더의 숙명이니 받아들여야 한다.'로 정리할 수 있다. 하지만 이 문장은 쉽게 이해하기 어렵고 어떻게 보면 모순적이다. 이러한 모순된 결론보다는 리더의 외로움을 보다 현명하게 이해하는 방법은 없을까?

[직장 속으로]

본부장은 임원으로 승진한 뒤로 줄곧 혼자라는 느낌이 들었다. 힘든 일이 있어도 회사에서는 마음 터놓고 얘기할 사람을 찾기가 어려웠다. 혹, 말이라도 잘못 새 나가면 평가에 치명적일 수도 있고, 임원은 2년씩 연장하는 계약직 신분이라 특히 개인적인 얘기는 매사에 조심스러웠다. 본부장은 회사에서는 철저히 일만 하고 사적인 영역은 공유하지 못하는 것이 임원이 가져야 할 숙명이라고 생각하고 있다.

4장 리더의 심리학

본부장 입장에선 참으로 아이러니한 일이 아닐 수 없다. 임원으로 승진하기까지 사내의 다양한 사람과 좋은 관계를 맺고, 그 관계를 발판으로 이 자리까지 올 수 있었지만, 막상 올라오고 나니 관계의 힘을 잃어버린 듯한 느낌을 받고 있기 때문이다. 임원이 되고 인적 네트워크 영역은 더욱 확장되었다. 그런데, 확장된 네트워크에서 고립감을 느끼니 헛헛함이 더 크다. 좁은 방에 홀로 있는 것보다 넓은 벌판에 혼자인 외로움이 더 크게 느껴지는 경우처럼 말이다.

본부장은 문득 생각한다. 하루 중 대부분의 시간을 사무실에서 보내며 가장 오래 마주하는 사람들에 대해 얼마나 알고 있는지. 구성원들의 관심사는 무엇이고, 이들이 일하는 목적과 가치는 무엇인지 곰곰이 생각해 봐도 아는 것이 많지 않다. 끈끈한 사회적 유대가 몰입과 성과의 질을 높이는 데 도움이 된다는 연구를 본 기억이 있다. 유대감은 자존감을 높이고 스트레스 상황에 완충 작용을 하며 같은 성과에도 더 큰 성취감을 느끼게 한다고 한다. 친밀해 보이는 것과 서로의 개성과 가치를 존중하며 신뢰를 느끼는 친밀함은 분명 다르다. 본부장은 친밀한 관계를 만드는 시도를 해 보고자 다짐한다. 본인이 외로워서가 아니라 본부 구성원 모두에게 도움될 수 있는 방안을 찾으려 한다.

본부장은 자신이 팀장이었던 시절 소속 팀원이었던 마케팅팀의 장철진을 만났다. 장철진은 본부장을 만나자마자 본부장의 심리 상태를 알아차린 듯했다. 본부장은 지치고 힘든 기색을 보이지 않으려 애썼는데, 자신도 모르게 새어 나온 것 같다. 장철진은 본부장에게 팀장 시절의 모습이 그립다고 말했고 본부장도 동의했다. 본부장은 우선 예전 팀원들과 간단한 술자리를 마련해 볼 생각이다. 이 자리를 통해 구성원의 근황에 대해 상세히 물으며 유대감을 느끼고, 이런 계기로 자신도 활력을 되찾을 수 있을 것으로 기대하고 있다.

4장 리더의 심리학

나는 일터에서 외로움을 느끼고 있는가?
🔍 **일터에서 느끼는 외로움**(Loneliness in the workplace) **진단**

일터에서 느끼는 정서적 고립감과 유대감 결핍은 그 자체로 스트레스 요인이 된다. 사람들은 사회 관계와 마찬가지로 일터에서 연결과 사회적 지지를 원한다. 일터에서 느끼는 외로움은 번아웃과 업무 성과 저하의 원인이 된다.

아래 문항들에 1~5점으로 응답해 나의 일터 외로움 수준을 확인해 보자.

* 전혀 그렇지 않다: 1점, 대체로 그렇지 않다: 2점, 보통이다: 3점,
  대체로 그렇다: 4점, 매우 그렇다: 5점

1. 나는 업무 압박을 느낄 때 동료에게 버림받은 느낌을 받는다.

☐ 1점　　☐ 2점　　☐ 3점　　☐ 4점　　☐ 5점

2. 나는 종종 동료들로부터 소외감을 느낀다.

☐ 1점　　☐ 2점　　☐ 3점　　☐ 4점　　☐ 5점

3. 나는 종종 함께 일하는 사람들과 정서적 거리감을 느낀다.

☐ 1점　　☐ 2점　　☐ 3점　　☐ 4점　　☐ 5점

4. 나는 일터에서 사람들과 나누는 관계에 만족한다.

☐ 1점　　☐ 2점　　☐ 3점　　☐ 4점　　☐ 5점

5. 나는 일할 때 공허함을 느끼곤 한다.

☐ 1점　　☐ 2점　　☐ 3점　　☐ 4점　　☐ 5점

6. 내가 필요할 때 언제든 업무상 문제를 얘기할 동료가 있다.

☐ 1점　　☐ 2점　　☐ 3점　　☐ 4점　　☐ 5점

7. 내가 원할 때 휴식 시간을 함께 보낼 동료가 있다.

☐ 1점 ☐ 2점 ☐ 3점 ☐ 4점 ☐ 5점

8. 나는 업무에서 관계를 맺은 사람이 친구처럼 느껴질 때가 있다.

☐ 1점 ☐ 2점 ☐ 3점 ☐ 4점 ☐ 5점

9. 직장에서 내 고충을 경청하는 동료가 있다.

☐ 1점 ☐ 2점 ☐ 3점 ☐ 4점 ☐ 5점

출처: Wright, S. L., Burt, C. D., & Strongman, K. T. (2006). Loneliness in the workplace: Construct definition and scale development.

4장 리더의 심리학

[점수 계산]

문항 1, 2, 3, 5번은 점수 그대로를 활용하고 4, 6, 7, 8, 9번은 6점에서 해당 점수를 뺀 변환 점수를 구한다. 예를 들어, 4번에 4점을 기재했다면 변환 점수는 6-4=2점이다. 36점 이상이면 일터에서 느끼는 외로움 수준이 높은 편이다. 23~35점은 보통, 22점 이하는 낮은 편이다. 일터에서 느끼는 외로움이 높은 편이라면 직속 상사나 사내 상담사와 현상에 관해 대화해 보기를 권한다. 심리적 자원 관리가 어려운 상태로 일하면 일터뿐 아니라 가정에서도 불화나 갈등 문제가 생길 수 있다.

▍외로움은 우리를 사회적 동물로 만든다

카시오포 교수의 연구를 비롯한 외로움에 관한 연구를 보면 외로움이 대개 우리를 불행하게 만든다는 사실을 알 수 있다. 앞서 소개한 사고 능력 저하나 스트레스 증가 외에도 외로움을 느끼는 사람은 그렇지 않은 사람에 비해 고혈압 발병률, 심장마비를 일으킬 확률, 염증 수치, 사망률은 높지만, 신진대사율이나 소득 수준은 낮다. 외로움이 우리 안의 자제력이나 자기조절능력self-regulation을 떨어뜨리기 때문이다. 우리 마음은 외로움이라는 부정적 감정을 회피하기 위해 심리적 에너지를 쓰는데, 이때 소모된 자원 때문에 절제력이나 집중력에 쓸 에너지가 부족하게 된다. 우리는 외로움을 느끼면 이를 회피하고 유대감을 느끼기 위해 다양한 심리적 기제를 쓰는데 대표적인 것이 혼잣말이다. 집단주의 문화가 기반인 우리나라 사람들이 혼잣말을 하는 빈도가 개인주의 문화권인 서구권에 비해 높다는 사실이 이를 방증한다. 그런데 외로움 중에 무심코 튀어나오는 혼잣말은 무의식 중에 나오는 탓에 의식적인 논리를 기반으로 하지 않는다. 따라서 이런 상태가 지속되면 타인과 나누는 논리적 의사 소통에서 문제를 일으키기 마련이다. 즉, 타인에게 설명할 때 횡설수설하게 되고 이로 인해 상대와 나누는 감정적 상호 작용도 어렵게 되며 타인의 말을 귀담아듣기도 힘들어진다. 실제로 외로운 사람은 논리적 비약이 심하고 재미없게 말하는 경향이 있다. 외로움을 느낀 사람이 불안이나 부정적 평가에 대한 두려움이 큰 반면, 자긍심은 낮은 관계로 자기가 지닌 능력을 충분히 발휘할 수 없기 때문이다. 게다가 외로움은 사고 능력을 직접적으로 손상시키기도 한다.

[외로움이 우리 마음에 미치는 영향]

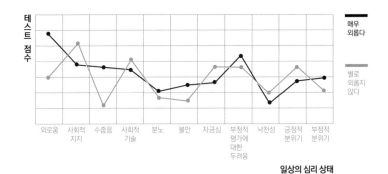

4장 리더의 심리학

그렇다면 인간에게는 왜 외로움이란 감정이 필요했을까? 외로움에 반응하는 민감도는 사람마다 차이가 있지만 모든 인간은 외로움이란 감정을 느끼며 살아간다. 인간은 기본적으로 무리 속에 있어야 생존 확률을 높일 수 있는데 어떤 사건으로 사회적으로 고립되었다면 외로움을 느껴야 무리에 합류하고자 하는 동기가 유발된다. 즉, 외로움은 사회적 동물로 살아가기 위한 필수 생존 기제라 할 수 있다.

생존에 필수적인 외로움이란 감정은 뇌 과학적으로 신체 고통과 크게 다르지 않게 설계되어 있다. 신체 고통을 느끼는 뇌 부위와 실연, 배신, 모함, 갈등, 왕따 등 사회적 고립감 때문에 인해 생긴 마음의 상처를 다루는 뇌 부위는 놀랍게도 똑같다. UCLA 심리학과 나오미 아이젠버그Naomi Eisenberger 교수와 연구진은 외로움이나 사회적 배척social exclusion 으로 생긴 마음의 상처를 다루는 뇌 부위를 찾고자 했다. 그 결과, 마음의 상처를 다루는 뇌 부위가 신체 고통을 느낄 때와 동일한 배측 전대상회dorsal anterior cingulate cortex; dACC임을 발견했다. 이어 연구진은 신체 고통을 느낄 때, 진통제아세트아미노펜;Acetaminophen가 dACC의 민감도를 완화시키는 역할을 하는데 착안하여 심리적 상실감을 겪은 사람들에게 타이레놀을 복용하게 한 결과, 가짜 약을 복용한 그룹Placebo에 비해 고통이 완화되었다는 결론을 도출하기도 했다.

외로움은 생존을 위한 필수 기제이기 때문에 고독이 우리 삶에 필요한 순간이 분명 있다. 젊은 시절의 외로움은 감수성을 개발하기도 하고, 적절한 수준의 고독과 결핍은 어떤 대상에 대한 소중함을 깨닫게 하고 애착 강도를 높이며 예술적 승화로 발현되기도 한다. 흥미로운 연구 중 하나는 젊은 시절에 또래에 비해 외로운 사람은 사회성이 탁월한 사람에 비해 사교적인 음주를 피할 수 있어 생존 확률이 높지만, 중년 이후에 외로움을 느끼는 사람은 술을 많이 마시고 운동은 적게 하면서 기름진 음식을 많이 즐긴다는 통계가 있다. 젊을 때의 외로움은 득이 될 수도 있지만, 나이 들어 느끼는 외로움은 독이 될 뿐이다.

외로움은 신체적으로 배고픔이나 통증을 느끼는 것과 마찬가지로 생존을 위해 필요한 자연스러운 감정이기 때문에 적절히 통제하는 기술을 길러야만 한다. 외로움은 즐기거나 피하는 것이 아니라 적절히 관리해야 한다고 생각하는 편이 현명하다.

농구 선수 중에는 필드골이나 3점슛보다 유독 자유투 성공률이 낮은 선수가 있다. NBA 샌안토니오 스퍼스에서 뛰었던 브루스 보웬Bruce Bowen이 대표적이다. 이 선수가 자유투 성공률이 낮았던 이유는 과연 무엇일까? 자유투는 고립된 상태에서 슛을 쏘게 되는데, 이때 불안과 부정적 평가에 대한 두려움이 커진다. 보웬은 이런 고립된 상태를 조절할 만한 심리 능력이 부족했던 것 같다. 실제 보웬은 심리적 자원 관리 능력이 부족해 경기 중에도 트러블 메이커로 유명했던 선수다. 당신이 코치라면 자유투 상황에 보웬에게 어떤 조언을 할 것인가? 외로움을 피할 수 없으니 즐기라고 할 것인가? 그것보다는 충분한 심리적 자원을 확보하고 평가 불안으로부터 다른 쪽으로 주의를 돌리라고 말하는 편이 현명할 것이다.

외로움에 관한 조직 연구를 보면 리더는 자신의 외로움을 관리함과 동시에 구성원의 외로움을 관리하는 스킬이 필요하다는 사실을 알 수 있다. 2020년 원격 근무로 인한 어려움에 관한 설문^{2020's State of Remote Work report}에서 외로움^{Loneliness}은 협업과 소통^{Collaboration and communication}과 더불어 직장인이 어려움을 느끼는 항목 1위로 조사된 바 있다. 조직 내에서 겪는 외로움 역시 여타의 외로움과 마찬가지로 인지 능력, 소통 능력, 건강에 부정적 영향을 미친다. 중국 광저우 지난대학교 경영학과 지안 펑^{Jian Peng} 교수와 연구진의 연구에 따르면 일터에서 리더와의 관계가 멀고 외로움을 느낀 구성원은 리더와의 관계가 좋고 외로움을 느끼지 않은 구성원에 비해 창의성 수준이 통계적으로 유의미하게 낮았다. 외로움은 업무 수행 과정의 창의성에도 영향을 미친다.

외로움엔 귀여움이 특효다

외로움을 제대로 관리하려면 타이레놀과 같은 진통제도 효과가 있지만 평소 심리적 자원 확보와 주의를 돌리는 스킬이 필요하다. 이와 관련한 심리학의 대안 중 하나는 귀여움이다. 일본 오사카대학교 인지심리학 연구소장인 히로시 니토노^{Hiroshi Nittono} 교수를 비롯한 연구진은 〈귀여움의 힘The power of Kawaii〉이라는 제목의 논문에서 귀여움이 주는 심리적 장점을 연구한 바 있다. 귀여움은 긍정적인 기분을 높일 뿐 아니라 대상을 보호해야 한다는 본능적인 욕구를 일으키는데, 이때 유발된 보호 욕구는 귀여움을 유발한 대상만이 아니라 대상의 주변에도 주의를 더 깊게 하고 집중력을 높일 수 있도록 한다. 실험에서 귀여운 이미지에 노출된 피실험자들은 세심한 작업에 더 탁월한 성과를 보였다. 귀여운 이미지를 보는 것만으로도 목표를 달성하고자 하는 접근 동기가 높아져 주의를 요하는 체계적 프로세스에 집중하고 책임감 있게 행동했기 때문이었다. 야구 경기장의 귀여운 마스코트는 어떤 역할을 할까? 누가 봐도 귀여운 팀 마스코트는 관중을 즐겁게 하는 목적도 있지만, 이 연구를 보면 선수들의 집중력을 높이는 데도 도움이 될 수 있다.

또한, 귀여움은 사회적 전파력이 매우 강해 사회 교류를 할 때 파급효과를 높이기도 한다. SNS 상에 귀여운 이미지가 유독 많은 이유는 귀여움 자체가 심리적으로 쉽게 전달되는 특성을 갖고 있기 때문이다. 메시지를 귀여운 대상과 함께 노출하면 쉽게 전달됨과 동시에 친근감을 유발할 수 있다. 귀여운 로봇과 귀여운 디자인의 디지털 기계에 사람들은 더 가까이 다가가고 쉽게 친해진다. 디지털 기계에 익숙하지 않은 어른일수록 귀여운 디자인의 기계가 필요한 이유다.

코로나로 사회적 거리뿐 아니라 심리적 거리도 멀어진 현실은 조직의 성과에도 부정적 영향을 미칠 수 있다. 심리적 단절로 인해 경험하는 외로움은 인지적·정서적·신체적 문제의 원인이 되기 때문이다. 심리학이 권하는 하나의 대안은 외로움을 관리하는 데 필요한 심리적 자원 확보와 주의 돌리기를 귀여움이 해결할 수 있다는 것이다. 팀 구성원들의 자녀나 반려동물을 서로 소개하는 행위만으로 심리적 유대감이나 책임감을 높일 수 있을 것이다. 팀 내에 마스코트를 선정하거나 작업장과 같은 주의 집중이 필요한 곳에는 귀여운 캐릭터나 이미지를 활용해 보는 것도 좋은 대안이 될 수 있다. 리더는 본래 외로운 법이라는 생각은 심리적 자원을 소모할 뿐이다. 외로움이 느껴질 땐 외로움을 즐길 것이 아니라 귀여움으로 이겨 내길 바란다.

심리학이 제안하는 슬기로운 직장 생활 팁

💡 본부장은 사회적 유대가 부족함을 스스로 느끼고 있다. 리더로서 부하 직원과 나누는 교류의 빈도가 부족해서가 아니라, 인간적인 측면에서 질적인 교류가 아쉬운 상태다. 리더는 본래 외로운 자리라며 본부장이 고립을 자처한 측면도 있는데, 리더라고 필연적으로 외로워야 할 이유는 없다. 약한 사회 관계가 초래하는 문제가 심각해질 수 있음을 자각하길 바란다. 일터에서 고독감은 업무 성과를 떨어뜨리고, 창의적 사고를 제한하며, 추론이나 합리적 의사 결정 등 경영에 필요한 능력을 약화시킨다.

💡 회식과 같은 자리에서 갖는 만남이 유대감을 높이는 것은 아니다. 현장 연구를 보면 회식, 단합 대회, 커피 타임, 수다 떠는 등의 행위가 유대감을 크게 높여 주지 못했다. 하버드 의대 비벡 머시[Vivek Murthy] 박사의 말에 따르면 주간 회의 시간에 팀원들이 돌아가며 자신을 소개했던 것이 도움이 됐다고 한다. 인사이드 스쿱[inside scoop]이라고 명명한 이 자리에서 팀원들은 5분간 자신이 소중하다고 생각하는 사진을 보여 주며, 자신의 스토리를 다른 팀원에게 들려주었다. 이 기회로 서로에 대해 깊이 있게 알게 되고, 서로의 생각 방식이나 가치관에 대해 이해하는 계기가 되었다. 또, 다른 직원의 일을 자발적으로 돕는 조직 시민 행동[organizational citizenship behavior]도 늘었다.

💡 본부장은 즉흥적인 모임으로 유대감을 높일 것이 아니라, 계획적으로 접근할 필요가 있다. 구성원들이 서로의 가치관이나 일에 대한 의미, 열정을 쏟는 대상, 가족이나 반려동물에 대한 애정 등을 공유하는 시간을 마련해 보길 바란다. 귀여운 본부 마스코트를 디자인해 보는 것도 좋은 시도가 될 것이다. 리더의 외로움을 리더십의 로망처럼 여겨서는 안된다. 오히려 성과에 해악이 될 수 있음을 깨닫고 대응하는 것이 옳다.

☑ 요약

☑ 외로움은 우리의 사고 능력을 30% 정도 떨어뜨리고 스트레스 수치를 50% 정도 높이며 사회생활 만족도는 35% 정도 낮춘다. 이런 결과로 보아 외로움이 리더가 되기 위한 필요조건이 아니라 오히려 조직에서 외로움을 느끼지 않았기 때문에 리더가 될 수 있었다고 보는 편이 타당하다.

☑ 외로운 사람은 논리적 비약이 심하고 더 재미없게 말을 하는 경향이 있다. 외로움을 느끼는 사람들은 불안이나 부정적 평가에 대한 두려움이 큰 반면, 자긍심은 낮기 때문에 사회적 장면에서 자기가 지닌 능력을 충분히 발휘할 수 없다.

☑ 외로움은 신체적으로 배고픔이나 통증을 느끼는 경우와 마찬가지로 생존을 위해 필요한 자연스러운 감정이기 때문에 적절히 통제하는 기술을 길러야 한다. 외로움은 즐기거나 피하는 게 아니라 적절히 관리하는 것이라고 생각하는 편이 현명하다.

☑ 귀여움은 외로움을 관리하는 데 필요한 심리적 자원 확보와 주의 돌리기에 도움이 될 수 있다. 구성원들의 자녀나 반려동물을 서로 소개하는 일만으로도 심리적 유대감이나 책임감을 높일 수 있다. 팀 내에 마스코트를 선정하거나, 작업장과 같은 주의 집중이 필요한 곳에는 귀여운 캐릭터나 이미지를 활용하는 것도 좋은 대안이 될 수 있다.

적당히 까칠한 리더가
좋은 리더다

[착각]

불평불만이 많은 직원은 조직에 해롭다?

"오늘 회의할 때, 이동리 님 발언은 좀 개념 없지 않아요? 조직에 불평불만이 뭐 그리 많은지. 불만을 얘기하는 것은 좋은데 뚜렷한 대안도 없이 무조건 잘못됐다고 비판, 아니 비난만 하니 그게 무슨 조직을 위한 발언입니까?"

"따지고 보면 그렇게 틀린 얘기는 아니지만, 불평불만 듣고 그거 동조하다 보면 끝도 없어요. 분위기 살피고 눈치 있게 말하는 것도 아니고, 저도 좀 아니라고 생각해요. 부정적인 사람들이 조직을 변화시키는 게 아니잖아요."

불평불만조차 말하지 않을 때가 가장 위험하다!

작업장 환경과 같은 안전 욕구 수준의 낮은 단계의 불평에서
조직 문화의 자율성, 타인에 대한 존중감에 불평을 갖는
고차원 불평으로 나아간다는 것은
조직과 개인이 훌륭히 성숙했다는 증거다.

– 에이브러험 매슬로우^{Abraham Maslow} –

궁 금 해 , 심 리 학

구성원의 불평불만을 모두 귀담아들어야 할까?

회사는 긍정적이고 충성도가 높은 직원을 선호한다. 그럼에도 모든 조직에서 구성원의 불평과 불만이 멈춘 적은 거의 없다. 불평불만이 많은 팀원은 자신뿐 아니라 팀 분위기에 좋지 않은 영향을 미치기 때문에 이를 관리하는 것이 중요하다. 그렇다고 모든 불평불만이 조직에 해가 되는 것은 아니다. 불만은 원하는 상태에 이르지 못했음을 의미하고, 동기로 전환될 수 있는 여지가 있다. 또, 불만 덕에 조직 내 불합리한 제도나 관행이 개선되는 경우도 있다. 때로는 불평불만이 전혀 없는 것이 문제일 수 있다. 구성원들이 조직에

대한 애정을 철회하면 자연스럽게 무관심해진다. 이때는 아무런 불만이 나오지 않는다. 따라서 불평불만이 전혀 없는 조직을 꿈꿀 것이 아니라, 불평불만을 적절히 잘 다루는 스킬이 조직의 변화와 발전에 더욱 중요하다. 그렇다면 직원들의 불만을 어떻게 받아들이고 어떻게 관리하면 좋을까?

[직장 속으로]

이동리는 평소 팀 내에서 불평불만이 많기로 유명하다. 이동리는 자신이 보기에 뭔가 잘못된 일이 있으면 그냥 넘어가는 법이 없다. 처음엔 주변에 있는 누군가를 잡고 얘기를 시작하다가 자신의 의견에 동조한다 싶으면 회의 석상에서 공론화시키겠다고 공언한다. 이런 점이 부담스러워 몇몇은 이동리가 불만을 꺼낼 때마다 크게 동조하지 않고 자리를 피한다. 사실 불평불만을 듣는 것도 상당한 고초다. 적절한 경계선 없이 쏟아 내는 부정적 언어들을 듣는 것만으로도 스트레스가 쌓인다. 부정적 감정은 전염성이 강하기 때문에 이동리 옆에서 가만히 듣는 일도 결코 쉽지 않다. 몇몇 동료가 알아서 피하니 이동리의 타깃은 결국 후배에게 돌아간다. 자신의 불만에 동의를 구하며 말하는 내용을 후배 입장에서는 거부하기 어려워 울며 겨자 먹기식으로 고개를 끄덕이며 듣고 있을 뿐이다. 그런데, 이제는 후배들도 눈치가 생겨, 이동리가 불만을 털어놓으려는 낌새가 보이면 다른 일이 있다고 양해를 구하고 자리를 벗어난다.

사실, 이동리가 얘기를 꺼낼 때 듣는 사람 입장에선 적절한 조치를 취할 재량이 없기 때문에 듣고 있어도 서로 도움될 일이 거의 없다. 이동리도 이를 모를 리가 없는데, 문제를 해결하기 위해서가 아니라 그저 자신의 감정을 토로하는 데 집중하는 것 같다. 재량이 있는 리더들은 이동리의 얘기를 개인적으로 듣기엔 너무 바쁘고, 이동리도 잘 정리되지 않은 얘기를 꺼냈다가 불만만 늘어놓는 사람으로 찍힐 수도 있어 조심스럽다. 결국, 이동리의 불만으로 인한 피해는 팀원들 몫으로 돌아가는 일이 흔하다.

　오늘은 주간 회의가 있는 날이다. 팀원들이 모두 모여 주간 실적과 계획, 주요 이슈에 대해 발표와 토론을 한다. 그런데, 갑자기 이동리가 자신의 업무 계획을 얘기하다가 불만을 늘어놓기 시작한다. 처음 업무 분장을 할 때는 별말이 없다가 일이 본격적으로 시작되니 부하가 걸린다고 불평하는 것이 아닌가. 다른 팀원들은 팀장과 별도로 얘기 나누면 될 일을 굳이 주간 회의 때 꺼내야만 하나 싶어 의아한 표정으로 이동리를 쳐다본다. 이동리도 눈치를 챈 모양인지, 주제를 바꿔 자신은 팀을 위해 언제 어떻게 희생했는데, 다른 팀원들은 자신이 바쁠 때 도움을 충분히 주지 않는 것처럼 보인다고 서운한 기색을 비친다. 박봉주 팀장이 따로 시간을 내서 얘기하자고 자제시키는 바람에 일단락됐지만, 이동리의 불평불만이 날이 갈수록 노골적으로 드러나는 것 같아 팀장을 비롯한 이동리를 제외한 모든 팀원은 불편하다. 박봉주도 다른 팀원들 불평엔 귀를 기울이는데 유독 이동리의 말엔 시큰둥하다. 불만이 너무 많은 탓도 있겠지만 이동리가 평소 조직에 충성심을 보이고 업무에 충분히 몰입하는 사람이었다면 달랐을 것이라고 박봉주는 생각한다.

내가 조직에 헌신하는 이유는?

🔍 **조직 몰입도**(organizational commitment) **진단**

조직 몰입이란 조직에 대한 애착, 헌신, 오래 머물고 싶은 마음을 의미한다. 조직의 목표와 가치를 수용하고 조직의 발전을 위해 노력하는 구성원의 태도라 할 수 있다. 조직 몰입도가 높은 구성원은 성과가 높고 이직률이 낮다. 조직 몰입은 근속 연수와 같은 개인적 요인과 의사결정 참여도, 직장의 안정성 등 조직 요인의 영향을 받는다.

조직 몰입은 3가지 구성 요인을 갖는다. 첫째, 정서적 몰입(affective commitment)이다. 정서적 몰입은 구성원이 조직에 갖는 정서적 호감으로 헌신, 소속감, 행복감 등 개인적 감정을 통해 느끼는 심리적 애착을 말한다. 사람들은 자신이 속한 조직이 좋아서 정서적 애착을 형성하며 개인은 조직 목표 달성을 위해 감정적, 행동적으로 몰입한다. 둘째, 규범적 몰입(normative commitment)이다. 규범적 몰입은 조직에 대한 의무감이나 책임감에 의해 형성된다. 조직에서 주어지는 보상이나 승진 등 개인적 만족보다는 조직에 머무르면서 조직 목표와 가치를 동일시하려고 노력하는 것이 의무이고 도덕적으로 옳다고 믿기 때문에 몰입하는 상태를 말한다. 마지막은 지속적 몰입(continuance commitment)이다. 지속적 몰입은 그동안 조직에 있으면서 시간, 노력 등의 비용을 투자했기 때문에 조직에 남고자 하는 판단이다. 조직에 남아 있는 것을 일종의 기회비용으로 인식하면서 이직으로 발생하는 이익과 손해를 따져 가며 조직을 보는 것이다. 한마디로 조직을 이탈하면 자신이 투자한 노력과 경험을 포기하는 것이기 때문에 남아 있고자 하는 마음이다.

그렇다면, 당신이 조직에 남아 노력하는 이유는 무엇인가?

아래 문항들에 1~7점으로 응답해 조직 몰입도 수준과 요인에 관해 확인해 보자.

* 전혀 그렇지 않다: 1점, 대체로 그렇지 않다: 2점, 약간 그렇지 않다: 3점,
  보통이다: 4점, 대체로 그렇다: 5점, 거의 그렇다: 6점, 확실히 그렇다: 7점

1. 나는 회사에 정서적 애착을 느낀다.

　　☐ 1점　　☐ 2점　　☐ 3점　　☐ 4점　　☐ 5점　　☐ 6점　　☐ 7점

2. 회사는 나에게 개인적으로 큰 의미가 있다.

　　☐ 1점　　☐ 2점　　☐ 3점　　☐ 4점　　☐ 5점　　☐ 6점　　☐ 7점

3. 나는 이 조직에서 남은 경력을 보낼 수 있다면 매우 행복할 것이다.

　　☐ 1점　　☐ 2점　　☐ 3점　　☐ 4점　　☐ 5점　　☐ 6점　　☐ 7점

4. 나는 회사의 문제가 내 문제처럼 느껴진다.

　　☐ 1점　　☐ 2점　　☐ 3점　　☐ 4점　　☐ 5점　　☐ 6점　　☐ 7점

5. 내가 이 회사를 떠나면 많은 것이 힘들어질 것 같다.

　　☐ 1점　　☐ 2점　　☐ 3점　　☐ 4점　　☐ 5점　　☐ 6점　　☐ 7점

6. 지금 당장은 이 회사에 남아 있어야 한다.

　　☐ 1점　　☐ 2점　　☐ 3점　　☐ 4점　　☐ 5점　　☐ 6점　　☐ 7점

7. 내가 이 회사를 떠날 때 다른 선택안이 거의 없다.

　　☐ 1점　　☐ 2점　　☐ 3점　　☐ 4점　　☐ 5점　　☐ 6점　　☐ 7점

8. 지금 당장 이 회사를 그만두고 싶어도 막상 닥치면 내게는 너무 힘든 일일 것 같다.

　　☐ 1점　　☐ 2점　　☐ 3점　　☐ 4점　　☐ 5점　　☐ 6점　　☐ 7점

4장 리더의 심리학

9. 나는 이 회사에 마음의 빚이 크다.

　　☐ 1점　　☐ 2점　　☐ 3점　　☐ 4점　　☐ 5점　　☐ 6점　　☐ 7점

10. 이직하는 것이 내게 유리하다 할지라도 나는 회사를 떠나는 것이 옳은 결정이라 생각하지 않는다.

　　☐ 1점　　☐ 2점　　☐ 3점　　☐ 4점　　☐ 5점　　☐ 6점　　☐ 7점

11. 내가 지금 이 회사를 떠난다면 죄책감을 느낄 것이다.

　　☐ 1점　　☐ 2점　　☐ 3점　　☐ 4점　　☐ 5점　　☐ 6점　　☐ 7점

12. 이 회사는 내가 마땅히 헌신해야 할 조직이다.

　　☐ 1점　　☐ 2점　　☐ 3점　　☐ 4점　　☐ 5점　　☐ 6점　　☐ 7점

출처: Allen, N. J., &Meyer, J. P. (1996). Affective, continuance, and normative commitment to the organization: An examination of construct validity. Journal of vocational behavior , 49 (3), 252–276.

[점수 계산]

- 문항 1~4는 정서적 몰입이다. 24점 이상은 정서적 몰입이 높은 편이고, 15~23점은 보통, 14점 이하는 정서적 몰입이 낮은 편이다.
- 문항 5~8은 지속적 몰입이다. 22점 이상은 지속적 몰입이 높은 편이고, 14~21점은 보통, 13점 이하는 지속적 몰입이 낮은 편이다.
- 문항 9~12는 규범적 몰입이다. 19점 이상은 규범적 몰입이 높은 편이고, 12~18점은 보통, 11점 이하는 규범적 몰입이 낮은 편이다.

정서적 몰입은 개인이 조직과 맺는 관계를 손익 차원으로 보는 것이 아니라 감정적 애착으로 보기 때문에 자발적 몰입이라 할 수 있다. 지속적 몰입은 조직을 떠나고 남는 것을 손익 계산에 따르므로 자발적 몰입이라고 보기 어렵고 현 조직이 공동체 지향적 조직이라면 적응이 힘들 수 있다. 규범적 몰입은 사회 규범이 내재화된 의무감으로 입사 전에 가정이나 소속 집단에서 영향을 받을 수도 있고 입사 뒤에는 조직 사회화나 기업 문화 경험을 통해 나타나기도 한다.

문제 상황을 대처하는 네 가지 선택

진보와 보수 모두에게서 존경받는 경제학자 알버트 허쉬만[Albet Hirschman]은 학교, 직장, 결혼, 친구 관계, 투자, 정부 등 인생 전반에 걸쳐 불만을 해결하는 데는 세 가지 선택지가 있다고 생각했다. 불만 상황에 놓인 사람들은 그 상황을 벗어나든지^{이탈; Exit}, 불만을 표출하든지^{표출; Voice}, 조용히 침묵하면서 인내하는^{감내; Loyalty} 것 중 하나를 선택한다는 주장이다. 이탈은 문제 상황에서 완전히 벗어나는 것을 의미한다. 직장이나 학교를 그만두거나 옮기고, 친구나 배우자와 헤어지고, 주식을 매도하거나 이민을 가는 것이다. 표출은 상황을 적극적으로 개선하는 노력과 관련되어 있다. 아이디어를 리더나 조직에 제안하고 정부 정책에 대해 적극적으로 의견을 개진하는 일 등을 말한다. 감내는 스스로 이겨 내야 할 시련이라 생각하고 견디는 행위다. 감내에는 일정 수준의 충성심이 필요하다. 회사나 정부가 마음에 들지 않아도 반감을 억누르고 묵묵히 일하고 지지하는 것이다. 조직심리학자들은 세 가지 외에 하나의 선택지가 더 있다고 말한다. 현재 상황을 그대로 둔 채 자신의 노력을 줄이는 방관^{Neglect}이다. 직장에선 욕먹지 않을 만큼만 일하고 집에서는 집안일을 배우자에게 위임하고 자신은 취미 활동에만 몰두하거나 선거일엔 투표장에 나가지 않는 것이 대표적인 방관 행동이다.

조직에 한정해 생각한다면, 사람들이 조직 내 문제 상황에서 네 가지 행동 중 어떤 선택을 할지는 자신에게 그 상황을 해결할 수 있는 역량과 재량권^{Control}이 있다고 느끼는가와 속한 조직에 대해 얼마나 헌신적^{Commitment}인가에 따라 달라질 수 있다.

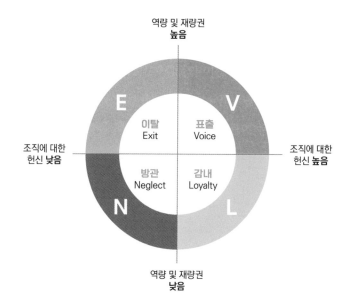

문제를 해결할 수 있는 역량과 재량권이 있다고 느끼면서 조직에 헌신적이라면 적극적으로 아이디어를 개진[Voice]할 것이다. 역량과 재량권은 없지만, 조직에 헌신적이라면 상황을 감내[Loyalty]하는 선택을 할 것이다. 문제를 해결할 수 있는 능력은 있는데 조직에 헌신적이지 못하다면 이탈[Exit]할 것이고, 능력도 없고 헌신적이지도 못하다면 방관[Neglect]적 태도를 보일 것이다.

우리는 상대를 깊이 아끼는 헌신 및 나의 말이나 행동으로 변화하리라는 믿음이 있을 때 자신의 의견을 적극 표출한다. 물론 여기엔 가짜 표출[pseudo-voice]도 있다. 실제로는 조직에 대한 헌신도 변화

4장 리더의 심리학

의 의지도 없으면서 말로만 떠드는 부류들이다. 한마디로 속은 방관자이지만 겉은 표출자인 사람들이라 할 수 있다. 조직은 반드시 붙잡아야 할 고객과 직원이 있다. 조직에 헌신하고 충성심을 보이는 고객과 직원이다. 충성심을 보이는 직원과 고객의 목소리를 무시한다면 직원은 회사를 떠나고 고객은 관계를 끊어 버릴 것이다. 이때 안타까운 점은 조직은 떠난 직원과 고객이 표출한 내용을 제대로 이해하지 못했기 때문에 원인 파악을 못한 채로 문제가 반복된다는 데 있다. 그런데 헌신과 충성이 없는 직원과 고객이 목소리만 크다면 어떻게 하는 것이 좋을까?

허쉬만은 이들은 떠나게 두는 것이 최선이라고 말한다. 심지어 떠날 수 있는 방법을 장려하는 것도 좋은 대안이 될 수 있다고 주장한다. 헌신을 보인 직원의 목소리는 반드시 들어야 하지만 헌신 없는 직원의 불만에 지나치게 귀 기울일 필요는 없다.

성격 좋고 성실한 리더가 좋은 리더인가?

어떤 직원이 자신에게 재량권이 있다고 느끼는 동시에 조직에 헌신하면서 아이디어를 적극적으로 낼까? 미국 미주리대학교 경영대학 존 쇼브렉John Schaubroeck 교수는 직장에서 어떤 직원이 조직에 얼마나 헌신적일지, 또 자신의 일에 얼마나 재량을 느낄지는 그 누구보다 직속 상사의 역할이 중요하다고 말한다. 함께 일하는 상사가 조직에 헌신적이고 직원들을 두루 아끼며 갈등 상황에서 화합을 강조한다면 직원들은 심리적 안전감psychological safety을 느끼면서 자신의 목소리를 표출할 수 있다. 이른바 조직 충성심이 높고 성격 좋고 따뜻하며 성실한 리더가 부하 직원의 서포터가 될 수 있다는 얘기다.

그런데 원만하고 배려심 좋은 리더가 항상 바람직할까? 원만한 사람들은 갈등 상황을 매우 싫어한다. 분란을 일으키고 불편한 장면을 만들지 않기 때문에 비판과 개선이 필요한 상황에서 한발 물러서는 경향을 보인다. 이 사람들은 다른 사람의 의견을 들을 때 본능적으로 고개를 끄덕이며 미소를 짓는다. 반면에 까칠한 리더는 직원의 주장을 일단 반박한다. 내놓는 아이디어마다 심판하고 분석하고 비판점을 찾아낸다. 까칠한 리더를 경험한 직원들은 비판에 적절히 대응하며 자기주장을 효과적으로 전달할 수 있는 능력이 향상된다는 점이 흥미롭다. 다시 말해 까칠한 상사 밑에서 힘들게 지낸 직원의 능력이 사람 좋은 상사 밑에서 적당히 인정받으며 일한 직원보다 나을 수 있다는 얘기다. 까칠한 리더 즉, 기존 체제에 도전장을 내밀어 본 경험이 있는 리더가 부하 직원의 아이디어에 훨씬 열린 사고를 지니면서 높은 성과를 낸다는 연구도 있다. 도전적인 리더는 기본적으로 현상을 유지하기보다는 조직을 발전시키는 데 에너지를 더 쏟기 때문이다. 물론 여기에도 헌신과 충성은 기본이다. 충성심이 높은 까칠함이 조직의 결함을 못 본 채 넘어갈 수 없게 만들고 개선적 아이디어를 관철시키는 것이다. 사람 좋은 리더에게서 구성원들이 심리적 안전감을 느낄 수 있을지는 몰라도 창의적 아이디어의 양과 질을 높일 수 있는 자질은 쉽게 배양하지 못한다.

리더에게 필요한 덕목은 사람 좋음이 아니라 헌신적 까칠함이다

직원이 문제 상황에서 적극적으로 아이디어를 낼 수 있으려면 직원의 능력과 조직에 대한 헌신이 필요하다. 그리고 직장에서 직원의 능력과 헌신에 가장 중요한 요인은 직속 상사의 리더십이다. 조직에 대한 헌신이 높은 리더는 직원의 능력 향상과 헌신을 이끌어 낸다.

리더의 원만함은 양면성을 지니고 있다. 직원의 심리적 안전감을 높여 아이디어를 내게 할 수도 있지만, 갈등 상황 자체를 회피하려고 들기 때문에 상호 비판을 꺼리게 만들 수도 있다. 여기에 더해 화합이나 원만함을 강조하는 조직 문화라면 무의식적으로 직원들의 책임감 분산diffusion of responsibility을 야기하여 문제 제기조차 못 하게 만들기도 한다.

따라서 리더는 너무 원만해서도, 그렇다고 너무 까칠해서도 안 된다. 적당히 까칠한 것이 최상이다. 리더가 적당한 까칠함을 기르려면 과거의 성과와 미래의 노력에 대한 서로 다른 방식의 피드백 스킬이 필요하다. 스스로 교육 전문가라고 내세우는 사람들은 피드백의 주요 목적이 앞으로의 개선을 촉진하는 데 있기 때문에 미래의 노력에 초점을 맞춘 건설적 피드백이 과거 결과에 대한 비판적 피드백보다 중요하다고 역설한다. 실제로 사람들은 누구나 과거 잘못에 대한 평가보다는 미래에 더 잘할 수 있다는 격려와 조언을 더 좋아한다. 그래서 갈등을 회피하는 리더는 까칠하게 보일 수 있는 평가성 피드백보다는 앞으로 어떻게 할 것인지에 대한 코칭 혹은 건설적 피드백을 선호한다.

하지만 영국 애스턴대학교 심리학과 로버트 내쉬^{Robert Nash} 교수와 연구진은 역량 향상에 더 효과적인 것은 미래 행동에 관한 건설적 피드백이 아니라 과거 성과에 관한 평가적 피드백이라는 사실을 밝혀냈다. 업무 성과뿐 아니라 공부도 마찬가지다. 성적을 높이는 가장 좋은 방법은 테스트의 빈도를 높이는 평가적 피드백이다. 따라서 리더는 과거 성과와 역량에 관해 전문성 있는 평가적 피드백을 하는 데 더 많은 시간을 할애해야 한다. 까칠해 보일 수 있다는 사실을 두려워해서는 안 된다. 그렇다고 건설적 피드백을 등한시하라는 의미는 아니다. 평가적 피드백을 통해 스스로 개선해야 할 사항 등을 충분히 공유한 뒤에 건설적 피드백을 하는 시간을 가져야 한다. 이때는 까칠함보다는 원만함이 필요한 순간이다. 학생이 공부에 흥미를 갖고 더 잘하도록 하기 위해서는 먼저 현상을 명확히 진단하는 평가적 피드백이 필수다. 하지만 앞으로 더 많은 노력을 기울이게 하려면 공부가 주는 의미감이 있어야 한다. 의미감, 목표, 개

4장 리더의 심리학

선 및 향상 계획이 근간인 건설적 피드백 없이 동기를 유지하는 일은 어렵다. 좋은 선생님은 평가적 피드백과 건설적 피드백의 균형감이 훌륭하다. 마찬가지로 적당히 까칠한 리더가 되기 위해서는 먼저 전문성 있는 진단을 포함한 평가적 피드백을, 이후 건설적 피드백으로 마무리하는 절차를 익혀야 한다.

화합이나 원만함을 강조하는 조직 문화에서 자칫 책임을 회피하는 태도를 유발하지 않기 위해서 리더는 구성원 각자가 각기 고유한 방식으로 조직에 기여할 수 있다고 느끼게 해야 한다. 할 수 있다면 구성원 각자가 자신의 역량과 재량권이 조직의 성과에 어떤 방식으로 기여하는지 설명할 수 있는 수준으로 이끌어야 한다. 역량과 재량권^{control}이 있다고 느낄 때 문제를 적극적으로 해결하려는 시도를 하기 때문이다.

리더의 말과 행동의 기반은 항상 조직에 대한 헌신^{commitment}이다. 헌신 없는 역량은 자신도 구성원도 결국엔 이탈^{exit}이나 방관^{neglect}으로 내몰기 때문이다.

심리학이 제안하는 슬기로운 직장 생활 팁

💡 박봉주 팀장은 이동리가 조직의 여러 제도나 운영에 관해 불만이 많은 것을 무조건 나쁘다고 생각해서는 안 된다. 진짜 중요한 문제

를 해결할 수 있는 실마리가 불만에 담겨 있을 수 있기 때문이다. 조직 헌신도가 높은 구성원의 불만은 구성원 표출 행동 모델에서 표출 voice, 긍정 신호로 해석해야 하고, 문제 해결의 의지를 보여야 한다. 그러나 역량이 부족하고 성과가 저조한데 조직 몰입도도 낮은 팀원이 습관처럼 내뱉는 불평이라면 큰 관심을 보일 필요는 없다. 가짜 표출일 가능성이 높기 때문이다. 이런 팀원의 불평은 팀 동료들이 알아서 회피하기 마련이다.

💡 팀원들이 이동리의 불평불만이 듣기 싫다면, 에스파냐 마드리드 아우토노마대학교Universidad Autónoma de Madrid 심리학과 파블로 브리뇰 Pablo Briñol 교수의 연구를 참고하는 편이 좋다. 브리뇰 교수는 두 집단 중 하나를 설득하는 실험을 설계했다. 한 집단은 자신과 주장이 일치하는 '동일 주장 집단'이고 다른 집단은 주장은 다르지만 취미, 스타일, 선호, 취향 등 성향이 나와 비슷한 '유사 성향 집단'이다. 사람들은 동일 주장 집단을 대상으로 설득할 때보다, 유사 성향 집단을 대상으로 설득한 뒤에 자기 확신이 높아졌다. 사람들은 상대가 나와 비슷한 성향을 갖고 있다면, 자신의 주장에 대해서도 같은 의견을 갖고 있다고 간주하기 때문이다. 따라서, 팀원들이 이동리의 발언이 불편하다면, 생각이 다르다고 얘기하기보다는 성향이 다름을 강조하는 편이

4장 리더의 심리학

낫다. "당신은 나라면 절대 소화하지 못할 독특한 넥타이를 매셨군요.", "나는 매운 음식은 싫던데, 이동리 님은 좋아하시나 봐요."와 같은 방식으로 다름을 표현하는 편이 현명하다.

💡 박봉주 팀장은 팀원들의 불만을 정례화해서 듣는 방식을 고민해 볼 필요가 있다. 불평불만을 정례화해서 경청하면 제안이 된다. 비판적으로 사고하고 설득력 있게 발언할 수 있는 기회를 제공하는 방법을 고려해 보자. 이런 과정을 통해 조직의 긍정적 변화를 꾀할 획기적인 아이디어가 나올 수 있다. 대개 부정적인 직원들은 시야가 넓지 못하다. 따라서, 이동리가 도전적으로 느끼는 다른 업무를 부여하거나, 관점을 넓힐 수 있도록 커리어 플랜을 함께 고민한다거나 하는 시도를 권장한다. 만일 불평불만이 타인에 대한 음해나 험담으로 이어질 경우엔 바로 지적하고 교정하는 피드백이 필요하다.

☑ 요약

☑ 사람들이 조직 내 문제 상황에서 어떤 선택을 할지는 자신에게 그 상황을 해결할 수 있는 역량과 재량권이 있다고 느끼는가와 자신 이 속한 조직에 대해 얼마나 헌신적인가에 따라 달라질 수 있다. 어떤 문제를 해결하는 역량과 재량권이 있다고 느끼면서 조직에 헌신적이라면 적극적으로 아이디어를 개진할 것이다. 역량과 재 량권은 없지만, 조직에 헌신적이라면 상황을 감내하는 선택을 할 것이다. 문제를 해결할 능력이 있는데 조직에 헌신적이지 못하다 면 이탈할 것이고 능력도 없고 헌신적이지도 못하다면 방관적 태 도를 보일 것이다. 우리는 상대를 깊이 아끼는 헌신도 있고 나의 말이나 행동으로 변화하리라는 믿음이 있을 때 자신의 의견을 적 극적으로 표출한다.

☑ 직장에서 직원의 능력과 헌신에 가장 중요한 요인은 직속 상사의 리더 십이다. 조직에 대한 헌신이 높은 리더는 직원의 능력 향상과 헌신을 이끌어 낸다. 그런데 리더의 원만함은 양면성을 지니고 있다. 직원들의 심리적 안전감을 높여 아이디어를 내게 할 수도 있지만, 갈등 상황 자 체를 회피하려고 들기 때문에 상호 비판을 꺼리게 만들 수도 있다.

☑ 리더가 적당한 까칠함을 기르려면 과거의 성과와 미래의 노력에 대한 서로 다른 방식의 피드백 스킬이 필요하다. 역량 향상에 더 효과적인 것은 미래 행동에 관한 건설적 피드백이 아니라 과거 성 과에 관한 평가적 피드백이라는 사실이 밝혀졌다. 적당히 까칠한 리더가 되기 위해서 먼저 전문성 있는 진단을 포함한 평가적 피드 백을, 이후 건설적 피드백으로 마무리하는 절차를 익혀야 한다.

'라떼는 말이야',
리더의 '라떼' 활용법

[착각]

그때가 좋았지?

"박봉주 팀장님, 입사한 지가 벌써 20년이 됐네요. 내가 입사했을 때 회사에서 10년 차에 해외여행 보내 주고, 20년 차엔 황금 돼지 주고 그랬었는데 요즘은 통 그런 게 없으니 서운하지 않아요? 그 시절엔 밤새도록 일하고 새벽에 포차에서 소주 한잔 마시는 낭만이란 게 있었는데 요즘은 찾아볼 수 없으니…… 아무리 생각해도 난 그때가 좋았어요."

 "본부장님만큼은 아니지만 저도 이 회사 밥을 20년 먹고 보니 옛 시절이 참 그립습니다. 저희 때만 해도 우리 팀뿐만 아니라 다른 부서 직원들 경조사 다 챙기고 뭔가 가족 같다는 생각이 들었는데, 요즘은 말 그대로 직장 같아요. 어쩌겠습니까, 서운해도 적응하면서 살아야죠."

[진실]

과거의 향수는 진실이 아니다.

하지만 긍정적으로 활용해 삶에 도움이 되게 할 수는 있다!

과거를 아무리 열심히 바꿔 쓴다고 해도
현재 나 자신이 처한 상황의 큰 스토리가 변하는 일은 없다.

- 무라카미 하루키^{Murakami Haruki} -

궁 금 해 , 심 리 학

과거의 향수에 젖는 이유는 뭘까?

과거를 아름답게 포장하거나 나쁜 기억은 지우고 좋은 기억만 남기려는 현상을 므두셀라 증후군^{Methuselah syndrome}이라고 한다. 므두셀라는 구약성서에서 방주를 만든 노아의 할아버지이자, 가장 오래 산 사람으로 969살까지 살았던 장수의 상징인 인물이다. 므두셀라는 나이가 들수록 과거를 회상할 때 좋은 기억만 떠올리고, 그 시절로 돌아가고 싶어했다. 이러한 그의 모습에 빗대 '므두셀라 증후군'이라는 표현이 탄생했다. 사람들은 시간을 거슬러 돌아갈 수 없다는 사실을 안다. 가질 수 없는 것일수록 끌리고 애틋한 법이다. 과거의 향수가 딱 그렇다. 그래서 과거를 회상하게 만드는 레트로 마케팅^{retrospective marketing}은 과거의 좋은 점만 보여 주는 것으로 인기를 끈다. 다 같이 힘들었어도 사람 사이의 정이 있었고, 부족했어도 노력하면 성공할 수 있었다는 식이다. 나이 든 세대에게 레트로는 과거를 아름답게 회상하는 기회를 제공하고, 젊은 세대에게는 경험하지 못한 시기를 간접적으로 경험함으로써 오히려 새롭게 느끼게 한다.

과거로 돌아갈 수 없어 애틋하고, 매스컴과 기업들은 마케팅에 활용해 과거의 좋은 점만 노출하기 때문에 과거는 아름답다. 그런데 과거를 낙관적으로만 보는 것이 우리 인생과 조직 생활에 정말 도움이 될까? "나 때는 어땠다."라고 말하는 것이 한편으론, 꼰대의 필수 조건인 "라떼는 말이야……."로 받아들여지는 것으로 봐선 마냥 긍정적으로 볼 수 없을 것 같다. 그렇다면, 과거의 긍정적 측면을 살려 조직에 활력이 되게 하는 방법은 없을까?

[직장 속으로]

박봉주 팀장이 입사 20주년을 맞았다. 입사 동기들끼리 자축을 하고, 팀원에게서 케이크와 선물을 받았다. 사실 박봉주는 큰 감흥이 없다. 매일 맞는 일상 중 하루일 뿐이고, 20년이 됐다고 해서 갑자기 무슨 변화가 생기는 것도 아니기 때문이다. 다만, 20주년을 맞아 문득 돌이켜 보니 '20년이 그리 긴 세월이 아니구나.' 하는 감상에 젖을 뿐이다.

세월보다 빠른 게 있을까. 박봉주는 신입 사원으로 입사했을 당시를 떠올려 본다. 그룹 교육은 합숙이었지만, 자사 입문 교육부터는 출퇴근 과정이었기 때문에 양복을 입고 지하철을 타고 출근했던 기억이 새록새록 떠오른다. 서류 가방 안엔 달랑 휴대폰 하나밖에 없었지만, 그 가방을 들고 구두를 신고 넥타이를 매고 양복 상의에 배지를 달고 출근하는 설렘은 정말 기분 좋았다. 지하철 계단을 바삐 오르는 구두 소리에 맞춰 함께 바쁜 척 빠른 걸음으로 뛰어오르고, 회사 로비에서 경비원들의 거수경례를 받으며 들어갈 때는 이 건물에서 20년을 일하리라는 상상이나 했을까. 첫 월급날은 또 어땠나. 급여 통장에 월급이 찍힌 것을 보고 평생 처음 만져 본 거금이라 입가에 웃음이 배시시 새어 나왔던 기억도 엊그제 같다. 박봉주는 그 당시 마음이나 지금이나 똑같은데, 시간만 야속하게 흐르고 외모만 늙은 것 같은 기분이 들었다.

박봉주 자리의 전화벨이 울린다. 본부장은 박봉주 팀장을 호출해 티타임을 갖자고 한다. 생각해 보니, 본부장과 함께한 추억도 아련하다. 신입으로 입사했을 당시, 본부장은 대리였고 박봉주 눈엔 초인 같았다. 본부장은 건물 관리자, 청소하는 분들, 우편 배부처 직원들을 포함해 사내의 누구와도 친밀하게 지냈고, 일은 또 얼마나 프로답게 처리하는지 부럽고도 이런 사람과 한 팀에서 일한다는 사실이 자랑스러웠다. 문제가 터지면, 새벽까지 책임지고 완수해 끝까지 마무리 짓고 늦은 밤 함께 들른 포장마차에서 자신의 포부를 들려줄 때는 멋짐 그 자체였다.

본부장은 박봉주에게 축하 인사를 전하면서 자연스럽게 옛 추억을 꺼낸다. 본부장과 박봉주는 커피 한 잔을 앞에 놓고 시간 가는 줄 모르고 추억을 이야기한다. 지금은 은퇴하고 조그만 사업체를 운영하는 과거 팀장 얘기부터, 사장님 보고에 준비했던 영상 자료의 싱크로가 어긋나 당황했던 기억, 본부장이 과장 시절 병마로 고생하던 아버지를 떠나보내고 함께 며칠을 장례식장에서 지내며 장지까지 운구했던 아픈 기억, 사옥 로비에서 영화 촬영을 한다고 근무 중에 몰래 나와 2층에서 당대 최고의 연예인을 먼발치에서 구경했던 소소한 재미까지 과거의 모든 추억은 둘에게 아름답고 소중했다.

그러다 둘은 문득 이런 생각이 들었다. 우리는 이 직장에서 청춘을 바치며 행복하게 일해서 그렇다고 하지만, 다른 사람들도 과거를 떠올리며 행복해 할까 하는 궁금증이 생겼다. 또 한편으론, 자신들의 좋은 추억을 후배들과 공유하고 싶은데 후배들이 과연 반길까 하는 의문도 일었다. "우리 때는 말이야……"로 시작하면, 분명 꼰대 소리를 들을텐데, 이런 얘기를 꺼내는 것이 과연 도움이 될까? 추억 얘기를 하다 갑자기 둘은 고민에 빠졌다.

나의 낙관성 편향 정도는?

🔍 **낙관성 편향**(optimistic bias) **진단**

낙관성은 개인의 삶과 행동에 신체 건강 및 심리 측면에서 긍정적 영향을 끼친다. 하지만 낙관성 편향이 지나치면 건강에 대한 과도한 확신, 자신에게 존재하는 위험성을 과소평가하여 건강을 잃게 될 수도 있고 스트레스 대처를 방해할 수 있다. 또한, 문제 상황에 현실적인 대응책을 도출하지 못할 수도 있다. 심리적으로 건강하고 안정적인 관계를 위해서 유연한 낙관성이 요구된다.

아래 문항들을 읽고 자신과 가까운 곳의 점수를 표시해 보자.

당신과 비슷한 나이와 성별의 평균적인 사람과 자신을 비교할 때, 아래의 사건이 당신에게 일어날 확률을 표시해 보라.

평균적인 다른 사람에 비해 확률이 지극히 낮다		다른 사람과 확률이 같다		평균적인 다른 사람에 비해 확률이 지극히 높다

☐ -5 ☐ -4 ☐ -3 ☐ -2 ☐ -1 ☐ 0 ☐ 1 ☐ 2 ☐ 3 ☐ 4 ☐ 5

1. **피부암에 걸린다.**

☐ -5 ☐ -4 ☐ -3 ☐ -2 ☐ -1 ☐ 0 ☐ 1 ☐ 2 ☐ 3 ☐ 4 ☐ 5

2. **독감에 걸린다.**

☐ -5 ☐ -4 ☐ -3 ☐ -2 ☐ -1 ☐ 0 ☐ 1 ☐ 2 ☐ 3 ☐ 4 ☐ 5

3. **지난해에 비해 급여가 10% 이상 오른다.**

☐ -5 ☐ -4 ☐ -3 ☐ -2 ☐ -1 ☐ 0 ☐ 1 ☐ 2 ☐ 3 ☐ 4 ☐ 5

4. 더 좋은 직장으로 이직한다.

　□ -5　□ -4　□ -3　□ -2　□ -1　□ 0　□ 1　□ 2　□ 3　□ 4　□ 5

5. 10년 뒤에도 건강하다.

　□ -5　□ -4　□ -3　□ -2　□ -1　□ 0　□ 1　□ 2　□ 3　□ 4　□ 5

6. 한 사람과 결혼해 평생 산다.

　□ -5　□ -4　□ -3　□ -2　□ -1　□ 0　□ 1　□ 2　□ 3　□ 4　□ 5

7. 추첨에 응모해 경품을 탄다.

　□ -5　□ -4　□ -3　□ -2　□ -1　□ 0　□ 1　□ 2　□ 3　□ 4　□ 5

8. 당뇨병에 걸린다.

　□ -5　□ -4　□ -3　□ -2　□ -1　□ 0　□ 1　□ 2　□ 3　□ 4　□ 5

9. 교통사고를 당한다.

　□ -5　□ -4　□ -3　□ -2　□ -1　□ 0　□ 1　□ 2　□ 3　□ 4　□ 5

출처: Fife-Schaw, C., & Barnett, J. (2004). Measuring optimistic bias. Doing social psychology research, 54-74.

문항 3, 4, 5, 6, 7번은 점수 그대로를 활용하고 1, 2, 8, 9번은 해당 점수에 -1을 곱한 점수를 변환 점수로 구해 모든 점수를 더한다. 예를 들어, 1번에 4점을 표시했다면 변환 점수는 -4점이다. 25점 이상이면 낙관성 편향이 높은 편이다. 15~24점은 건강한 낙관성을 가지고 있다고 해석할 수 있다. 0~14점은 낮은 낙관성을 지니고 있고, -14~-1점은 낮은 비관성, -15점 이하면 비관적인 태도로 인생을 사는 사람이라고 해석할 수 있다.

나의 과거는 당신의 과거보다 아름답다

우리 뇌는 현재 벌어지는 사건에 대해 긍정성^{positivity}보다는 부정성^{negativity}에 더 민감하게 진화되어 왔다. 부정적 사건에 과잉 반응해야 생존에 유리했기 때문이다. 수렵 및 채집 활동을 하는 고대 인류의 한 사람을 떠올려 보라. 이 사람의 등 뒤에서 부스럭거리는 소리가 들린다면 토끼와 같은 먹잇감으로 생각하기보다는 포식자로 가정하고 경계를 강화하는 편이 보다 생존에 유리했을 것이다.

부정성은 긍정성보다 훨씬 힘이 세다. 8개월 된 아기도 개구리보다는 뱀 그림을, 행복한 얼굴보다는 슬픈 얼굴을 더 주의 깊게 바라본다. 다섯 살 아이에게 여러 얼굴을 보여 주면 행복한 얼굴보다 슬픈 얼굴을 더 빨리 찾고, 슬픈 얼굴보다는 두려운 얼굴이나 화난 얼굴을 더 빨리 찾아낸다. 우리가 부정성에 민감한 이유는 학습보다는 본능에 가깝다. 맛있는 케이크에 벌레 한 마리가 있으면 음식 전체에 불쾌감이 전이되지만, 벌레들 사이에 맛있는 케이크가 있다고 해서 벌레에 쾌감이 전이되진 않는다. 온라인에서 물건 하나를 사더라도 긍정적 댓글보다는 부정적 댓글에, 동료와 갖는 관계에 있어서도 칭찬보다는 비판에, 투자에 있어서도 이득보다는 손실에 훨씬 민감한 것이 우리 인간이다.

그런데 자신에게 일어난 과거의 부정적 사건에 대해서는 다른 심리적 기제psychological mechanism가 작동된다. 자신의 과거를 회상할 때는 부정적 사건조차 아름답게 채색되어 기억하기 때문이다. 현재의 나쁜 사건은 좋은 사건에 비해 즉각적으로 더 강력한 반응을 일으키지만 시간이 흐르면 변한다. 나쁜 사건으로 인해 생긴 부정 정서가 좋은 사건 때문에 생긴 긍정 정서보다 더 빨리 사라지는 것이다. 현재의 부정 정서는 긍정 정서보다 강하지만 시간이 지나면 부정 정서는 퇴색되고 긍정 정서는 오래 남는다. 부정 정서의 효과가 긍정 정서의 효과보다 더 빨리 사라지는 현상은 우울증 환자를 제외한 모든 인간에게 보편적으로 나타난다. 심리학에선 이러한 경향성을 정서 퇴색 편향fading affect bias이라고 한다. 자신의 과거에 관해 긍정적 환상을 갖는 이유 역시 진화적으로 더 유리했기 때문이다. 우리는 스스로를 좋아해야 자신을 더 잘 돌볼 수 있다. 또한, 무리에서 인정받기 위해서는 자신의 능력이나 매력을 실제보다 과장해서 표현할 필요도 있다. 그런 까닭에 자기 자신에 대해선 낙관성 편향^{optimism bias}이 쉽게 나타난다. 부부에게 집안일을 담당하는 비율을 물어 둘을 합하면 항상 100을 초과한다. 부부 모두 자신의 희생에 대해 과대평가하기 때문이다. 조직도 마찬가지다. 개별 구성원의 성과 기여도를 모두 더하면 항상 100을 초과한다.

우리 뇌는 현재 벌어지는 일에 있어서는 부정성에 민감하지만, 또한 뇌에서는 과거의 나쁜 일에 관해서는 고통을 줄이고 자신을 괜찮은 사람으로 만들기 위한 심리적 기제가 작동된다. 흥미로운 점은 이러한 현상이 나이가 들수록 강화된다는 데 있다. 아이를 낳은 일을 후회한 적이 있냐고 물으면 아이를 낳은 지 얼마 안 된 부모들은 아이가 새벽에 몇 번씩 깨고 보채고 열이 나서 병원에 데려간 기억이 아직 생생하기 때문에 후회한다고 답변하는 비율이 높다. 그런데 장성한 자녀를 둔 부모에게 아이를 낳은 것을 후회하는지 물으면 후회한다는 답을 듣기 쉽지 않다. 장성한 자녀를 둔 부모에게 육아의 고통은 어느새 추억으로 아름답게 포장되기 때문이다. 게다가 나이가 들수록 힘들고 아픈 과거는 특별한 단서가 없으면 인출하기 어려운 뇌의 부위로 옮겨져 쉽게 기억나지 않는다. 그래서 4~50대가 보낸 20대는 30대의 20대에 비해 더 화려하다.

대개 '라떼는 말이야'는 과거의 진실과 일치하지 않는다. 화려하게 편집되고 재구조화된 기억의 산물이기 때문이다. 하지만 인간은 재편집된 기억인 '라떼는 말이야'로 자신과 자신을 둘러싼 환경을 긍정적으로 바라보며 인생을 살아갈 수 있다. 그렇다면, '라떼는 말이야'를 자신뿐 아니라 주변 관계와 조직 생활에 보다 긍정적으로 활용하는 방법은 없을까?

'라떼는 말이야'는 필요하다

미국 플로리다주립대학교 심리학과 수전 블룩^{Susan Bluck} 교수와 독일 괴테프랑크푸르트암마인대학교 심리학과 틸만 하베르마스^{Til-mann Habermas} 교수는 사람들이 자신의 과거에 관한 회상의 힘으로 자신의 능력을 개발하고 동기를 부여한다고 주장한다. 이들의 연구에 따르면 인간은 자신에 대해 제대로 묘사하는 방법을 배우기까지 꽤 오랜 시간이 걸리는데, 아이에게 스스로에 대해 얘기하라고 하면 자신에게 일어난 사건을 단순히 나열하는 수준에서 그친다는 것이다. 이에 비해 어른은 자신과 관련된 의미 있는 사건을 구조화할 수 있는데, 인생의 여러 사건 중 자신을 설명하는 데 도움이 되는 중요한 주제를 인지하는 능력이 생겼기 때문이다. 자신의 삶 중 의미 있는 사건을 떠올리고 얘기할 수 있으려면 상당한 수준의 인지 능력이 필요하다. 한마디로 '라떼'는 고차원적 인지 활동의 결과물이다.

한편, 미국 노스웨스턴대학교 심리학과 댄 맥아담스^{Dan McAdams} 교수는 스스로 운이 좋고 특별하다고 느끼는 사람이 자신에 관한 얘기를 하는 데 있어 특별한 구조가 있다는 사실을 발견했다. 어린 시절 불행한 사건을 끝내 극복하지 못한 사람과 달리, 자긍심과 배려심이 높았던 이 사람들은 자신에 관한 이야기를 할 때 자신에게 고통을 준 사건을 꺼낸 뒤에 곧바로 고난을 딛고 극복한 노력을 함께 얘기했다. 이들에게 과거를 회상하는 이유에 관해 묻자 누군가에게 자랑하기 위함이 아닌 스스로 교훈을 상기하고 동기를 부여하기 위해서라고 답했다. 일례로, 농구 황제 마이클 조던Michael Jordan은 연습에 지칠 때마다 농구팀 입단에 실패했던 고등학교 2학년 시절을 떠올린다고 고백한 바 있다.

"운동을 하고 피로감이 몰려 그만해야겠다는 생각이 들 때마다 눈을 감고 라커룸에 붙어 있었던 농구팀 명단을 떠올린다. 내 이름이 빠져 있었던 명단을……. 그 장면을 떠올리면 다시 연습을 하게 된다."

자신의 삶에 충실한 사람들은 과거에 저질렀던 실수를 통해 교훈을 얻고 과거의 성공을 떠올리면서 자신감을 북돋았다. 또, 과거 의사 결정 경험을 토대로 현재의 선택을 하고, 과거 자신의 행동을 통해 현재 자신의 삶을 더 잘 이해하려고 노력하고 있었다. 자신의 삶에 충실하면서 주변을 돌보고 스스로 동기를 부여하기 위해 '라떼'는 필요하다.

추억과 회상의 힘을 연구하는 영국 사우샘프턴대학교 심리학자 제이콥 율Jacob Juhl 교수는 '라떼'가 목표를 공유하는 협력적인 일에 도움이 된다고 말한다. 율 교수의 연구에 따르면 단순한 과거 회상이 아니라 '그때가 좋았지'라는 '라떼'의 기억은 협력 상황에서 몰입도를 높이고 목표 달성에 대한 낙관적 신념을 강화시켰다. 율 교수는 실험에 참가한 사람들을 먼저 둘로 나누어 한쪽 사람들에겐 특정 시점을 정해 주고 당시에 일어난 사건들을 떠올리게 했고, 다른 한쪽 사람들에겐 좋았던 추억을 떠올리게 한 다음, 각각 협력이 필요한 작업을 의뢰했다. 실험 결과, 단순히 과거의 일상적 기억을 떠올린 집단에 비해 자신의 과거를 긍정적으로 떠올린 '라떼' 그룹의 사람들이 타인을 더 잘 공감하고 협력했으며 효능감 수준도 높았다.

'라떼'는 누군가의 인생을 바꿔 놓을 수도 있고 삶을 보다 의미 있게 만들 수 있다. 그런데, 이처럼 도움이 되는 '라떼'는 거저 만들어지지 않는다. 자신의 삶을 보다 잘 이해하고 과시나 자랑이 아닌 후배들에게 귀감이 되는 '라떼'를 위해서는 여러 노력이 필요하다.

리더의 '라떼' 활용법

❶ 다른 사람의 '라떼'에도 관심을 기울이자

흔히 "슬픔은 나누면 반이 되고 기쁨은 나누면 배가 된다."라고 하지만 심리학의 연구 결과는 다르다. 나보다 잘된 사람을 진심으로 응원하는 것이 나보다 비참한 사람을 격려하는 일보다 훨씬 어렵기 때문이다. 사람들은 친구나 동료가 잘되는 것을 함께 기뻐할 수 있지만 자신보다 잘되는 것을 크게 바라지 않는다. 특히 스스로 중요하게 생각하고 큰 노력을 기울인 분야에서 자신보다 친구나 동료가 더 잘나가는 모습을 보면 자기도 모르게 그 사람과 거리를 두기도 한다. 조직에서 실패를 경험한 사람과 술 한잔을 함께하며 건네는 위로는 쉬운 일이지만, 조직 내에서 누군가의 성취를 진심으로 기뻐하는 일은 결코 쉽지 않다. 그런데 타인의 성취를 기뻐하고 응원할 수 있다면 이를 통해 얻는 심리적 효과는 매우 크다.

미국 UCLA대학교 심리학과 셸리 게이블^{Shelly Gable} 교수와 연구진은 기쁨을 나누는 과정에서 얻는 이득_{긍정 정서와 삶의 만족, 사회적 지지}이 슬픔을 나누는 과정에서 얻는 이득에 비해 더 크다는 사실을 발견했다.

기쁨을 나눌 땐 상호 관계 모두에게 긍정적인 심리적 자산이 구축되지만, 슬픔을 위로할 때는 그렇지 않다. 슬픔을 위로할 때는 위로받는 사람의 심리적 자산이 구축되는 것은 확실하다. 그러나 위로하는 사람의 경우, 심리적 자산이 구축되는 경우도 있지만 동시에 함께 슬퍼하는 과정에서 심리적 자산을 뺏기는 측면도 있어서 자산 구축 효과가 기쁨을 나눌 때보다 낮다. 조직 내에서 함께 기뻐하며 심리적 자산을 구축한 관계는 서로의 성공을 돕고 지지하는 관계로 발전하게 된다. 따라서 타인의 좋은 '라떼'를 기꺼이 축하하고 함께 기쁨을 나누는 분위기와 문화를 만들어야 한다. 그래야 조직의 심리적 자산을 키워 이후 더 큰 발전을 도모할 수 있다.

❷ 겸손한 '라떼'를 시도해야 한다

타인의 좋은 '라떼'는 응원하되, 자신의 '라떼'를 전달할 때는 실패와 같은 부정적 사건에 기반해야 한다. 앞서 소개한 맥아담스 교수의 연구처럼 삶에 충실한 사람들의 '라떼' 스토리에는 순서가 있다. 실패, 고통, 좌절을 준 사건을 먼저 얘기하고 해당 사건을 대하는 자신의 노력을 전달한 뒤, 마지막으로 그 과정에서 얻은 교훈을 말하는 순서다. 지금의 나를 있게 한 핵심 사건과 줄거리를 솔직하게 전달하는 겸손한 '라떼'는 리더의 인간미를 전달하여 구성원과의 친밀감과 신뢰 형성에 큰 도움이 될 것이다.

❸ 우리의 '라떼'가 필요하다

낙관성 편향은 자기 자신을 넘어서 집단으로 확장되기도 한다. 스포츠 팬은 자신이 응원하는 팀이 우승하지 못한 수많은 시즌보다 우승했던 단 하나의 시즌을 훨씬 선명하게 기억한다. 같은 팬끼리 대화를 나누며 단 한 번인 승리의 순간을 함께 기억하고 나누는 것만으로도 얼마든지 행복할 수 있기 때문이다.

내 대학 동기들 중에는 프로야구 한화 팬들이 있는데 한화가 우승한 지 수십 년이 흘렀지만, 이들의 기억 속에는 1999년 한국시리즈가 어제의 기억처럼 생생하다. 영국 사우스햄튼대학교 심리학과 콘스탄틴 세디키디스 Constantine Sedikides 교수는 과거의 기억을 즐기는 일도 중요하지만, 미래에 행복하게 추억할 수 있는 순간들을 의도적으로 만드는 선행 향수 anticipatory nostalgia가 필요하다고 주장한다. 세디키디스 교수의 연구에 따르면 직원들이 회사 이벤트에 관한 기억이 많을수록 이직을 생각하면서 다른 직장을 탐색할 확률이 낮았다. 미래에 우리가 행복하게 기억할 수 있는 오늘의 이벤트는 조직 내 우리만의 '라떼'로 남을 것이다.

❹ 과거를 소중히 여기되, 비교는 자제해야 한다

'라떼는 말이야'가 '그때가 좋았지'로 바뀌는 순간 후회의 감정이 따라오기 마련이다. 과거의 기억이 현재의 상실감으로 연결되지 않도록 의식적으로 생각을 통제해야 한다. 과거를 회상하는 좋은 이점들이 후회나 상실로 퇴색되지 않기 위해서는 '그때가 좋았지'라는 말을 적어도 조직 내에서는 쓰지 않도록 스스로 주의해야 한다.

"라떼는 말이야……."라고 말하고 싶을 때, 활용법 네 가지를 기억하는 리더는 '나의 과거는 당신의 과거보다 아름답다'를 넘어서 '우리의 과거'를 보다 긍정적으로 만들 것이다.

심리학이 제안하는 슬기로운 직장 생활 팁

💡 박봉주 팀장과 본부장은 자신들의 과거 경험을 후배들에게 전달하고 싶은데, 자칫 꼰대로 보일까 염려하고 있다. 사실, 너무 길게 얘기하지만 않으면 자신의 과거 경험을 전달한다고 해서 불편하게 받아들이지 않는다. 모든 대화는 적절한 주고받음이 필요하다. 관계 치료 분야의 세계적 권위자인 존 가트만(John Gottman) 박사는 3,600쌍의 커플을 39년간 연구한 결과, 대화의 시작점이 긍정적일수록, 어느 한쪽이 대화를 독점하지 않은 대화가 행복한 관계를 유지한다는 사

실을 발견했다. 좋은 관계는 대화의 내용에서 긍정과 부정의 비율이 대략 4대1 정도다. 과거와 현재를 비교하는 목적으로 대화하지 않고, 후배의 말을 진심으로 경청한다면 고참의 과거 이야기에도 큰 거부감이 없을 것이다.

💡 과거의 직장 경험이 무용담이나 자랑 수준이라면 굳이 얘기를 꺼낼 필요는 없다. 하지만 후배들에게 도움이 되는 말을 전하고 싶다면 겸손한 '라떼'를 준비해야 한다. 힘들었던 과거를 극복했던 노력이 자신에게 어떤 자산이 됐는지를 진솔하게 전달하는 시도가 필요하다. 대화를 하기 전 미리 주제와 내용을 준비하는 것도 도움이 된다.

💡 후배들과 나누는 대화가 진전되어 깊이 있는 생각과 감정이 오간다면, 상대의 말에 따라 경청 스타일에 변화를 주는 일도 필요하다. 상대가 정서적 공감을 얻기 위해 대화를 꺼낸다면 관계 중심의 따뜻함으로 대하고, 상대가 냉철한 판단과 조언을 원한다면 논리적·분석적 경청 스타일로 전환해서 듣는 편이 좋다.

☑ 요약

☑ 우리 뇌는 현재 벌어지는 사건에 관해 긍정성보다는 부정성에 더 민감하게 진화해 왔다. 부정적 사건에 과잉 반응해야 생존에 유리했기 때문이다. 현재 벌어지는 일에 있어서 우리 뇌는 부정성에 민감하지만, 과거의 나쁜 일에 관해서는 고통을 줄이고 자신을 괜찮은 사람으로 만들기 위한 심리적 기제가 작동된다. 흥미로운 점은 이러한 현상이 나이가 들수록 더욱 강화된다는 데 있다.

☑ 단순히 과거의 일상 기억을 떠올린 집단에 비해 자신의 과거를 긍정적으로 떠올린 '라떼' 그룹의 사람들이 타인을 더 잘 공감하고 협력했으며 효능감 수준도 높았다. '라떼'는 누군가의 인생을 바꿔놓을 수도 있고 삶을 보다 의미 있게 만들 수 있다.

☑ **리더의 '라떼' 활용법**

  – 다른 사람의 '라떼'에도 관심을 기울이자.

  – 겸손한 '라떼'를 시도해야 한다.

  – 우리의 '라떼'가 필요하다.

  – 과거를 소중히 여기되, 비교를 자제해야 한다.

7

조직 내 '썩은 사과' 해결하기

[착각]

조직은 부정적 요인보다 긍정적 요인의 영향이 크다?

"김기주 님, 이번 체인지 에이전트^{change agent, 변화 관리 담당자} 3기 양성 과정을 성공적으로 수료하신 점을 축하합니다. 우리 본부도 이제 긍정 혁명으로 새로운 혁신과 긍정적 변화가 나타날 것으로 기대됩니다. 우리 본부 조직 개발 프로그램이 잘 진행되는지 모니터링해서 나하고도 자주 소통하면 좋겠습니다."

"본부장님, 제가 이번 과정을 수료하면서 확실히 느낀 점 중 하나는 긍정의 힘은 강하다는 사실이었습니다. 앞으로 우리 본부에 긍정의 훈풍이 곳곳에 불 수 있도록 꼼꼼히 프로그램을 실행해 보도록 하겠습니다. 부정적인 구성원이 있어도 이솝 우화의 이야기처럼 햇빛이 나그네의 코트를 열게 만드는 법이니까요."

[진실]

긍정성을 더하기보다 부정성의 제거가 더욱 중요하다!

조직 내에서 자신에 대한 긍정적 평가를
많이 들었을 때조차도 얼마 안 되는
부정적 평가의 영향을 훨씬 크게 받는다.

– 케네스 케언즈 Kenneth Cairns –

궁 금 해 , 심 리 학

경영의 1순위는 긍정성의 강조가 아니라 부정성의 제거여야 한다

미국 스탠포드경영대학원의 로버트 서튼 Robert Sutton 교수는 저서
《또라이 제로 조직 The No Asshole Rule》에서 효과적인 팀, 조직을 만드는
데 긍정성을 더하는 것이 아니라 부정성을 제거하는 일이 훨씬 중
요하다고 강조한 바 있다. 조직 내 긍정적인 사람들의 영향보다 부
정적인 사람들의 영향이 더 크기 때문에 부정적인 사람들을 어떻

게 관리하느냐에 따라 리더십의 효과성이 달라진다. 미국 워싱턴대학교 경영학과 테런스 미첼Terence Mitchell과 연구진은 조직 내 썩은 사과bad apple의 영향에 관한 연구가 점점 늘어나고 있다는 사실을 발견하고 관련 연구를 구체화하여 〈어떻게 썩은 사과 하나가 사과 통 전체를 망치는지에 관한 논문How, When, and Why Bad Apples Spoil the Barrel: Negative Group Members and Dysfunctional Groups〉을 발표했다.

연구자들은 4명이 한 팀을 이뤄 브레인스토밍을 하는 실험에서 부정적이고 참여도가 낮은 팀원이 섞인 팀은 4명 모두 긍정적이고 적극적인 팀에 비해 아이디어의 양과 질이 떨어진다는 결과를 얻었다. 이 실험에서 흥미로운 점은 4명 모두 부정적인 팀의 성과와 2명은 긍정적, 2명은 부정적인 혼합 팀의 성과가 크게 다르지 않았다는 사실이다. 부정적인 팀에 긍정적인 팀원을 더하는 것은 큰 의미가 없었지만, 긍정적인 팀에 부정적인 팀원을 추가하는 일은 아주 큰 영향을 미쳤다. 연구자들은 나쁜 팀원 하나를 추가하는 것이 좋은 팀원 한 명을 추가하는 것에 대략 4배 정도 큰 영향을 미친다는 결론을 얻었다.

연구자들은 실험실에서 벗어나 여러 제조 회사의 현장 연구를 통해 팀원들이 서로 잘 소통하며 갈등을 해결하고 있는지, 서로에 대해 우호적인지, 일을 공정하게 분배하는지 등에 관한 수행을 연구했다. 연구 결과, 한 명의 게으르고 비우호적이며 정서적으로 불안정한 팀원이 전체 팀의 기능을 저해할 수는 있었지만, 팀에 아주 좋은 구성원 한 명이 있는 것은 팀 성과에 큰 영향이 없었다. 사과 상자 전체에 퍼지는 썩은 사과의 파급 효과는 건강한 사과로 막을 수가 없었던 것이다.

그렇다면 팀 내 부정적이고 무기력하며 비협조적인 구성원을 어떻게 대해야 할까? 가만히 방치하는 것은 사과 상자에 썩은 사과를 그대로 두는 것과 같다. 어떻게 해결하면 좋을지 심리학 연구들을 살펴보면서 그 해답을 찾아보도록 하자.

[직장 속으로]

김기주는 장철진에 이어 본부 내 체인지 에이전트 역할을 담당하게 되었다. 장철진이 팀장 후보군에 들어가게 되어 본부 내 조직 문화 변화 추진자의 역할 수행을 병행하는 것이 버겁다고 호소해서 김기주가 그 역할을 이어받게 되었다. 조직 내 우수 직원을 우선 선발하는 원칙이 있어 김기주도 흔쾌히 수락했다. 체인지 에이전트는 조직 문화 개선을 위해 경영진과 직원들 간 소통의 연결자로 본부 혹은 부서 단위의 변화 프로그램을 실행 및 모니터링하고 있다. 주어진 역할을 효과적으로 수행하기 위해 교육도 이수한다. 이번 체인지 에이전트 양성 교육은 긍정 조직 혁명을 주제로 진행되었다. 김기주는 긍정 조직 혁명 교육을 통해 조직의 강점을 활용해 변화를 꾀하는 프로세스를 학습했다. 기존의 변화 관리 프로그램들이 조직 내 문제를 찾아 결함을 해결하는 방식을 택하지만, 단점에만 매달리다 보면 정작 바람직한 해결책이나 강점을 활용하지 못한다. 긍정 조직 혁명은 조직의 강점을 생각하고, 잘된 일을 더 잘할 수 있도록 하는 방안을 실천할 수 있도록 돕는다. 긍정 조직 혁명은 5-D 사이클을 따른다. 첫째, 변화 관리 주제를 선정^{Define}한다. 다음으로 이와 관련된 우리 안의 최고 가치를 발견^{Discovery}하는데, 조직의 장점과 조직 내 다양한 이해 관계자들의 강점을 발견하여 이를 정렬하는 작업을 시행한다. 셋째, 우리가 원하는 결과를 상상^{Dream}하며 우리가 꿈꾸는 비전과 더 좋은 조직의 모습을 그린다. 넷째, 이를 달성하기 위해 구체적인 목표와 방안을 설계^{Design}하고 역할, 책임, 상호 협력 방안을 논의한다. 마지막으로 실행 과제를 목적과 원칙에 따라 실행하여 이상적인 조직의 모습을 실현^{Destiny}한다.

김기주는 교육 과정을 통해 긍정성이 가진 힘을 새삼 깨닫게 되었다. 교육장에서 체인지 에이전트들이 모여 서로의 긍정성을 탐색하는 질문을 주고받을 때는 자신에게 내재된 잠재력이 튀어나올 것만 같았다. 이후 김기주는 강점과 잠재력을 찾고 발전시키는 일에 집중하는 것이 얼마나 중요한지 계속 생각하게 되었다. 조직에서 서로 돕고 발전을 도모하고 자발적으로 헌신을 선택하는 모습은 얼마나 아름다운가. 그동안 긍정성과 멀어져 조직의 꿈을 실현하지 못했다는 반성과 자책이 들긴 했지만, 이제부터 잘하면 된다고 김기주는 다짐한다.

그런데, 교육장을 떠나 막상 조직에 적용하려 시도해 보니 만만치 않다. 교육장에선 그렇게 쉽던 프로세스가 단 한 스텝도 진전하지 못하고 있다. 만나서 대화를 해 보면, 긍정을 말하는 사람보다 부정과 불만을 토로하는 사람이 훨씬 많다. 의욕적으로 해 보겠다는데 돕지는 못할망정, 뒤에서 비아냥거리고 수군거리는 사람도 있는 것 같다. 특히, 이동리의 태도는 정말 가관이다. 본인이 비협조적인 것은 충분히 이해할 수 있다. 그런데, 왜 다른 팀원들까지 선동해 부정적인 분위기를 조성하는지 그 마음을 도무지 알 수 없다. 야심 차게 출발하고자 했던 김기주는 지금 학습과 현장의 괴리를 느끼며 한숨만 연거푸 내뱉고 있다.

썩은 사과의 징조를 조심하자

🔍 썩은 사과(bad apple) 진단

썩은 사과라고 생각되는 사람과 대화하면 우울해지고 비참해지고 기운이 빠지고 초라해지는 느낌이 든다. 특히 자기 자신에 대해 부정적인 시각을 갖게 된다. 썩은 사과 진단은 주변의 이런 사람을 발견하는 데 도움을 준다. 하지만 당신이 썩은 사과가 될 수 있는 가능성도 얼마든지 있음을 명심하라.

아래 문항들을 읽고 당신이 직장 내에서 일반적으로 느끼는 감정과 유사하다면 O, 아니면 X로 표시하라.

1. 나는 주위에 무능한 바보들만 있다고 생각한다.
   ☐ O   ☐ X

2. 나는 현재 동료들과 일하기 전까지는 괜찮은 사람이었다.
   ☐ O   ☐ X

3. 나는 동료를 경쟁자라고 생각한다.
   ☐ O   ☐ X

4. 나는 동료에 대해 질투심을 자주 느끼고, 동료가 일을 잘했을 때도 순수하게 기뻐하는 게 쉽지 않다.
   ☐ O   ☐ X

5. 나는 직장 내에서 친한 친구는 얼마 없는데 적은 상당히 많다.
   ☐ O   ☐ X

6. 나는 다른 사람의 실수를 빠르게 지적한다.

  □ O   □ X

7. 나는 직장 내 몇몇 바보들에게는 노려보거나 소리를 지를 필요가 있다고 생각한다. 그렇게 하지 않으면 그들은 결코 발전하지 못할 것이다.

  □ O   □ X

8. 나는 다른 사람의 말을 잘 가로챈다. 내가 해야 할 말이 더 중요하기 때문이다.

  □ O   □ X

9. 나의 농담이나 괴롭힘이 약간 비열하게 느껴질 때가 있지만 재미를 위해서 그런 것이니 괜찮다고 생각한다.

  □ O   □ X

10. 나는 상사나 권력을 가진 사람에게는 예의 바르게 행동해야 한다고 생각한다. 나의 아랫사람도 나에게 그렇게 해 주기를 바란다.

  □ O   □ X

11. 나는 사람들이 나와 이야기할 때 눈을 피하려 하거나, 신경이 날카롭다고 느낀다.

  □ O   □ X

12. 나는 사람들이 나와 관련한 이야기를 할 때 매우 조심스러워한다는 것을 느낀다.

  □ O   □ X

13. 사람들이 나의 업무 요청에 적대적인 반응을 보이는 경우가 있다.

  □ O   □ X

14. 사람들은 나에게 사적 이야기하기를 꺼리는 것 같다.

  □ O   □ X

15. 사람들이 재미있는 얘기를 하다가도 내가 나타나면 딱 멈추는 것 같다.

   ☐ O   ☐ X

16. 사람들은 내가 도착하면 나가봐야 한다고 말하는 경우가 종종 있다.

   ☐ O   ☐ X

출처: Sutton, R. I. (2007). The no asshole rule: Building a civilized workplace and surviving one that isn't. Business Plus.

[점수 계산]

- **O가 11개 이상**: 당신은 썩은 사과일 가능성이 매우 높다. 멘토나 코치의 도움이 필요하다.
- **O가 4개~10개**: 당신은 썩은 사과의 경계선에 있다. 더 나빠지기 전에 행동의 변화가 필요하다.
- **O가 3개 이하**: 당신은 썩은 사과가 아닌 것 같다. 물론 정직하게 응답했을 경우다.

썩은 사과를 쉽게 결정해서는 안 된다

서튼 교수는 썩은 사과를 대응하는 첫 단계로 썩은 사과를 식별하는 일이 중요하다고 말한다. 그런데 누가 썩은 사과인지 규정하는 일은 쉽지 않다. 특정 상황에서 거슬리는 행동을 보인다고 해서 섣불리 조직 내 썩은 사과라고 규정해서는 안 된다. 조직에서 나이 든 세대의 눈으로 보면 젊은 세대의 행동이 이기적으로 보일 수 있지만 그렇다고 바로 썩은 사과라고 단정해서는 안 된다. 서튼 교수는 2가지 질문으로 썩은 사과 발견하기를 시작하라고 조언한다. 첫 번째는 '그 사람과 대화하고 나면 나 스스로에 대한 느낌이 나빠지는가?'^{수치심, 무시, 에너지를 뺏기는 느낌}이다. 다음은 '그 사람이 상대적으로 힘 없는 사람을 함부로 대하는가?'다. 두 질문 모두에 '그렇다.'라고 한다면 썩은 사과로 의심해도 좋다.

특정 상황에서 불성실하거나 우호적이지 못한 태도는 다른 상황에서 개선될 여지가 있다. 그리고 젊은 세대의 이기적으로 보이는 행동은 사실 조직 내 동기 요인이 기성세대와 다르기 때문에 생기는 현상이다. 게다가 젊을수록 조직 내 기존 제도나 관행이 불합리하다는 생각을 하기 쉽다. 우리 뇌는 생소한 대상에 대해서는 비판하며 학습하려 하지만 이미 주어진 조건이라고 인정하면 순응하고 만족할 가능성이 높아진다.

그래서 조직 만족도는 대개 나이와 비례한다. 나이가 들수록 순응하고 만족하기 때문에 조직 만족도 역시 높아지는 것이다. 그런데 타인을 배려하지 않고 폄하하며 함부로 대하는 무례한 행동은 성격적 특성이다. 상황에 따라 쉽게 변하지 않고 다른 사람에게 미치는 부정적 영향이 크다. 이런 사람들이 조직 내 누군가를 대하는 방식을 보다 구체화해서 서술하면 '타인의 생각을 경시하기', '누군가의 말에 대꾸하지 않기', '모욕하기', '감정을 상하게 하기', '무능하게 느끼게 만들기', '뒤에서 험담하기' 등으로 나타난다. 실제 이런 일을 동료로부터 당하면 사람들은 적극적으로 보복하는 행동을 보였고, 상사로부터 당하면 일을 질질 끌거나 시간을 허비하고 회사 내 비품을 낭비하는 등 수동적 형태의 복수를 했다. 에너지를 빼앗는 행동을 당한 사람들은 어떤 형태로든 조직 성과에 부정적 영향을 끼쳤던 것이다.

한편, 미국 버지니아대학교의 롭 크로스[Rob Cross] 교수와 IBM의 앤드루 파커[Andrew Parker] 연구원 등은 조직 내에서 누가 에너지를 뺏고 누가 에너지를 주는지에 관한 조직 에너지 네트워크 지도를 연구한 바 있다.

석유 화학 회사의 조직 연구에서 연구자들은 구성원 각자에게 다른 구성원들을 상호 평가하도록 했다. 관계를 통해 에너지를 얻는 정도와 뺏기는 정도를 각각 5점 척도로 응답하게 하고 그 결과를 네트워크 형태로 살펴보니, 안타깝게도 주로 에너지를 뺏는 역할을 하는 사람들은 조직의 리더들이었다.

이 글을 읽고 있는 리더가 있다면 자신의 조직에서 썩은 사과가 누구인지 쉽게 머릿속에 떠올리겠지만, 사실 썩은 사과의 역할을 가장 많이 한 사람이 리더 스스로일 수 있다.

썩은 사과 해결하기

가장 중요한 일은 물론 처음부터 썩은 사과를 사과 상자에 들이지 않는 것이다. 산업심리학에서 반복된 연구 결론처럼 채용과 배치는 무엇보다 중요하다. 하지만 썩은 사과를 완벽히 제거하는 일도 불가능하다. 따라서 리더는 자신이 조직 내 썩은 사과 역할을 할 수 있다는 경계와 더불어 구성원의 썩은 사과 행동을 제거하는 대안을 실행해야 한다.

➊ 썩은 사과의 강한 전염성을 기억하라

썩은 사과 행동의 전염성은 좋은 사과 행동보다 영향력이 훨씬 강하다. 해당 구성원을 대하며 좋은 면도 있으니 넘어가자고 썩은 사과를 덮으려는 시도보다는 썩은 사과를 빠르게 제거하는 행동이 더욱 바람직하다. 썩은 사과 행동을 보인다면 문제를 지적하고 그 영향력에 대해 구체적으로 언급하며 빠르게 개입하는 편이 좋다. 아울러 리더 자신도 어떤 행동이 썩은 사과가 될 수 있을지 자신을 성찰하고 구성원의 견해를 들어 봐야 한다.

긍정성을 더하는 것보다 부정성을 경계하는 일이 더 중요하다는 사실은 부모 역할을 할 때도 마찬가지다. 집에서 아이가 무엇을 좋아할지 생각하면서 선물을 준비하거나 놀이공원에 함께 가는 것도 좋은 부모의 행동이지만, 아이가 흡연을 싫어한다면 담배를 끊는 일이 아이와 더 좋은 관계를 맺는 방법일 수 있다. 좋아하는 행동을 더하는 것과 싫어하는 행동을 하지 않는 것 중 더 큰 영향력을 발휘하는 것은 싫어하는 행동을 줄이거나 멈추는 행위다. 물론, 썩은 사과 행동을 제어하는 일은 말처럼 쉽지 않다. 그 과정에서 마음에 상처를 받는 일도 흔하다. 이럴 때는 스스로를 보호하는 지혜가 필요하다. 이때는 잠시 자리를 떠나 맑은 공기에 달콤한 주스를 마시거나 좋아하는 음악을 듣는 것도 좋다.

➋ 썩은 사과를 판단할 때는 당사자의 영향력을 고려하라

개인 실적은 우수하나 협업하는 장면에서 썩은 사과의 행동을 보이는 구성원이 있을 수 있다. 이런 경우엔 해당 구성원의 영향력을 고려한 판단이 필요하다. 개인 실적이 우수하다면 독자적으로 수행할 수 있는 업무 위주로 일을 분배하거나 비슷한 부류끼리 작업 팀을 구성하는 것도 대안이 될 수 있다. 초반엔 갈등이 심할 수 있으나 성향이 유사한 사람들은 서로가 기대하는 바를 이해하기 쉽고, 따라서 그들만의 합의된 규칙으로 협업을 이어갈 수 있다.

❸ 일관된 도움 행동이 건강한 사과 상자를 만든다

처음 보는 세 명과 당신, 이렇게 4명이 한 팀이 되어 게임을 한다고 생각해 보자. 모두 6라운드에 걸쳐 라운드별로 참가자들은 1번씩 3달러를 받아 자신이 가질지 아니면 타인과 나눌지 결정해야 한다. 자신이 갖는다면 혼자 3달러를 얻지만, 타인과 나눈다면 4명 모두 2달러씩 받게 되는 게임이다. 각자 어떤 결정을 했는지는 1라운드가 끝날 때마다 공개된다. 6라운드 전체로 보면 라운드별로 참가자 모두가 다 나눈다는 결정을 할 때 각자 48달러씩을 받게 되지만, 참가자 모두가 자신이 갖는 결정을 하면 18달러씩을 갖게 된다. 그런데 결정을 내릴 때 다른 사람과 의견을 나눌 수 없으므로 나눈다는 결정이 항상 자신에게 득이 되지 않을 수 있다. 실험 결과, 참가자들의 15% 가량은 시종일관 나누는 쪽을 선택했다. 그런데 놀랍게도 이 15%가 속한 팀은 일관되게 나누는 사람이 없었던 85%에 비해 평균 수입이 26%가량 높았다. 어떻게 이런 일이 가능했을까? 일관된 도움 행동의 전염 효과 덕분이었다. 한결같이 나누는 사람이 조직 내에 있으면 다른 사람도 자신도 모르게 더 많이 나누는 행동을 보였던 것이다.

과거 저질렀던 썩은 사과 행동이 영원히 사라지지 않는 낙인은 아니다. 투명한 컵에 맑은 물을 붓고 잉크 한 방울을 떨어뜨리면 물은 금세 탁해진다. 이

물을 다시 맑게 하려면 그 위에 계속 맑은 물을 부어야 한다. 일관된 도움 행동은 자신이 과거 저질렀던 썩은 사과 행동을 치유할 뿐만 아니라 사과 상자 전체를 건강하게 만드는 효과가 있다. 조직 내에서 누군가를 도울 수 있다는 것은 역량과 성품을 인정받았다는 의미이기도 하다. 특히 리더의 일관된 도움 행동은 조직 전체의 파이를 키우고 좋은 사과 행동을 조직 내 규범으로 정착시키는 지름길이다.

심리학이 제안하는 슬기로운 직장 생활 팁

💡 교육과 현장 간의 괴리가 큰 주제들은 대개 긍정성과 관련되어 있다. 칭찬, 공감적 경청, 강점 발견, 조직 활성화, 긍정 혁명 등 교육장에선 분명 효과적이었던 방법과 프로세스를 막상 업무 현장에 적용하려 들면 기대만큼 효과를 보지 못하거나 심지어 역효과가 나타나기도 한다. 크게 두 가지 이유를 생각해 볼 수 있다. 첫째, 우리 뇌가 현재 벌어지는 일에 있어 긍정성보다 부정성에 훨씬 민감하게 반응하기 때문이다. 둘째, 교육장은 통제된 환경이다. 조직 내 관계, 업무, 분위기 등의 영향을 받지 않는 독립된 환경에서 이뤄지기 때문에 이러한 맥락에서 영향을 받을 수 있는 효과가 나타나지 않는다. 하지만 업무 현장은 다르다. 교육장에선 나타나지 않던 요인이 업무 현장에선 큰 영향을 줄 수 있다.

☀ S사는 조직 문화 혁신의 방법으로 긍정 혁명을 실천하고자 한다. 김기주는 체인지 에이전트로 해당 역할을 수행해야 하는 입장이다. 김기주가 처한 본부의 현실은 긍정 혁명과는 거리가 있다. 사람들은 변화 관리 활동에 냉소적이고 회의적이다. 이런 상황에서 김기주가 할 수 있는 일은 그래도 주어진 역할을 수행하려고 하는 노력이다. 체인지 에이전트로서 역할을 실천하면서 어떤 애로점이 있는지 기록하고 보고해야 한다. 현실적으로 본부 내에서 김기주 홀로 변화 관리 역할을 수행하는 행위는 이미 실패를 예정해 두는 것과 다름없기에 조직과 리더의 지원이 꼭 필요하다. 김기주는 리더들에게 본부의 현실을 보고하고 지원을 요청해야 하고, 리더들은 김기주의 활동을 지지하고 도와야 한다.

☀ 본부장은 체인지 에이전트의 활동에 대한 지지 의사를 공개적으로 밝혀야 한다. 특히 썩은 사과의 전염성을 경계하는 일이 중요하기 때문에 조직 문화에 악영향을 미치는 말과 행동에 대해서는 해당 행위가 초래하는 부정적 효과에 대해 언급하면서 엄중히 경고해야 한다. 체인지 에이전트나 팀원이 일관된 도움 행동을 보여서 얻는 효과는 미미하지만, 리더가 실천하는 효과는 매우 크다. 영향력의 크기가 다르기 때문이다. 따라서, 리더 스스로 변화 관리 실천을 솔선수범하고 끝까지 일관된 도움 행동을 보여야 본부에서 바라는 긍정적 변화를 이룰 수 있다.

4장 리더의 심리학

☑ 요약

☑ 효과적인 팀, 조직을 만드는 데에는 긍정성을 더하는 것이 아니라 부정성을 제거하는 일이 훨씬 중요하다. 조직 내 긍정적인 사람들의 영향보다 부정적인 사람들의 영향이 더 크기 때문에 부정적인 사람들을 어떻게 관리하느냐에 따라 리더십의 효과성이 달라진다.

☑ 부정적인 팀에 긍정적인 팀원을 더하는 행위는 큰 의미가 없지만, 긍정적인 팀에 부정적인 팀원을 추가하는 일은 아주 큰 영향을 미친다. 나쁜 팀원 하나를 추가하는 행위가 좋은 팀원 한 명을 추가하는 경우에 비해 대략 4배 정도 큰 영향을 미친다.

☑ 썩은 사과를 발견하기 원한다면 2가지 질문으로 시작하라. 첫 번째는 '그 사람과 대화하고 나면 나 스스로에 대한 느낌이 나빠지는 가?'(수치심, 무시, 에너지를 뺏기는 느낌)이다. 다음은 '그 사람이 상대적으로 힘없는 사람을 함부로 대하는가?'다. 두 질문 모두에 "그렇다."라고 한다면 썩은 사과로 의심해도 좋다.

☑ **썩은 사과 해결하기**

　– 썩은 사과의 강한 전염성을 기억하라.

　– 썩은 사과를 판단할 때 당사자의 영향력을 고려하라.

　– 일관된 도움 행동이 건강한 사과 상자를 만든다.

소심해 보이는 리더가
대범한 리더보다 낫다

[착각]

리더의 의사 결정은 자신감이 넘치고 신속해야 한다?

"팀장님, 어떻게 결재 서류가 본부장님 방에만 가면 감감무소식이
니……. 이번에도 실무자 호출해서 의견 듣고 관련 정보 재확인해서
진행하시려나 봐요. 우리 본부장님은 다 좋은데 의사 결정이 너무
느려요. 위에서 신속하게 해 주셔야 일이 제때 추진돼서 시장에 출
시될 수 있는데 이러다 경쟁 업체에 또 밀리겠어요."

"우리 고충을 본부장님도 모르는 바는 아닐 거예요. 한두 번 말
씀드린 것도 아니고. 스타일이 그러신 것을 어쩌겠어요. 우리가 맞
춰 가야죠. 그래도 지난 A 프로젝트 건은 본부장님의 지적·보완 사
항이 옳았잖아요. 저도 모르겠습니다. 빠른 의사 결정이 좋은 건지

돌다리도 두드려 가며 확인하는 것이 좋은 건지."

[진실]

자신감 넘치고 빠른 의사 결정은 실패율이 가장 높다!

다섯 번은 '왜'라고 물어라.
다섯 번의 '왜'라는 순차적 탐색 방법을 쓸 때
답을 찾아낼 수 있다.
도요타 직원들은 아래와 같이 다섯 번을 묻는다.
첫째, 왜 그런가?
둘째, 이 정도로 괜찮은가?
셋째, 무엇인가 빠뜨린 것은 없는가?
넷째, 당연하게 생각하는 것이 당연한 것인가?
다섯째, 좀 더 좋은 다른 방법은 없는가?

– 오노 다이이치Ohno Taiichi –

> 궁 금 해 , 심 리 학

자신감 넘치고 빠른 의사 결정이 최상일까?

당신은 어떤 리더를 선호하는가? 자신감이 넘치며 빠른 의사
결정을 내리는 리더인가? 아니면 자신감 없는 것처럼 보이며 매사

에 심사숙고하는 리더인가? 대부분의 사람은 자신감이 넘치며 빠른 의사 결정을 내리는 리더를 선호한다. 의사 결정의 결과가 맞든 틀리든 확신에 찬 단호한 결정이 리더다운 모습이라고 여기기 때문이다. 이런 현상은 비단 조직 내에서만 벌어지진 않는다. 정치, 학계, 언론계 등 사회 전반에 걸쳐 나타난다. 정치 평론가들만 봐도 그렇다. 확신에 찬 예측과 발언을 하는 전문가들은 좋은 평가를 얻고 다시 등장할 기회를 얻지만, 예측에 확신이 없는 전문가들은 대중의 관심에서 사라진다. 정치인도 마찬가지다. 근거 없는 확신으로 대중을 선동한 정치인이 살아남을 확률이 훨씬 높다. 그렇다면, 단호하고 빠른 의사 결정이 소심하고 느린 의사 결정에 비해 실제로도 좋은 결과를 가져올까?

[직장 속으로]

장철진은 본부장의 신중한 의사 결정에 불만이 많다. 본부장의 최종 결재가 빨리 이뤄졌다면 더 높은 성과를 달성할 수 있는 프로젝트가 여러 건이 있었기 때문이다. 그렇다고 본부장이 우유부단하다고 단정하기는 어렵다. 좀 느릴 뿐이지 아예 결정을 못 하지는 않기 때문이다. 그래도 실무자 입장에선 결재 전까지 프로젝트를 본격적으로 실행할 수 없으니 답답하고 아쉬울 때가 많다. 장철진은 본부장이 검토하고 고심하는 시간을 조금 줄이고 과감한 행보를 보이면 실무자들도 힘을 받아 추진력을 얻을 수 있다고 생각한다. 장철진이 보기엔 다른 본부장들은 권한 위임을 광폭적으로 하면서 실무자에게 자신감을 심어 주는 경우도 많은데, 장철진은 자신의 현재 본부장 밑에서 그런 경험을 해 본 적이 없다.

본부장 또한, 의사 결정 신속성의 중요도를 모르는 것은 아니다. MBA 과정에서 조직 행동론을 전공한 본부장은 빠르고^{fast}, 먼저^{first}, 제때^{timely}에 의사 결정을 해야 변화하는 시장에 효과적으로 대응할 수 있다는 사실을 잘 알고 있다. 관리 관행과 업무 절차를 단순화하고, 생생한 현장 정보를 중시하며, 무엇보다 권한 위임을 잘해야 의사 결정 과정에서 좋은 리더십을 발휘할 수 있음 또한 알고 있다. MBA 과정에서 사례 연구^{case study}로 모토로라의 우주 시스템 사업 본부를 다뤘던 기억도 생생하다. 당시 모토로라의 우주 시스템 사업 본부는 전문 기능별로 부서가 구성되어 있어 의사 결정을 할 때, 여러 부서장의 동의를 순차적으로 받아야 했다. 각 부서장은 자기 분야에 대해서 최소한의 책임을 지려 했을 뿐, 전체 의사 결정 과정에는 매우 소극적으로 대응했다. 이로 인해 의사 결정 과정에 들이는 시간은 길었지만, 들이는 시간에 반비례하여 의사 결정의 효과성은 떨어졌다.

본부장은 이 사례를 통해 의사 결정이 종합적으로 이뤄져야 하며, 무엇보다 의사 결정에 걸리는 시간을 축소할 수 있는 방안이 있다면 조직에 적극 적용해야 겠다고 생각했었다. 본부장이 생각하는 종합적 의사 결정을 위한 시스템은 어느 정도 갖춰진 듯하다. 여러 이해 관계자들을 한 번에 호출해 의견을 수렴하고 결정하는 절차를 도입해 좋은 성과를 거뒀기 때문이다. 그렇다고 모든 의사 결정이 이런 방식으로 이뤄지는 것은 아니다. 직렬적 조직 체계에 따라 진행되는 프로젝트도 있기 때문이다. 이런 경우는 권한 위임이 필요한데, 그래서 일부 과정은 위임했지만, 본부장 위치에서 반드시 검토해야 할 내용도 있다.

빠르고 확신이 넘치는 의사 결정을 하는 리더가 겉으로 보기엔 멋져 보인다는 사실을 누가 모르겠는가. 다만, 본부장은 검토가 필요한 제반 사항을 최종적으로 점검하고 책임져야 할 위치에 있기 때문에 신중할 수밖에 없다고 생각한다. 자신의 잘못된 의사 결정으로 인해 성과에 해를 끼칠 수 있고, 구성원들의 사기를 꺾을 수 있다는 우려 때문에라도 무조건 빠르고 과감한 의사 결정을 할 수는 없다. 본부장은 의사 결정 과정에 있어서는 과감함보다 자신도 틀릴 수 있다는 겸손함이 필요하다고 믿는다. 하지만, 구성원들은 본부장의 이런 생각과는 다르게 빠른 의사 결정이 최선이라고 여기는 것 같다.

나의 겸손성 수준은?

🔍 **정직-겸손성**(Honesty/Humility) **검사**

정직-겸손성은 사람의 성품을 나타낸다. 정직하고 겸손한 사람은 세 가지 특징이 있다. 첫째, 타인을 자기 마음대로 조종하지 않고 가식적인 것을 싫어한다. 둘째, 공정하고 준법적이며 부와 사치를 중요하게 생각하지 않고 청렴하다. 셋째, 자신이 특별히 우월하다고 생각하지 않기 때문에 사람을 차별하지 않는다. 정직-겸손성은 특히 대인 관계에서 상호 신뢰하고 존중하는 특성을 보인다.

아래 문항들에 1~5점으로 응답해 자신의 정직-겸손성을 확인해 보자
* 전혀 그렇지 않다: 1점, 대체로 그렇지 않다: 2점, 보통이다: 3점,
  대체로 그렇다: 4점, 매우 그렇다: 5점

1. **승진이나 월급 인상에 도움이 된다 하더라도 상사에게 아부하지 않을 것이다.**
   ☐ 1점   ☐ 2점   ☐ 3점   ☐ 4점   ☐ 5점

2. **잡히지 않을 자신만 있으면 남의 돈 몇 천만 원쯤은 훔칠 수 있다.**
   ☐ 1점   ☐ 2점   ☐ 3점   ☐ 4점   ☐ 5점

3. **돈을 많이 버는 것은 내 인생에서 그다지 중요하지 않다.**
   ☐ 1점   ☐ 2점   ☐ 3점   ☐ 4점   ☐ 5점

4. **나는 보통 사람보다 더 존경받을 만하다고 생각한다.**
   ☐ 1점   ☐ 2점   ☐ 3점   ☐ 4점   ☐ 5점

5. 어떤 사람에게 얻어 낼 것이 있으면 싫더라도 그 사람의 비위를 맞출 것이다.

□ 1점   □ 2점   □ 3점   □ 4점   □ 5점

6. 나는 많든 적든 뇌물은 받지 않을 것이다.

□ 1점   □ 2점   □ 3점   □ 4점   □ 5점

7. 나는 비싸고 호화로운 명품을 갖고 싶다.

□ 1점   □ 2점   □ 3점   □ 4점   □ 5점

8. 다른 사람들이 나를 높은 지위를 가진 중요한 사람으로 대해 주길 바란다.

□ 1점   □ 2점   □ 3점   □ 4점   □ 5점

출처: Lee, K., & Ashton, M. C. (2013). The H factor of personality: Why some people are manipulative, self-entitled, materialistic, and exploitive—and why it matters for everyone. Wilfrid Laurier Univ. Press.

문항 1, 3, 6번은 점수 그대로를 활용하고 2, 4, 5, 7, 8번은 6점에서 해당 점수를 뺀 변환 점수를 구한다. 예를 들어, 2번에 4점을 기재했다면 변환 점수는 6-4=2점이다. 총점 36점 이상이면 정직-겸손성이 매우 높은 편이다. 29~35점은 다소 높은 편이고 23~28점은 보통, 16~22점은 다소 낮은 편, 15점 이하는 매우 낮은 편이다.

정직-겸손성이 높은 사람들끼리는 상호 존중하며 진정성 있는 교류가 가능하다. 하지만 정직-겸손성이 매우 낮은 사람은 거짓된 말과 행동으로 다른 사람을 이용해 자신의 이익을 챙길 수 있다. 리더의 정직-겸손성은 곧 해당 조직의 가치관과 구성원의 행동 지침이 된다. 그래서 정직-겸손성이 낮은 리더 밑에서는 높은 윤리성이나 진정성을 발현하는 구성원을 찾기 어렵다.

전문가의 확신에 찬 예측은 실패하기 쉽다

미국 와튼스쿨의 필립 테틀록 Philip Tetlock 은 15년이 넘는 기간 동안 전문가들의 예측과 그 결과를 실증 연구했다. 2005년 테틀록이 연구 결과를 발표하자 많은 전문가 집단이 당황했다. 결과적으로 경제 위기나 국내외 정치 위기 상황에서 전문가들이 자신감 있게 내놓은 예측이 동전을 던져서 하는 판단보다 못했기 때문이었다. 전문가들이 절대로 일어나지 않을 것이라고 주장한 사건 가운데 무려 15%가 실제 현실에서 일어났고, 반드시 일어날 것이라고 확신한 사건의 25%는 아예 일어나지도 않았다.

최악의 전문가들은 하나의 공통점이 있었다. 분야를 막론하고 언론과 인터뷰를 많이 할수록 예측력은 떨어졌다는 사실이다. 이는 매체에 자주 등장하는 전문가는 실제 해당 분야의 탁월한 전문성보다는 그저 어느 한쪽으로 편향되어 있기 때문에 대중의 선호를 얻었다는 뜻이다. 이들은 발언 강도가 세고 예측에 확신이 넘쳤지만, 자신과 다른 견해는 무시하고 객관적 사실조차 왜곡해서 해석했다. 대중이 좋아한다는 이유만으로 세상을 더 어지럽게 만들 뿐, 정작 세상에 좋은 기여는 전혀 하지 못했던 것이다.

테틀록의 연구에 따르면 전문가의 예측은 전체적으로 엉망이었지만, 이 중에서 예측을 잘하는 전문가도 있었다. 자신의 전문성에도 불구하고 예측과 의사 결정은 매우 어려운 영역이니 불확실성을 충분히 고려해야 한다고 주장을 해서 주변으로부터 자신감과 확신이 부족하다는 오해를 받는 그룹이었다. 이들은 즉각적이고 단호한 순발력은 부족했지만, 예측의 정확성만큼은 그 누구보다 높았다.

느린 결정이 더 나은 전략가를 만든다
Slow Deciders Make Better Strategists

〈포천〉 500대 기업 임원들을 대상으로 비즈니스 전략을 가르치는 Advanced Competitive Strategies의 CEO인 마크 처실[Mark Chussil]은 2016년 하버드 비즈니스 리뷰에 위의 소제목 같은 제목으로 보다 나은 전략적 의사 결정 방법이 있다는 사실을 증명한 바 있다. 처실은 직접 개발한 비즈니스 전략 게임으로 기업의 임원들, 컨설턴트들, 교수들, MBA 과정의 학생들을 대상으로 전략적 의사 결정을 실험했다. 실험 결과, 전략적 의사 결정 능력은 높은 지능과 MBA 학위보다도 사람들이 지닌 마인드셋[Mindset]에 따라 다르게 나타난다는 사실을 확인했다. 처실은 참여한 사람들의 마인드셋을 의사 결정의 속도와 확신도에 따라 네 가지 유형으로 구분했다.

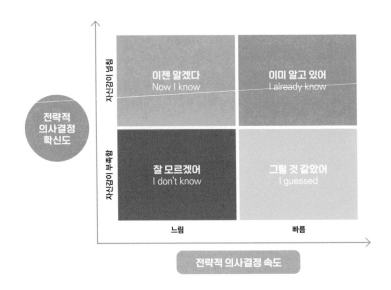

[전략적 의사결정의 네 가지 유형]

실험에 참가한 사람들 중 일부는 빠른 의사 결정을 통해 확신을 높였고[I already know], 일부는 느린 의사 결정 이후에 확신이 생겼다[Now I know]. 또 다른 사람들은 의사 결정의 속도는 빨랐지만, 자신감이 부족했고[I guessed], 어떤 사람들은 의사 결정 속도도 느린 데다 자신감도 부족했다[I don't know]. 그런데, 이들 중 가장 의사 결정 성과가 높은 그룹은 놀랍게도 '잘 모르겠어[I don't know]'에 속한 사람들이었다. 이들이 높은 점수를 받은 이유는 의사 결정 과정에서 복잡성을 받아들이고 조심스럽게 여러 측면을 검토하며 자기 비판적으로 사고하는 특성을 지니고 있었기 때문이다. 우리가 조직에서 높게 평가하는 빠르고 단호한 의사 결정은 어떻게 보면 지나치게 과대평가된 측면이 있다.

과대평가된 자신감, 과소평가된 소심함

미국 펜실베이니아대학의 조셉 시몬스[Joseph Simmons] 교수와 미국 UC버클리 하스경영대학원의 리프 넬슨[Leif Nelson] 교수는 자신감의 원천과 자신감의 효과를 연구한 바 있다. 실험자는 참가자에게 프로야구 경기에서 어느 팀이 이길지 예측 결과와 결과에 대한 확신도를 함께 체크하도록 했다. 흥미로운 점은 실험자가 경기 시간을 알려 주자, 참가자의 예측 확신도가 갑자기 높아졌다는 사실이다. 경기 시간을 안다고 해서 경기에서 이길 확률이 높아질 리 없다. 그저 자신이 생생하게 상상할 수 있다는 이유만으로 자신감이 높아졌고, 처음 예측을 바꿀 기회가 주어졌음에도 불구하고 맨 처음 결정을 고집스럽게 고수했다.

우리는 자신감의 원천이 능력에 있을 거라고 믿지만 실제로는 그렇지 않다. 이처럼 어이없는 이유에서 자신감이 생기기도 한다. 심지어 해당 분야에서 오랜 기간 훈련한 전문가보다 이제 갓 입문해 기초 수준만 겨우 넘긴 초심자의 자신감이 더 높다. 하지만 자기비판이 없는 자신감은 새로운 정보를 탐색하고 새로운 관점을 수용할 수 있는 기회를 잃게 만든다는 사실을 사람들은 쉽게 간과한다.

캐나다 워털루대학교의 콜린 맥로오드Colin MacLeod와 연구팀은 소심함이 과소평가된 덕성이라고 주장한다. 이들은 위험과 확률을 계산해야 하는 복잡한 상황을 실험 장면으로 옮겼다. 참가자들은 세 번의 위험 상황마다 한 번의 패스Pass 카드를 쓸 수 있는데, 낮은 확률의 작은 위험은 감수하고 높은 확률의 큰 위험에선 패스 카드를 써야 높은 점수를 획득할 수 있다. 세 번마다 패스 카드는 한 번만 쓸 수 있으므로 확률과 위험의 크기를 상황마다 제대로 판단하는 것이 관건이다. 위험의 크기에 민감하다면 발생 확률이 낮더라도 패스 카드를 쓸 것이고, 위험이 나타날 확률에 집착한다면 낮은 크기의 위험에도 패스 기회를 날리고 말 것이다.

실험 결과, 속성 불안trait anxiety이 높은 소심한 사람이 속성 불안이 낮은 대범한 사람에 비해 더 정확한 판단을 내렸다. 이들은 대부분

장면에서 대범한 사람에 비해 정확한 판단을 내렸지만 낮은 확률의 큰 위험을 만났을 때만 점수가 낮았다. 소심한 사람이 대부분 성과가 높고 딱, 한 상황에서만 낮았다는 사실은 소심함의 약점을 보완할 수 있다면 대범함보다 분명 강한 잠재력이 있다는 뜻이다.

겸손은 힘들지만, 겸손이 답이다

사실 확신은 너무 지나쳐서도, 또 너무 적어서도 안 되는 덕목이다. 확신에 넘친 자만심은 자신과 조직을 파멸로 이끌 가능성이 높다. 그렇다고 지나치게 소심한 리더는 매력이 없다. 넘치는 자만심보다 소심함이 나은 것은 분명하지만, 도대체 확신을 보이라는 건지 보이지 말라는 건지 감을 잡기 어려운 때가 있다. 이처럼 혼란스러운 이유는 우리가 확신에 관해 정작 중요한 사실 하나를 간과하기 때문이다.

확신은 두 가지 차원이 있다. 그래서 확신의 차원을 구분해서 보면, 반드시 확보해야 할 확신의 차원과 넘쳐서는 안 되는 확신의 차원을 이해할 수 있다. 전자는 자기 자신에 대한 믿음이고, 후자는 자신의 전략이나 방법론에 관한 믿음이다.

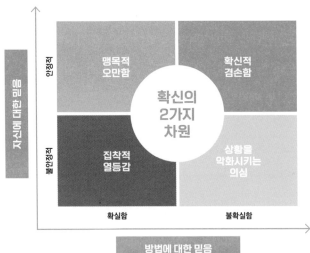

성과가 탁월한 리더는 자기 자신에 대한 믿음은 확고하지만, 전략이나 방법에 대해선 항상 의심한다. 한마디로 겸손한 리더라 할 수 있다. 겸손한 리더는 자신이 오류를 저지를 수 있는 존재임을 늘 상기하고 인정하지만, 자기 자신에 대한 안정적 믿음과 책임감이 있다.

겸손함humility이라는 덕목은 안정적인 자기 믿음에서 비롯되는 것이다. 하지만 전략과 방법에 대해선 늘 의심한다. 스스로 모든 것을 알지 못한다고 생각하기 때문에 반대되는 의견을 듣고 이해하는 데 많은 시간을 쓰면서 검증하고 확인한다.

미국 브리검영대학교 매리엇경영대학의 브래들리 오웬스Bradley Owens교수와 연구진은 가장 생산적이고 혁신적인 조직은 자신감과 겸손함이라는 두 측면 모두에서 높은 점수를 받은 리더가 이끄는 팀이라는 사실을 밝혀냈다. 성과가 높은 리더는 자기 능력에 대해 믿음이 있지만 동시에 자신의 약점도 예리하게 인식하고 있고 자신의 한계를 명확하게 인식하는 일이 중요하다는 사실을 항상 상기하고 있다.

겸손함은 자칫 소심해 보일 수 있다. 하지만 소심해 보이는 것이 겸손함 때문이라면 걱정할 필요가 전혀 없다. 그냥 소심한 것과 겸손함이 몸에 배 소심해 보이는 것은 다르다. 겸손은 힘들지만 적어도 전략과 방법에 관해선 언제나 겸손해야 한다.

심리학이 제안하는 슬기로운 직장 생활 팁

💡 본부장의 신중한 의사 결정이 안타깝게도 구성원들에겐 우유부단함에 가깝게 인식되고 있다. 나는 의사 결정 과정에서 본부장은 좋은 대안을 세우고 실행했다고 생각한다. 의사 결정 과정에서 필요한 이해 관계자들을 한자리에 모이게 해 종합적으로 검토하고 결정하는 장면도 그렇고, 수직적 의사 결정 체계 내에서 일부 권한 위임 절차를 실행해 조직 내 의사 결정 프로세스를 개선했기 때문이다. 그럼에도 불구하고 의사 결정 과정에서 타이밍을 놓친다는 평을 듣는 이유는 무엇일까?

4장 리더의 심리학

💡 나는 두 가지 측면에서 본부장에게 조언하고 싶다. 첫째, 적극적으로 자신의 확신을 표현해야 한다. 의사 결정 과정에서 방식은 얼마든지 바꿀 수 있어야 하지만, 자신의 책임과 믿음은 확고해야 한다. 자신의 한계를 인식하고 여러 의견을 듣고 신중하게 결정하는 장면에서 일에 대한 가치관, 책임, 확신에 대한 표현을 적극적으로 하길 바란다. 여러 측면을 검토하고 확인해야 할 이유에 관해 실무자들에게 명확히 설득할 수 있어야 한다. 둘째, 마감일을 적극적으로 파악하길 바란다. 의사 결정의 중요도와 긴급도를 따져 마감일을 우선 설정하는 과정이 필요하다. 언제까지 결정해야 하는지 묻고, 그때까지 결정을 내리겠다는 확신을 구성원들에게 심어 주어야 한다.

☑ 요약

☑ 전문가들의 예측은 전체적으로 엉망이지만, 이 중에서 예측을 잘하는 전문가도 분명 있다. 자신의 전문성에도 불구하고 예측과 의사 결정은 어려운 영역이니 불확실성을 충분히 고려해야 한다고 주장해서 주변으로부터 자신감과 확신이 부족하다는 오해를 받는 그룹이다. 이들은 즉각적이고 단호한 순발력은 부족하지만, 예측의 정확성만큼은 그 누구보다 높다. 조직 연구에서도 의사 결정의 성과가 높은 그룹은 의사 결정 과정에서 복잡성을 받아들이고 조심스럽게 여러 측면을 검토하며 자기 비판적으로 사고하는 특성을 지니고 있다.

☑ 속성 불안이 높은 소심한 사람이 속성 불안이 낮은 대범한 사람에 비해 정확한 판단을 내린다. 여러 상황 중 소심한 사람이 대부분 성과가 높고 딱, 한 상황에서만 낮았다는 사실에는 소심함이 약점을 보완할 수 있다면 대범함보다 강한 잠재력이 있다는 뜻을 담고 있다.

☑ 확신은 두 가지 차원이 있다. 하나는 자기 자신에 대한 믿음이고, 다른 하나는 자신의 전략이나 방법론에 관한 믿음이다. 성과가 탁월한 리더는 자기 자신에 대한 믿음은 확고하지만, 전략이나 방법에 대해선 항상 의심한다. 한마디로 겸손한 리더라 할 수 있다.

☑ 겸손한 리더는 자신이 오류를 저지를 수 있는 존재임을 늘 상기하고 인정하지만, 자기 자신에 대한 안정적 믿음과 책임감이 있다. 겸손함이라는 덕목은 안정적인 자기 믿음에서 비롯된다. 하지만 전략과 방법에 대해선 늘 의심해야 한다. 스스로 모든 것을 알지

못한다고 생각하기 때문에 반대되는 의견을 듣고 이해하는 데 더 많은 시간을 쓰면서 검증하고 해야 한다.

리더에게 필요한 소통 스킬은
경청보다 질문이다

[착각]

소통 스킬 중 최상은 공감적 경청이다?

"우리 조직이 이번 조직 문화 진단에서 소통 항목이 낮게 나왔어요. 리더로서 내 책임이 크다고 생각합니다. 구성원의 입장에서 역지사지하지 못했고 구성원들의 마음을 충분히 공감하지 못했어요. 나부터 변하겠습니다. 여러분의 입장에서 공감하며 듣는 공감적 경청을 꾸준히 실천하겠습니다."

'지난번 조직 문화 진단에서도 같은 결과였는데 또 이러시네. 조만간 개별 면담하자고 할 게 뻔한데…… 다들 알아서 점수를 잘 줄 것이지 괜히 더 피곤하게 말이야. 우리 팀장님 대화할 때 눈 마주치고 고개 끄덕이며 내가 했던 말 반복하는 거 정말 밉상인데, 정말

괴로운 면담이 되겠구나.'

궁 금 해 , 심 리 학

⌐ 리더에게 가장 필요한 소통 스킬은 무엇일까?

상암디지털미디어시티에 가면 그곳의 랜드마크가 된 예술 작품
이 있다. 영화 어벤저스 시리즈에도 등장해 세계적으로 유명해진
유영호 작가의 '미러맨'이다. 이 '미러맨'의 정식 명칭은 Square-M
Communication인데, 빨간 사각 틀이 미디어를 상징하고 틀에
손을 뻗는 인간의 형상은 미디어를 통해 만남과 소통에 적극적인
현대인의 모습을 나타낸다. 심리학자인 나는 이 작품을 보면서 문
득 함부르크대학의 교수였던 독일의 심리학자 프리데만 슐츠 폰 툰

Friedemann Schulz Von Thun 박사의 커뮤니케이션 사각형^{Communication Square} 모델이 떠올랐다. 그는 커뮤니케이션과 갈등 관리에서 탁월한 연구 실적으로 학계에 잘 알려져 있지만, 현실 세계의 문제에 실질적인 해결책을 제시한 현장 전문가이기도 하다. 슐츠 폰 툰 박사는 커뮤니케이션 사각형 모델을 기반으로 의사소통에 애쓴 사람들이 왜 불통이라는 오해에 시달리는지 설명했다.

나 역시 현장에서 많은 리더를 대하면서 한 가지 공통점을 발견했다. 내가 만난 세상 모든 리더는 구성원과 나누는 소통을 그 어떤 것보다 중요하게 여긴다는 점이다. 하지만 정작 안타까운 점은 실제 구성원들이 느끼는 소통의 효과성은 리더의 노력과 크게 관계없다는 사실이다. 그렇다면 리더의 소통 노력이 왜 구성원들에게 전달되지 못하는 것인지 커뮤니케이션 사각형 모델로 이 현상의 원인과 대안을 함께 생각해 보자.

[직장 속으로]

영업 본부 영업지원팀 안병진 팀장은 최근 조직 문화 진단 결과를 받았다. 안병진은 팀 차원의 소통 항목이 가장 낮은 점수를 받은 것을 확인했다. 안병진은 다른 팀도 아니고 영업지원팀이 소통이 안 된다는 것은 팀 내부적으로도 문제지만, 본부 전체적으로 보면 더 큰 문제가 될 수 있는 사안이라고 생각한다. 지원팀의 업무가 영업팀과 유기적으로 소통하고 협조하여 성과를 내는 것을 돕는 팀인

4장 리더의 심리학

데, 소통 항목이 낮다면 이것이 바로 성과에 직결될 수 있다.

진단 결과가 낮게 나오긴 했지만 구체적으로 어떤 부분을 개선할지는 보고서에 기재되지 않았다. 소통의 명확성이 문제인 건지, 관계 갈등이 문제인 건지, 쌍방향이 아닌 일방향 소통이 문제인 건지, 도구나 도구의 활용 방식의 문제인 건지 분명하지 않다. 안병진은 리더로서 자신이 생각하는 문제부터 해결하기로 마음먹었다. 안병진은 리더가 갖춰야 할 가장 중요한 소통 스킬은 공감적 경청이라고 믿는다. 리더십 교육 때마다 단골처럼 있던 과목이 바로 소통이었고, 소통의 본질은 공감적 경청이라고 배웠기 때문이다. 공감적 경청은 상대방의 입장에서 말하는 의도와 욕구를 이해하며 듣는 것을 의미한다. 심지어 상대가 밝히지 않는 속마음, 본심까지 이해하는 것이 진정한 공감적 경청이다.

안병진은 교육 때 배웠던 공감적 경청 스킬을 충분히 활용하지 못한 것을 반성하고 있다. 교육 뒤에 한동안은 공감적 경청 스킬을 활용했는데, 시간이 흐르니 습관이 되지 않아 힘들기도 하고, 모든 대화에 활용하기엔 민망한 장면도 있다 보니 자연스럽게 안 쓰게 됐다고 생각한다. 안병진은 리더십 교육 강사가 경청의 한자어를 풀어서 설명했던 것이 기억난다. 기울일 경傾, 들을 청聽, 겸손한 마음으로 상대를 높이 두고 고개를 기울여 마음으로 들어야 한다고 했다. 중간에 말을 끊지 않고, 판단하지 않고, 상대의 말에 적극적인 반응을 보이면서 편안한 분위기를 유지하는 것이 중요하다. 자아를 버리고 상대의 상황이 되어야 하고, 상대의 감정을 헤아리면서 눈을 자연스럽게 마주치고, 고개를 끄덕이면서 상대가 했던 말을 반복하며 '아 그랬구나!' 하고 반응해 주는 것이 바로 공감적 경청의 기본 스킬이다. 안병진은 팀의 소통 문화 개선에 솔선수범하기 위해 팀 회의에서 구성원에게 자신이 할 행동에 관한 실천 약속을 다짐했다. 또한 자신의 실천으로 앞으로 좋아질 팀 소통 문화를 내심 기대하고 있다.

한편, 구성원들은 안병진의 소통 공약이 그렇게 반갑지 않다. 안병진의 팀원들은 왜 리더들은 리더십 교육만 다녀오면 얼마 못 갈 행동을 반복하는지, 그리고 무엇보다 그 공감적 경청 스킬이 사람을 얼마나 불편하게 하는지 팀장은 과연 알까 하며 하소연한다.

피터 드러커의 다섯 가지 질문
🔍 피터 드러커가 가르쳐 준 다섯 가지 질문

피터 드러커$^{Peter\ Drucker}$는 현재도 경영 이론 분야의 최고 구루로 인정받고 있다. 그는 성공한 조직과 개인이 되려면 다섯 가지 질문에 반드시 사려 깊고 명확한 답을 할 수 있어야 한다고 했다. 드러커 박사가 고객에게 던졌던 다섯 가지 질문의 내용을 나 자신에게 질문하며 생각해 보는 시간을 가져 보자. 이 질문들은 또한 다른 사람을 지도하거나 코칭할 때 활용할 수 있다.

1. 당신의 사명은 무엇인가? 인생에서 성취하고자 하는 목표는 무엇인가?

2. 당신이 유지하고 싶은 가장 중요한 인간관계는 어떤 것인가? 그들은 당신이 추구하는 가치와 관심을 공유하는가?

3. 가장 가까운 사람들의 우선순위와 목표는 무엇인지 알고 있는가?

4. 당신은 주변 사람들에게 무엇을 기대하는가? 그들은 당신에게 무엇을 기대하는가?

5. 당신의 설정한 방향으로 나아가게 할 장기, 중기, 단기 계획은 무엇인가?

출처: Sobel, A., & Panas, J. (2012). Power questions: Build relationships, win new business, and influence others. John Wiley & Sons.

[생각해 보자]

당신이 답하기 쉬운 질문과 어려운 질문이 있는가? 이 질문들에 아직 정리하지 못한 답변이 있다면 이번 기회에 생각해 보자. 그리고 리더와 팀원 간, 팀원들 상호 간에도 이런 내용을 공유할 수 있는 방법을 찾아 실행해 보자.

조직 내 원활한 소통을 위해서는 서로에 대한 관심과 이해가 필요하다. 피터 드러커의 다섯 가지 질문은 리더와 구성원 사이에 공유되어야 할 중요한 관점을 제공하고 있다. 서로가 이런 내용을 공유한다면 오해나 갈등은 줄고 보다 나은 소통이 가능할 것이다.

커뮤니케이션 사각형 모델

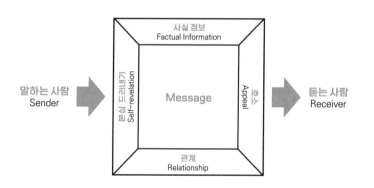

커뮤니케이션 사각형 모델은 현재 인간관계뿐 아니라 인간과 로봇, 인간과 AI 간 소통 등 다양한 분야에 활용되고 있는 커뮤니케이

션 분석 도구다. 말하는 사람^Sender이 듣는 사람^Receiver에게 메시지를 전달할 때는 보통 네 가지를 포함하고 있다. 예를 들어 생각해 보자. 어느 날은 한 고객이 내게 상담을 요청했다.

"박 박사님, 저희 회사 역량 모델이 우리 조직의 현실을 잘 반영하지 못하는 것 같습니다."

이 메시지는 커뮤니케이션 사각형 모델에 따르면, 네 가지 차원을 포함한다. 사실 정보^factual information 차원은 '자사 소셜미디어가 현실을 반영하지 못한다.'이고, 본심 드러내기^self-revelation 차원은 '자사의 소셜미디어 때문에 현재 담당자로서 애로를 많이 겪고 있다.'이며, 호소^appeal 차원은 '당신이 관련 전문가니 자사 소셜미디어를 개선할 방안을 고민해 달라.'이고, 관계^relationship 차원은 '우리가 이런 얘기를 편안히 해도 될 만큼 가까운 사이가 맞는지 확인해 달라.'일 것이다.

하나의 메시지는 이처럼 각기 다른 차원을 포함하고 있기 때문에 말하는 사람^Sender이 어떤 차원에 집중하며 커뮤니케이션을 시도하는지 간파하는 것이 소통의 핵심이라 할 수 있다. 말하는 사람이 어떤 하나의 차원에 주목해서 전달한 메시지를 듣는 사람이 전혀 다르게 해석하는 일은 흔하게 벌어진다. 이 때문에 의사소통은 복잡할 수밖에 없다. 게다가 차원 해석은 무의식적으로 이루어지기 때문에 어떻게 보면 갈등은 필연적이라 할 수 있다. 슐츠 폰 툰 박사 역시 커뮤니케이션 사각형 모델에서 말하고자 하는 본질은 소통은 다차원에 걸쳐 일어나므로 서로 오해가 생기고 따라서 무엇이든 미루어 짐작하는 습관부터 버리라고 조언한다.

그렇다면, 상대의 커뮤니케이션 의중을 잘 파악하기 위해서 필요한 것은 무엇일까? 많은 리더가 경청이 중요하다고 얘기한다. 특히, 공감적 경청 스킬이 상대의 의중과 마음을 얻는 데 필수적인 소통 방법이라 여기는 경향이 있다. 그렇다면, 과연 공감적 경청 스킬이 상대의 의중을 파악하는 데 정말 탁월할까?

관점 수용Perspective Taking이 아니라
관점 묻기Perspective Getting가 답이다

만일 우리가 공감적 경청을 통해 상대의 관점을 수용하게 되면, 우리는 상대의 처지를 이해하고 도울 것이고, 상대에 관한 고정 관념을 줄일 수 있으며, 상대와 보다 가까운 관계를 유지할 수 있다. 그런데, 과연 상대가 진정으로 생각하고, 느끼고, 원하는 것이 무엇인지를 경청만으로 알아낼 수 있을까? 이스라엘 벤구리온대학교 심리학과 탈 이엘Tal Eyal 교수와 연구진은 여러 연구를 통해 다른 사람의 진짜 의도와 감정을 알아차리기 위해서는 질문이 필수적이라고 주장한다.

연구진들은 학부생, MBA 재학생, 공장 노동자, 일반 노동자 등 2,816명을 대상으로 총 25가지 실험을 진행했다. 실험에 참가한 사람들은 자신의 배우자부터 처음 만난 낯선 사람에 이르기까지 자신이 만나는 다양한 사람들의 진짜 생각과 감정, 선호도를 맞춰야 했다. 이들 중 한 그룹은 타인의 진짜 마음을 알아내기 위해 '내가 만약 그 사람이라면 어떤 사고와 느낌을 가졌을까'를 상기하며 상대의 관점에서 세상을 보기 위해 시도했다. 소위 말해 공감을 시도하며 대화한 것이다. 또 다른 그룹은 단순히 상대에게 어떤 생각과 느낌인지를 물었다. 연구 결과, 단순히 질문한 그룹의 정확도가 역지사지를 지속적으로 시도하며 상대의 입장에서 생각과 느낌을 파악한 그룹에 비해 훨씬 높았다. 공감이나 역지사지를 시도할 것이 아니라 그냥 물어보는 것이 가장 정확하다는 의미다. 결국, 질문이 경청보다 중요하다.

연구진들은 후속 연구를 통해 한 가지 흥미로운 사실을 밝혀냈다. 사람들은 꼭 해당 주제에 관한 질문이 아니더라도 다양한 분야에 걸쳐 상대에게 질문해 보는 것만으로 상대의 의중을 예측할 수 있었다. 예를 들어, 정치적 견해가 무엇인지를 알아내기 위해 꼭 정치적 성향을 물을 필요 없이, 좋아하는 영화를 묻는 것도 도움이 된다는 뜻이다. 이것은 다방면에 걸쳐 질문을 잘하는 사람이 상대의 느낌, 감정, 선호도 등을 잘 파악할 수 있다는 뜻이다.

리더가 길러야 할 소통 스킬은 경청보다도 질문에 초점이 맞춰져야 한다. 다행스러운 점은 질문 스킬이 꼭 면담이나 업무 성과 점검 혹은 관계 차원에서만 개발되는 것이 아니라는 사실이다. 다양한 분야에 호기심을 가지고 질문을 던지는 행위로 질문 스킬이 개발될 수 있고 구성원이 진정으로 원하는 것이 무엇인지도 알아낼 수 있다.

심리학이 제안하는 슬기로운 직장 생활 팁

💡 안병진의 소통 노력은 안타깝게도 큰 효과를 보기 어렵다. 진정성이 없는 소통 스킬은 오히려 거부감을 높이기 쉽다. 조직에서 늘 함께 일하는 사람이 쇼핑몰이나 콜센터의 판매원으로 느껴지면 불편할 수밖에 없기 때문이다. 공감적 경청 스킬이 사람들에게 너무 많이 알려져 사람들은 스킬이 느껴지면, 다른 의도가 있는 것으로 생각돼 방어적으로 변한다.

💡 공감적 경청 스킬로 상대가 진정으로 무엇을 원하는지 알 수 없다. 인간의 욕구, 의도, 감정이 경청 스킬로 알아차릴 수 있을 만큼 그렇게 단순하지 않다. 또한, 경청을 잘하고 상대의 마음을 잘 알고 있다고 생각하는 사람은 과잉 확신 경향이 강하다. 누구나 낯선 사람의 마음보다는 동료, 친구, 연인, 가족의 마음을 더 잘 안다고 생각한다. 미국 텍사스대학교 알링턴캠퍼스 심리학과 윌리엄 이케스[William Ickes] 교수는 실험에 참가한 사람들에게 여러 사람의 동영상을 관찰하게 한 뒤, 생각과 감정을 물어보는 실험을 진행했다. 실험 결과, 낯선 사람의 생각과 감정은 평균 20%의 정확도로 맞췄지만, 가까운 친구나

4장 리더의 심리학

부부는 35%까지 정확도가 올라갔다. 낯선 사람에 비해 가까운 사람의 마음을 잘 읽는 것은 맞다. 그러나 자신의 답에 얼마나 확신하냐고 묻자, 가까운 사람의 마음 읽기의 경우, 착각이 심했다. 평균 80% 정도의 확신도를 보였던 것이다. 결국, 사람들은 가까운 사람에 대해 실제로 아는 것에 비해 알고 있다고 착각하는 정도가 너무 크다. 공감적 경청 스킬은 이러한 착각을 더 크게 만든다.

💡 상대의 의도를 알아차리기 위해선 넘겨짚기보다는 대화 내용을 분석하거나 구체적으로 질문하는 것이 효과적이다. 질문 스킬은 하루아침에 늘지 않는다. 여러 분야에 호기심을 가지고 가벼운 질문을 던지는 것부터 연습해 보자. '유퀴즈'와 같은 TV 프로그램에서 진행자가 던지는 질문을 유심히 관찰해 보는 것도 좋다.

☑ 요약

☑ 대부분의 리더는 구성원과 나누는 소통에 많은 시간과 노력을 들이지만, 실제 구성원들이 느끼는 소통의 효과성은 리더의 노력과 크게 관계없다. 커뮤니케이션 사각형 모델에 따르면, 하나의 메시지는 각기 다른 차원을 포함하고 있기 때문에 말하는 사람이 어떤 차원에 집중하며 커뮤니케이션을 시도하는지 간파하는 것이 소통의 핵심이라 할 수 있다.

☑ 상대가 진정으로 생각하고, 느끼고, 원하는 것이 무엇인지를 경청만으로는 알아낼 수 없다. 다른 사람의 진짜 의도와 감정을 알아차리기 위해서는 질문이 필수적이다. 꼭 해당 주제에 관한 질문이 아니더라도 다양한 분야에 걸쳐 상대에게 질문해 보는 것만으로 상대의 의중을 예측하는 정확도를 높일 수 있다. 예를 들어, 정치적 견해가 무엇인지를 알아내기 위해 꼭 정치적 성향을 물을 필요 없이, 좋아하는 영화를 묻는 것도 도움이 된다. 결국, 다방면에 걸쳐 질문을 잘하는 사람이 상대의 느낌, 감정, 선호도 등을 더 잘 파악할 수 있다.

☑ 리더가 길러야 할 소통 스킬은 경청보다도 질문에 초점을 맞춰야 한다. 다양한 분야에 호기심을 가지고 질문을 던지는 행위로 질문 스킬을 개발할 수 있고 구성원이 진정으로 원하는 것이 무엇인지도 알아낼 수 있다.

통찰력을
기르려면

[착각]

통찰력이 탁월한 사람이 있다?

"회사를 먹여 살리는 인재는 따로 있는 법이야. 스티브 잡스 같은 천재가 없었으면 애플이라는 회사가 존재했겠어? 스마트폰 시대를 연 통찰력은 그냥 만들어지는 게 아냐. 타고나는 거지. 우리 회사도 그런 통찰력을 지닌 인재가 단 한 명만 있어도 매출 걱정 없이 편하게 직장 생활할 수 있을 텐데 말이야."

"윗사람들이 통찰력이 있어야 시장을 선도할 수 있는데 우리 회사는 너무 주먹구구지. 구태의연한 아이템으로 매출을 올리려고 하니 그게 쉽나. 목표 달성에 실패하면 부하 직원을 탓하고. 왜 우리 회사엔 통찰력 있는 리더가 없나 몰라."

통찰력은 학습 가능한 능력이다!

논리적으로 심사숙고하는 일이 가능하듯이
순간적인 판단력을 키우는 일도 가능하다.

– 말콤 글래드웰Malcolm Gladwell –

궁금해, 심리학

리더의 통찰력 기르기

그 어느 때보다도 통찰이 요구되는 시대다. 치열한 경쟁을 뚫고
성공을 이룬 거의 모든 사례에서 통찰은 원동력이 되어 왔다. 수많
은 비즈니스 사례에서 통찰의 결과물은 쉽게 발견할 수 있지만, 통
찰이 어떻게 발현되고 작동되는지 이해하기는 어렵다. 또한, 모든 리
더는 통찰력을 원하지만 어떻게 학습하고 개발해야 할지에 관해서
는 막막해한다. 통찰력을 기르려면 어떻게 하는 것이 좋을까?

[직장 속으로]

안병진은 박봉주를 만나 이번 분기 영업 실적이 저조한 상황을 한

탄한다. 회사는 매출 증가로 외형상 성장하고 있지만, 영업 이익이
나 당기 순이익 증가율은 매출 증가율에 비해 턱없이 낮다. 특히 영
업 이익률이 갈수록 악화되고 있는 것이 S사가 처한 현실이다. 영업
이익은 매출에서 제품 생산, 판매 활동, 기업 유지 관리에 쓴 비용
을 뺀 돈을 말한다. 임대료, 이자, 배당금, 투자 이익 등을 제외한 기
업 본연의 영업 활동으로 올린 실질적인 성과다. 영업 이익률이 저
조하다는 의미는 곧 수익성이 낮은 '빛 좋은 개살구'와 같은 실속 없
는 사업을 하고 있다는 의미다. 원인은 S사의 제품들이 고부가 가치
의 기술을 기반으로 하지 않았기 때문이다. 부가 가치가 낮은 업종
에서 수익을 내기란 어려운 일이다.

　이러한 현실 인식 때문인지 안병진은 경영진의 생각이 그렇게 합
리적이지 않은 것 같다고 여긴다. 진짜 원인은 부가 가치가 낮은 사
업에 치중한 탓인데, 마케팅과 영업 쪽에만 성과를 내라고 밀어붙
이고 있기 때문이다. 경영진은 마케팅과 영업이 역할을 제대로 한다
면 더 큰 성과를 낼 수 있다고 기대하고 있다. 경영진은 영업과 마케
팅에 혁신과 변화를 요구하고 있지만, 안병진은 경영진이 먼저 변화
해야 한다고 생각한다.

　안병진은 경영진이 통찰력을 갖춰야 부가 가치가 높은 신성장 동
력을 발굴할 수 있고, 그것이 곧 성과에 직결된다고 주장한다. 박봉
주도 안병진의 의견에 동의한다. 고^故 이건희 회장도 "천재 1명이 10
만 명을 먹여 살린다."라고 하지 않았는가. 안병진과 박봉주는 자사

에 뛰어난 인재가 없고, 경영진이 통찰이 없는 것이 본질적인 문제라고 푸념한다. 사실 실무진은 경영진의 지시에 따르는 사람들일 뿐인데, 열심히 잘 따라서 수행한 결과를 받아들이지 못하고 역할을 제대로 못 했다고 하니 억울할 따름이다. 이런 상황에 CEO는 팀장 이상의 리더는 통찰력을 길러야 한다고 기회가 있을 때마다 말을 한다. 윗사람에게는 통찰력을 느낄 수 없고, 팀장들에겐 통찰력을 발휘할 수 있는 여지도 주지 않으면서 어떻게 통찰을 기르라는 건지 답답하다.

안병진과 박봉주도 한때는 S사에서 통찰력을 발휘하고, 10만 명을 먹여 살리는 인재가 되고 싶었다. 이미 그 꿈은 접었지만, 그래도 궁금하긴 하다. 어떻게 하면 통찰을 기를 수 있을까?

4장 리더의 심리학

나는 직관을 어떻게 쓰고 있는가?

🔍 직관 유형(the type of intuition) 진단

인간이 생각하는 방식은 직관적 사고와 분석적 사고라는 이중 체계 (Dual system)로 이루어져 있다.

분석적 사고는 이성 및 논리적 사고를 가능케 하고 의식적으로 통제할 수 있는 데 반해, 직관적 사고는 자신도 인지하지 못하는 가운데 순간 적으로 전체 패턴을 인식하는 방식으로 작동된다. 통찰은 바로 이 직 관적 사고 체계에 근거한다. 직관을 발현하는 방식에도 개인차가 있다. 자신의 직관적 사고 체계가 어디에 주로 기인하는지 확인하는 일은 통 찰을 효과적으로 발달시키는 데 필요하다.

직관적 사고는 크게 3가지 유형으로 구분할 수 있다. 첫 번째는 전체적 직관(holistic intuitions) 유형으로 나무보다는 숲을 보는 방식으로 직관 체계를 활용한다. 두 번째는 추론적 직관(inferential intuitions) 유형으로 이미 분석적 과정을 통해 검증된 결과를 자동화된 사고로 활용하 는 유형이다. 세 번째는 정서적 직관(affective intuitions) 유형으로 자신 의 감정적 반응에 근거해 직관을 발현하는 유형이다.

아래 문항들에 1~5점으로 응답해 자신의 직관적 사고가 어디에 기인 하는지 확인해 보자.

* 전혀 그렇지 않다: 1점, 대체로 그렇지 않다: 2점, 보통이다: 3점, 대체로 그렇다: 4점, 매우 그렇다: 5점

1. 새로운 프로젝트에 임할 때, 나는 세부 사항보다 큰 아이디어에 집중한다.

   ☐ 1점   ☐ 2점   ☐ 3점   ☐ 4점   ☐ 5점

2. 나는 특히 익숙한 상황에서 나의 직관을 믿는다.

   ☐ 1점   ☐ 2점   ☐ 3점   ☐ 4점   ☐ 5점

3. 나는 문제에 대해 깊이 사고하기보다는 감정적인 예감을 통해 문제를 처리하는 방식을 선호한다.

   ☐ 1점   ☐ 2점   ☐ 3점   ☐ 4점   ☐ 5점

4. 익숙한 문제는 종종 직관적으로 해결할 수 있다.

   ☐ 1점   ☐ 2점   ☐ 3점   ☐ 4점   ☐ 5점

5. 문제를 여러 부분으로 나누는 것보다 큰 그림에 집중하는 편이 낫다.

   ☐ 1점   ☐ 2점   ☐ 3점   ☐ 4점   ☐ 5점

6. 내 직관적 판단의 대부분은 논리적인 타당성이 있다.

   ☐ 1점   ☐ 2점   ☐ 3점   ☐ 4점   ☐ 5점

7. 나는 논리보다 감정적 반응이 앞선다.

   ☐ 1점   ☐ 2점   ☐ 3점   ☐ 4점   ☐ 5점

8. 나는 과거 경험에 의존해 문제 해결에 접근한다.

   ☐ 1점   ☐ 2점   ☐ 3점   ☐ 4점   ☐ 5점

9. 나는 내 마음이 끌리는 대로 행동하는 편이다.

   ☐ 1점   ☐ 2점   ☐ 3점   ☐ 4점   ☐ 5점

10. 나의 직관은 매우 빠르다.

    ☐ 1점   ☐ 2점   ☐ 3점   ☐ 4점   ☐ 5점

11. 나는 문제를 대할 때 사실 정보보다 이론적으로 생각하는 것이 좋다.

    ☐ 1점   ☐ 2점   ☐ 3점   ☐ 4점   ☐ 5점

12. 나의 직관은 경험에 근거한다.

   ☐ 1점   ☐ 2점   ☐ 3점   ☐ 4점   ☐ 5점

13. 나는 종종 객관적 정보에 반할지라도 직관에 따라 결정을 내린다.

   ☐ 1점   ☐ 2점   ☐ 3점   ☐ 4점   ☐ 5점

14. 복잡한 문제를 다루거나 결정을 내릴 때 큰 그림에 집중해 세부 사
   항을 놓치는 때가 있다.

   ☐ 1점   ☐ 2점   ☐ 3점   ☐ 4점   ☐ 5점

15. 나는 구체적인 사실보다 추상적인 이론을 선호한다.

   ☐ 1점   ☐ 2점   ☐ 3점   ☐ 4점   ☐ 5점

16. 어떤 문제에 관한 지식과 경험이 있을 때 나는 내 직관을 신뢰한다.

   ☐ 1점   ☐ 2점   ☐ 3점   ☐ 4점   ☐ 5점

17. 내 전문 분야에서 빠른 결정을 내릴 때, 나는 그 결정에 대한 논리적
   근거를 댈 수 있다.

   ☐ 1점   ☐ 2점   ☐ 3점   ☐ 4점   ☐ 5점

18. 나는 복잡한 문제를 다룰 때 큰 그림을 염두에 두려고 노력한다.

   ☐ 1점   ☐ 2점   ☐ 3점   ☐ 4점   ☐ 5점

19. 나는 추상적 용어로 생각하고 대화하는 것을 즐긴다.

   ☐ 1점   ☐ 2점   ☐ 3점   ☐ 4점   ☐ 5점

20. 나는 머리보다 가슴이 이끄는 대로 따르는 것을 좋아한다.

   ☐ 1점   ☐ 2점   ☐ 3점   ☐ 4점   ☐ 5점

출처: Pretz, J. E., Brookings, J. B., Carlson, L. A., Humbert, T. K., Roy, M., Jones, M., & Memmert, D. (2014). Development and validation of a new measure of intuition: The types of intuition scale. Journal of Behavioral Decision Making, 27(5), 454-467.

[생각해 보자]

- 1, 5, 10, 11, 14, 15, 18, 19번은 **전체적 직관 유형**이다.

전체적 직관 점수의 합이 30점 이상이면 전체적 직관을 많이 쓰는 사람이고 24~29점은 보통, 23점 이하는 전체적 직관에 대한 선호도가 낮은 사람이다.

- 2, 4, 6, 8, 12, 16, 17번은 **추론적 직관 유형**이다.

추론적 직관 점수의 합이 29점 이상이면 추론적 직관을 많이 쓰는 사람이고 26~28점은 보통, 25점 이하는 추론적 직관의 선호도가 낮은 사람이다.

- 3, 7, 9, 13, 20번은 **정서적 직관 유형**이다.

정서적 직관 점수의 합이 17점 이상이면 정서적 직관을 많이 쓰는 사람이고, 13~16점은 보통, 12점 이하는 정서적 직관의 선호도가 낮은 사람이다.

연구 결과에 따르면 전문가적 직관은 추론적 직관과 상관이 높은 반면, 전체적 직관이나 정서적 직관과는 상관이 낮다. 따라서 추론적 직관 능력을 기르는 것이 전문가적 직관을 높이는 핵심이다. 앞서 제시한 통찰을 체계적으로 개발하는 방법은 추론적 직관을 향상시킬 수 있는 방안이다.

4장 리더의 심리학

통찰 이해하기

먼저, 통찰이 무엇인지 이해하기 위해 간단한 질문에 답해 보자. 아래 그림을 보고 다음 질문에 가급적 빠르게 답하면 된다. 최대한 빨리 머릿속에 떠오르는 답을 말하라.

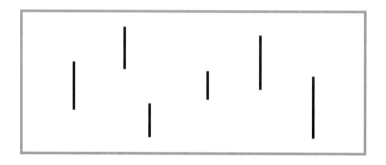

- **질문 1**. 위 그림의 맨 왼쪽 수직선의 길이는 5cm다. 그렇다면, 전체 수직선의 평균 길이는 얼마일까?

- **질문 2**. 위 그림의 맨 왼쪽 수직선의 길이는 5cm다. 그렇다면, 전체 수직선을 모두 더한 길이는 얼마일까?

질문 1에서는 평균을, 질문 2에서는 합산을 물었다. 둘 중 어떤 질문에 대한 답이 더 빨랐는가? 아마 질문 1에 대한 답이 더 빨랐을 것이다. 그런데, 일반적으로 평균은 더하기보다 어려운 개념이다. 그리고 우리는 어려운 문제를 풀 때 더 많은 노력과 시간이 필요하다.

하지만 이 문제에선 쉬운 합산 문제보다 어려운 평균 문제를 훨씬 쉽게, 그리고 빨리 해결했다. 평균을 구할 때 맨 왼쪽 선을 기준으로 긴 것도 있고 짧은 것도 있으니 대략 5cm 안팎으로 쉽게 답을 낼 수 있지만, 전체 길이의 합을 구하려면 하나씩 일일이 세어 보아야 한다. 만일 그림 속 수직선이 10개 정도 늘어난다고 해도 평균을 구하는 속도는 거의 변화가 없지만 더하는 속도는 현저히 느려진다.

우리가 이처럼 어려운 문제를 쉬운 문제보다 빠르게 해결할 수 있는 이유는 무엇일까? 사고 체계를 달리 썼기 때문이다. 우리 뇌는 크게 두 개의 사고 체계를 활용하는데 하나는 직관이고 하나는 분석이다.

위의 문제에서 평균을 구할 때 우리는 직관 체계를 활용했지만 더할 때는 분석 체계를 이용했다. 그래서 어려운 문제를 빨리 풀 수 있었던 것이다. 직관 체계는 빠르다. 하지만 빠르기 때문에 감수해야 하는 것도 있다. 바로 오류의 가능성이다. 이번엔 다음 문제에 관한 답을 생각해 보자.

• 야구 방망이와 야구공의 가격을 더하면 11,000원이다. 그리고 야구 방망이는 야구공보다 10,000원이 비싸다. 그렇다면 야구공의 가격은 얼마일까?

혹시 1,000원이라고 답하지 않았는가? 이 문제를 보며 직관적으

4장 리더의 심리학

로 떠오른 답은 1,000원일 것이다. 하지만 정답은 500원이다. 직관이 유도한 대로 야구공이 1,000원이고 야구 방망이가 10,000원이 더 비싸면 방망이 가격은 11,000원이어야 하므로 둘을 합치면 12,000원이다. 이처럼 직관은 오류를 일으킨다.

하지만 같은 문제에 직관 체계를 쓰지 않고 분석 체계를 쓰게 하면 정답률이 크게 높아진다. 미국 프린스턴대학교 심리학자 아담 알터$^{Adam Alter}$와 다니엘 오펜하이머$^{Daniel Oppenheimer}$는 문제를 푸는 사람들이 쉽게 직관 체계를 쓰지 못하도록 문제를 일부러 흐리게 인쇄하고 글꼴도 이탤릭체로 바꿔서 제시했다. 이제 사람들은 문제 전체를 한 번에 빠르게 보지 못하고 천천히 읽을 수밖에 없다. 앞서 언급한 수직선 문제에 비유해 설명하면, 한 번에 수직선 전체를 보지 못하고 하나씩 수직선을 확인해야 하는 상황으로 만든 것이다. 단어 하나하나를 꼼꼼하게 읽게 만들자 정답 확률이 크게 높아졌다. 직관 체계를 쓰지 않고 분석 체계를 썼기 때문이다.

통찰은 우리 사고 체계 중 직관 프로세스를 따르기 때문에 빠르게 대안을 도출할 수 있다. 하지만 잘못된 대안의 가능성이 높아지는 것이 치명적인 단점이다. 통찰력이 탁월한 리더라도 한 번 내린 잘못된 의사 결정으로 조직을 위기로 내몰 수 있다.

하물며 통찰력이 부족한 리더가 통찰을 발휘하려고 할 때 어떤 일이 벌어지겠는가? 따라서 올바른 통찰을 기르고 훈련하는 노력이 반드시 필요하다.

통찰은 좋은 정서에서 발현된다

좋은 통찰력을 발현하기 위해서 우리가 의사 결정할 때 정서 시스템을 적극 활용한다는 사실을 이해해야 한다. 뇌신경과학자들은 우리 몸과 뇌가 좋은 상태일 때 좋은 의사 결정을 할 가능성이 높다고 말한다. 의사 결정은 본질적으로 정서 예측affective forecasting이다. 자장면을 먹을까, 짬뽕을 먹을까 결정하는 것은 자장면을 먹고 나서의 정서와 짬뽕을 먹고 나서의 정서를 예측하고 상호 비교해서 결정하는 것이다.

그러므로 의사 결정은 우리의 정서적 기억(과거 자장면과 짬뽕을 먹었을 때의 기억)과 현재 정서 상태(지금 뭐가 끌리는지)에 아주 큰 영향을 받기 마련이다. 따라서 좋은 의사 결정을 위해서는 현재 신체나 정서 상태에 관한 모니터링이 필요하다. 놀라운 사실은 단순히 자신의 상태를 10점 만점에 몇 점인지를 평가하는 것만으로도 나쁜 의사 결정을 회피할 수 있다. 자신의 정서 상태를 객관화하는 시도로 나쁜 정서에 매몰되는 것을 피할 수 있기 때문이다. 또한, 의사 결정을 위한 자기 점검 도구로 HALT도 유용하다. HALT는 배고프거나Hungry, 화나거나Angry, 우울하거나Lonely, 심신이 지쳤을 때Tired는 결정을 잠시 미루는 것이다.

한편, 미국 베일러의대 신경과학자인 데이비드 이글먼David Eagleman은 분석 시스템은 외부 세상을 분석하는 데 쓰이지만, 정서 시스템은 내부 상태를 모니터링하는 데 활용된다고 주장한다. 우리는 우리의 내면 상태와 관계없이 수학 문제를 풀 수 있다. 하지만 다음에 무엇을 하고 싶은지 우선순위를 결정하거나, 메뉴판을 보고 주문을 하는 상황에서는 내면 상태의 개입 없이 일 처리가 불가능하다. 따라서 자신의 내면 정서 상태에 관한 점검과 조절은 좋은 의사 결정을 위해 반드시 필요하다.

통찰을 체계적으로 개발하기

직관과 통찰 분야의 세계적 권위자인 응용심리학자 게리 클라인Gary Klein은 힘든 의사 결정 상황에서 효과적 판단을 내리는 여러 전문가 집단을 수십 년간 연구하고 있다. 그는 통찰력이 탁월한 전문가들의 공통점을 발견했는데, 그가 발견한 전문가들이 통찰을 기르는 과정은 크게 3가지 절차로 요약할 수 있다.

첫째, **문제 상황에 관한 경험과 관찰이다.**
통찰력 있는 전문가들은 문제 상황을 직접 해결하는 경험과 타인이 해결하는 것을 관찰하는 과정을 통해 어떤 요인들이 유효한 영향을 미치는지, 또 유효하다고 생각했으나 의미 없는 요인이 무엇인지 정리하는 습관이 있다. 핵심은 문제 해결에 결정적인 요인을 파악하는 습관이다. 초반엔 정확도가 높지 않지만 시간이 흐를수록 결정적 요인을 파악하는 정확도를 높일 수 있다.

둘째, 모형화다.

모형화^{modeling}란 복잡한 현실 세계를 핵심 변수만 추출하여 변수들간의 관계를 단순하게 표현하는 것을 의미한다. 통찰력 있는 사람들의 모형화는 단순히 문제 상황의 변수만이 아니라 주변 상황 변수를 민감하게 고려한다. 예를 들어 우리나라 부동산 가격에 관한 모형화를 시도한다면 비전문가들은 집값에 직접적으로 영향을 미치는 수요, 공급, 금리, 정부 정책 등을 변수로 활용하겠지만 전문가들은 매수자-매도자 심리, 세계 경제 상황, 미래 수요, 인구 예측 등 상황 변수를 충분히 고려하여 모형을 구성할 것이다. 체스 마스터들은 체스판을 보는 방식 자체가 초보자와 다르다. 연구자들이 체스를 두는 마스터와 초심자들의 시선을 분석한 결과 초보자들은 주로 각각의 말에 집중하지만, 체스 마스터들은 전체 속에서 말들의 통합적 관계에 주의를 기울인다는 사실을 발견했다. 즉, 전체 속에서 의미 있는 변수와 변수들의 관계를 발견하는 데 집중하는 것이다.

셋째, 멘탈 시뮬레이션이다.

멘탈 시뮬레이션^{mental simulation}은 경험과 관찰을 통해 확보된 변수들, 변수들의 관계를 모형화한 결과를 머릿속에서 적용하는 과정을 말한다. 통찰력 있는 전문가는 자신의 직접 경험뿐 아니라 타인의 경험을 적극적으로 관찰하고 예측한다. 예측은 맞을 때도 있고 빗나갈 때도 있다. 맞을 때는 모형을 유지하고 빗나가면 모형을 수정하면 된다. 우리가 예측을 할 때 반드시 기억해야 할 점은 예측이 크게 틀렸을 때 오히려 학습 효과가 크다는 사실이다.

망신감을 느낄 정도로 크게 틀린 답은 수정된 정답으로 기억하지만, 아슬아슬하게 틀린 답은 다시 그 틀린 답을 떠올릴 가능성이 높기 때문이다. 자신의 모형으로 여러 예측을 할 때, 그때마다 정답일 필요는 없다. 오히려 오답일 때 모형이 업그레이드될 가능성이 높다.

멘탈 시뮬레이션을 습관화하는 방안으로 10-10-10 기법이 있다. 모든 선택과 결정의 순간에 10분 뒤, 10개월 뒤, 10년 뒤의 세 가지 시간대로 예측해 보는 것이다. 꼭 10이라는 숫자에 집착할 필요는 없다. 10분은 지금 당장, 10개월은 예측 가능한 가까운 미래, 10년은 예측 불가능한 먼 미래 정도로 이해하는 것이 좋다. 중요한 것은 의사 결정 결과를 시간의 축으로 가까이부터 멀게까지 예측해 보는 습관이다.

눈치챘겠지만 통찰은 직관을 기반으로 하나, 좋은 통찰력을 개발하려면 체계적인 과정이 필요하다. 즉, 직관과 분석 체계는 우열을 가리는 것이 아닌 상호 보완하며 발전시켜야 할 우리의 사고 기제다. 통찰력을 기르기 위해 스마트 기기와 같은 첨단 도구가 필요하지 않다. 간단한 메모로도 충분하다. 메모장에 매일 자신의 정서 상태를 점검하고, 문제 상황에서 어떤 변수들이 있을지 생각해 보고, 과거 의사 결정한 사안이 시간대 별로 어떻게 변했는지 떠올려 보는 일로 시작해 보길 바란다.

심리학이 제안하는 슬기로운 직장 생활 팁

💡 사람들은 통찰을 천재에게나 주어지는 재능이라고 생각한다. 하지만 통찰은 학습과 훈련으로 발달되며 누구나 노력을 통해 향상시킬 수 있다.

자신의 경험을 통해 얻어진 암묵적 지식을 무의식적으로 발휘하기 위해서는 체계화된 프로세스에 따른 훈련이 필요하다.

자신의 분야에 대한 경험과 관찰을 통해 유효한 요인을 발견하고, 유효한 요인들 간의 관계를 모형화한 뒤, 머릿속으로 실제 상황을 상상하고 결과를 예측해 보는 멘탈 시뮬레이션 훈련을 통해 통찰을 높일 수 있다.

💡 불확실한 환경에서 통찰의 가치는 빛난다. 불확실한 환경을 이겨내고 새로운 가치를 창출하기 위해서는 미래에 대한 예측과 대응하는 아이디어가 필요하다. 데이터에 의존한 분석적 사고만으로 불확실한 미래를 정형화하고 계량화하기는 어렵다.

영국 서리대학University of Surrey 경영대학원 경영개발과 유진 새들러-스미스Eugene Sadler-Smith 교수는 불확실한 환경에서 리더가 분석적 사고가 아닌, 통찰을 발휘한다면 리더가 가진 경험들이 어느 순간 연결되면서 '유레카'와 같은 깨달음을 얻을 수 있다고 말한다.

4장 리더의 심리학

💡 통찰에 이르지 못한 직관 체계는 문제를 일으키기 쉽다. 해당 분야에 충분한 전문성이 없거나, 리더의 직관 체계가 편향bias을 일으키고, 틀릴 수 있다는 겸손함 없이 무작정 자신의 감만 믿고 몰아붙인다면 직관 체계가 조직에 큰 해를 끼칠 수 있다. 따라서, 조직 내 중요한 의사 결정은 대개 직관이 아닌 체계적 프로세스에 따라 결정하는 것이 옳다.

💡 급격한 변화 속에서 빠른 의사 결정이 필요한 경우엔 훈련된 통찰이 큰 힘을 발휘할 수 있다. 그래서 현명한 리더는 직관에만 의존하거나, 반대로 데이터만 무조건 신봉하는 사고에 치중하지 않는다. 새들러-스미스 교수의 말처럼 현명한 리더는 '정신적 양손잡이'가 되어 분석과 통찰 사이를 오가며 비즈니스를 이끌어 간다. 안병진과 박봉주는 조직 내 좋은 리더로 성장하기 위해 현재 분야에서 경험과 관찰을 통해 얻은 암묵적 지식을 사안 별로 주요 요인이 무엇이었는지 정리하는 일부터 시작해야 한다. 요인 간 관계를 모형화하여 시뮬레이션하는 연습을 지속한다면 통찰은 시나브로 개발되고 있을 것이다.

☑ 요약

☑ 수많은 비즈니스 사례에서 통찰의 결과물은 쉽게 발견할 수 있지만, 통찰이 어떻게 발현되고 작동되는지 이해하는 일은 어렵다. 통찰은 직관적 사고 체계를 기반으로 한다. 직관 체계의 특성은 빠르지만 오류의 가능성 또한 높다.

☑ 좋은 통찰력을 발현하기 위해서 우리가 의사 결정할 때 정서 시스템을 적극 활용한다는 사실을 이해해야 한다. 뇌신경과학자들은 우리 몸과 뇌가 좋은 상태일 때 좋은 의사 결정을 할 가능성이 높다고 말한다.

☑ **통찰력을 체계적으로 개발하는 법**

– 경험과 관찰을 통해 문제 해결에 유효한 요인들을 정리하라.

– 복잡한 현실 세계를 핵심 변수만 추출하여 변수들 간의 관계를 단순하게 표현하는 모형화를 시도하라.

– 경험과 관찰을 통해 확보한 변수들, 변수들의 관계를 모형화한 결과를 머릿속에서 적용하고 시뮬레이션하라.

일할 때 쓸모 있는
심리학 참고서

"기술 변화를 비롯한 환경 변화는 빠른데, 그 변화에 적응해야 하는 인간에 관한 이해는 턱없이 부족하지. 기술 발전의 속도에 인간 이해의 속도를 맞춰야 하지 않을까? 따라가지 못하면 여러 부작용이 산업 전반에 나타나게 될 거야. 산업심리학이 문제의 해결사로 나서야 해."

90년대 초 내가 대학에 입학할 당시 한 선배가 입학 축하 덕담과 함께 이런 얘기를 들려준 적이 있다. 좋은 학문을 배우게 될 테니 사명감을 가지고 열심히 공부하라는 의도였을 것이다. 공교롭게도 이런 비슷한 얘기를 다른 선배로부터, 또 교수님에게서 듣게 되었다. 그만큼 당시에도 빠른 변화 속도에 인간이 어떻게 적응할 것인가가 심리학에서 가장 중요한 문제 중 하나였다. 30년이라는 세월이 흘러, 어쩌다 세상의 패러다임을 바꾼 코로나바이러스의 출현을 비롯해 유례없는 빠른 변화의 세상에 살게 되었다. 나는 지금 학부에 입학하는 심리학도 후배들에게 30년 전에 내가 들었던 똑같은 얘기를 할 수밖에 없다. 여전히 심리학의 발전 속도가 더뎌서가 아니라, 인간의 적응 문제는 30년 전 당시만의 문제가 아니라 현재에도 그리고 미래에도 여전히 심리학의 중요한 과제일 것이기 때문이다. 환경 변화의 속도만큼은 아니지만, 다행히 심리학도 변화의 속도에 맞춰 연구방법론이나 다른 학문과의 학제적 연구, 실용적 관점에서 현장 적용 등 괄목할 만한 발전을 이뤘다. 덕분에 환경 변화에 적용 가치가 높은 좋은 연구들이 세상에 나왔다.

나는 이 책을 통해 심리학의 좋은 연구를 소개하며 독자들이 일터에서 변화에 슬기롭게 적응하는 방법을 알려 주고 싶었다. 심리학을 배운 사람들은 과학적 증거에 대한 일종의 강박이 있다. 학부 때부터 심리학은 인간의 마음과 행동을 과학적으로 연구하는 학문이기 때문에 과학적 방법론이 결여된 근거 없는 주장은 심리학이 아니라는 얘기를 항상 듣고 배웠기 때문이다. 나 역시 각 주제마다 타당한 과학적 증거가 있는지 열심히 찾았고 이런 근거를 중심으로 전달하려고 노력했다. 글을 쓰면서 독자를 대표한다고 생각하는 아내에게 수없이 핀잔을 들었다. 그중 내가 가장 많이 들었던 피드백은 꼭 연구자 이름이나 논문 제목 같은 걸 써야겠냐는 것이었다. 나는 원문을 찾고자 하는 독자가 있을 수 있기 때문에 문맥을 이해하는 데 크게 방해가 되지 않는 범위에서 최소한의 단서는 써 두는 게 옳다고 생각했다. 무엇보다도 뛰어난 연구자들이 없었다면 단 한 줄도 쓸 수 없었기에 출처를 밝히는 것이 그분들에 대한 최소한의 예의라고 생각했다. 혹, 내 글이 다소 어렵게 느껴지거나 주제에 비해 흥미가 떨어지는 서술 방식이라고 생각한다면 소개한 연구의 문제가 아니라 전적으로 내가 부족한 탓이다. 강의를 하고 글 쓰는 것이 직업이고 지금도 매일 논문을 읽으며 훈련을 하지만 좋은 연구를 알기 쉽게 전달하는 일은 항상 나에게 희망과 좌절을 동시에 느끼게 한다.

'심리학이 직장 생활에 도움을 줄 수 있을까?' 하는 질문에서 출발해 모두 28개 주제에 관한 얘기를 전달했다. 지그문트 프로이트 Sigmund Freud 가 일과 사랑이 삶의 전부라고 말했을 만큼 일과 일터에서 벌어지는 다양한 상황들을 해결하는 것은 인생의 중요한 문제다. 일터에서는 불안, 스트레스, 좌절감, 시기, 질투 등 부정 정서도 경험하지만 자긍심, 효능감, 통제력, 성취감 등 인생에 있어 최고의 순간도 함께 겪는다. 우리가 원하는 방향으로 일터에서 잘 적응하기 위해선 상황을 제대로 파악하고 효과적인 대안을 찾아내 실행하는 과정이 필요하다. 심리학이 이 과정에 완벽한 답을 줄 수는 없지만, 무엇인가 시도해 볼 수 있는 단초는 제공할 수 있다고 믿는다. 내 글이 독자들의 소중한 일터에서의 삶에 조금이라도 도움이 되었기를 바란다.

　글을 맺으며 책이 나오기까지 도움을 주신 분들에게 감사 인사를 남긴다. 아주대학교 심리학과 신강현 교수님, 김경일 교수님. 두 은사님의 가르침과 아낌없이 나눠 주신 지혜 덕에 스스로 심리학을 공부하고, 책을 쓰고, 누군가에게 이야기할 수 있게 되었다. 끝으로 한없는 심리적 자원의 원천인 아내 효영, 이미 농구 실력은 아빠를 넘었고 앞으로 모든 면에서 아빠보다 뛰어날 장남 서현, 둘도 없는 깐부 둘째 서윤, 내 인생의 큰 선물인 막내 채현에게 감사 인사를 남긴다.

심리학,
직장 생활을 도와줘

초판 1쇄 인쇄 ㅣ 2022년 11월 15일
초판 3쇄 발행 ㅣ 2023년 10월 30일

지은이 ㅣ 박진우

발행인 ㅣ 고석현
발행처 ㅣ ㈜한올엠앤씨
등 록 ㅣ 2011년 5월 14일

주 소 ㅣ 경기도 파주시 심학산로12, 4층
전 화 ㅣ 031-839-6805(마케팅), 031-839-6814(편집)
팩 스 ㅣ 031-839-6828
이메일 ㅣ booksonwed@gmail.com
ISBN ㅣ 978-89-86022-64-3 (03320)